Steffen Schroeder

«Was alles in einem Menschen sein kann»

Begegnung mit einem Mörder

Rowohlt · Berlin

2. Auflage November 2017
Originalausgabe
Copyright © 2017 by
Rowohlt · Berlin Verlag GmbH, Berlin
Satz aus der Minion PostScript
bei Dörlemann Satz, Lemförde
Druck und Bindung
CPI books GmbH, Leck, Germany
ISBN 978 3 87134 087 1

Teestunde mit Micha

O b ich noch irgendetwas dabeihabe – «Schlüssel, Handy, Waffen?», fragt mich der uniformierte Beamte in gelangweiltem Ton, nachdem ich die Panzerglasschleuse passiert habe. Ich verneine, wie schon zuvor auf die gleiche Frage des Pförtners.

Der Beamte beginnt, mich abzutasten.

«Wir kennen Sie ja noch nicht!», nuschelt er halb vorwurfsvoll, halb entschuldigend.

Schließlich lässt er mich durch, eine automatische Tür öffnet sich zum Innenhof. Die Sonne steht schon hoch am Himmel. Der Hof wirkt verwaist. Ich gehe auf den Vorplatz zu, vorbei an einem Schaukasten, in dem von einem lieben Kollegen Abschied genommen wird. Der Justizbeamte auf dem Foto lächelt in die Kamera – viel zu jung verstorben.

Links das Gebäude mit der sozialpädagogischen Abteilung, rechts das sogenannte «Sprechzentrum», in dem Häftlinge Besuch empfangen können. Ich gehe an der Anstaltsküche vorbei, auf die Kirche am Ende des Platzes zu. An sich ein hübscher roter Backsteinbau, wenn man von der beklemmenden Umgebung absieht. Ich warte vor der verschlossenen Pforte. Nach ein paar Minuten öffnet ein Justizbeamter das eiserne Tor: «Sie wollen zu Haus 6?»

Ich bejahe, wedle mit meinem Passierschein. Er lässt mich ein, schließt hinter mir ab, öffnet krachend die nächste Tür. Metall schlägt auf Metall, laut fällt eine Tür nach der anderen wieder ins Schloss, kaum dass wir sie passiert haben. Wir betreten den nächsten Innenhof. Rundherum Backsteinbauten, die Fenster vergittert, Stacheldraht auf den Dächern, an den Fallrohren. Es geht vorbei an Teilanstalt 2, Teilanstalt 3, riesigen Haftgebäuden, und der anschließenden kleinen Gärtnerei, einem der anstaltseigenen Betriebe, zu Haus 6.

Ich bin etwas aufgeregt. Schließlich lerne ich heute den Häftling kennen, den ich zukünftig als ehrenamtlicher Vollzugshelfer betreuen soll, falls wir «miteinander klarkommen». Bisher weiß ich nicht viel über ihn. Er ist in meinem Alter, rechtsextreme Vergangenheit, Drogenkarriere, inzwischen auf Methadon, hieß es. Und er ist zu lebenslanger Freiheitsstrafe verurteilt worden, wegen eines Mordes. Lebenslänglich, das heißt in seinem Fall: Er sitzt schon seit vierzehn Jahren und wird wohl auch noch ein paar Jahre sitzen.

Frau Müller, die Sozialarbeiterin, erwartet mich bereits. Sie steht unten am Eingang, an ihrer Seite ein kleiner, lächelnder Asiate, mit Putzzeug bewaffnet, der mich verlegen angrinst. Später werde ich erfahren, dass er auch ein «LLer», ein Lebenslänglicher, ist. Dieser schüchtern wirkende Mann war Auftragsmörder der vietnamesischen Zigarettenmafia. Wie viele Menschen er auf dem Gewissen hat, wird man wohl nie erfahren. Frau Müller erklärt, indem sie auf den immer noch lächelnden Asiaten zeigt, er hätte noch einen Mülleimer zu leeren, wir müssten ihn «nur kurz» begleiten. Also marschieren wir drei gemeinsam zurück, an der Gefängnismauer entlang, vorbei an der Gärtnerei, auf ein graues Gebäude zu.

«Jetzt sehen Sie dafür etwas, das Vollzugshelfer gewöhnlich nicht zu sehen bekommen», meint Frau Müller entschuldigend, während sie die zahlreichen Türen öffnet und hinter uns wieder schließt, bis wir vor unserem Ziel angekommen sind: das Familienbesuchszimmer, der sogenannte «Langzeit-Sprecher». Hier können sich Langzeithäftlinge – gute Führung vorausgesetzt –, nachdem sie die ersten zwei Jahre abgesessen haben, mit Frau und Kindern in «ungezwungener Atmosphäre» einmal im Monat treffen, bis zu drei Stunden lang. Das mit der «ungezwungenen Atmosphäre» mag man so oder so sehen, der Anblick ist jedenfalls ernüchternd: In der Mitte des schmucklosen Raumes ein Tisch und zwei Stühle, Modell 70er Jahre Jugendherberge, ein Regal mit ein paar abgegriffenen Plüschtieren, Bauklötzen und einer Handvoll ausgelesener Kinderbücher. In der Ecke ein großes Ehebett mit abwischfreundlichem Vollplastik-Überzug. Darüber ein großer Alarmknopf.

«Der wurde letztes Jahr mal wieder genutzt», erklärt Frau Müller auf meinen fragenden Blick hin, «ein Häftling hatte seine Ehefrau gewürgt, ging aber noch mal gut.»

Dann ein kleines Bad mit Dusche und WC, und natürlich Gitterfenster. Unser asiatischer Begleiter geht seiner Pflicht nach, leert einen Papierkorb in der Ecke, dann wird sorgfältig wieder abgeschlossen, und wir machen uns auf den Rückweg zu Haus 6.

Dort, beim Pförtner, sitzt ein Mann, der sich nun erhebt, offensichtlich hat er schon auf uns gewartet. Unsicher lächelnd steht er vor mir. Wir werden einander vorgestellt, geben uns die Hand. Frau Müller fragt höflich, ob sie sich noch zu uns setzen soll, was wir beide spontan ablehnen.

«Nicht nötig», sagen wir beinahe gleichzeitig.

Der Konversationsraum ist eine karge kleine Zelle. Ein Tisch am Fenster, zwei Stühle. An der Wand hängen zwei Collagen, offenbar das künstlerische Werk von Inhaftierten: nicht definierbare geometrische Figuren in Blutrot auf dunkelrotem Untergrund.

Einen Alarmknopf gibt es nicht, der sei auch nicht nötig, hatte der Justizbeamte den angehenden Vollzugshelfern vor ein paar Wochen erklärt. Weil der Vollzugshelfer für viele Häftlinge die einzige Verbindung nach draußen wäre, sei keinerlei Gefahr zu erwarten. «Die wissen schon, was sie an Ihnen haben», hatte der Mann erläutert, und sollte ein Häftling einem Vollzugshelfer etwas antun, habe er nicht nur die entsprechenden juristischen Konsequenzen zu erwarten, sondern auch die seiner Mithäftlinge, denn «die haben hier drin noch mal ihre eigene Justiz». Lächelnd hatte er hinzugefügt: «Und das wissen sie auch sehr genau.» Klingt logisch, denke ich – aber handeln Menschen immer logisch, insbesondere solche, die hier drin sind?

Micha sitzt mir nun gegenüber, wir sehen uns schüchtern an. Sein Äußeres hat etwas Furchteinflößendes: stämmige Figur, die Arme großflächig tätowiert, ebenso der Nacken. In seinem T-Shirt-Ausschnitt sind weitere Tattoos zu sehen, auf den Handknöcheln stehen die Worte «Skin» und «Hass», in Großbuchstaben. Selbst auf der Kopfhaut schimmert ein großes, flammenartiges Tattoo unter den kurzen dünnen Haaren. Doch am meisten fallen mir seine Augen auf: die Pupillen nur stecknadelgroß, starrer Blick.

Er sagt, dass er sich freut, mich kennenzulernen, und unter seinem martialischen Äußeren scheint kurz etwas Jungenhaftes auf – oder täusche ich mich? Dann meint er überraschenderweise, dass wir uns schon mal gesehen hätten.

Ich wundere mich kurz. Kennt er mich eventuell aus dem Fernsehen? Dann fällt es mir wieder ein: Bei der Gefängnisführung vor ein paar Wochen, als den künftigen Vollzugshelfern die Anstalt vorgestellt wurde, hatte man uns auch zwei Zellen gezeigt: Die Häftlinge hatten uns einen Blick in ihre Privatsphäre gestattet – es war ein beklemmender Augenblick, in einen Acht-Quadratmeter-Raum zu treten, der die komplette

Intimsphäre eines Menschen darstellt. Als ich dann, etwas peinlich berührt, wieder herausgetreten war, hatte Micha mich aus seiner offenen Zelle gegenüber angesehen. Unsere Blicke trafen sich, und es hatte mich kurz durchzuckt: Sein Aussehen hatte mich erschreckt, gleichzeitig fühlte ich mich wie ein «Gefängnistourist».

Jetzt ist die Situation eine andere: Wir sitzen uns gegenüber, und ich spüre, dass dieser Mann, der laut Sozialarbeiterin während der vergangenen vierzehn Jahre Haft Vater, Mutter und Bruder verloren hat, sehr dankbar ist, dass ich hier bin.

Er gießt aus einer mitgebrachten Thermoskanne heißes Wasser in meinen Becher. Ich reiße das Päckchen Instantkaffeepulver auf, das er mir reicht, und schon redet Micha munter drauflos: wie froh er ist, dass Frau Müller ihm so schnell «jemand Neues» besorgt hat, nachdem seine vorherige Vollzugshelferin ins Ausland gegangen war. Was für ein harter Schlag das für ihn war, der ihn erst wütend machte, aber irgendwann hätte er es natürlich verstehen können. Ich bin überrascht, wie unverklemmt und locker dieses Gespräch zwischen zwei völlig Fremden beginnt, die sich unter anderen Umständen wohl nie begegnet wären.

Micha beginnt zu erzählen: wie wichtig es für einen Inhaftierten ist, «mal was über die Welt da draußen» zu erfahren. Zu hören, wie sich alles verändert hat in diesen vierzehn Jahren, mit Handy, Internet, Computern und so. Und er erzählt von seiner ersten Ausführung, die unter schweren Sicherheitsvorkehrungen vor gar nicht langer Zeit stattfand. Das heißt: Mit Hand- und Fußfesseln und in Begleitung zweier Beamter ging es mit dem Taxi zu EXIT, einem Verein für rechtsextreme Aussteiger, quer durch die Stadt. Wie erschöpft und froh er war, nach all den ungewohnten Eindrücken, den Lichtern, dem

Lärm und dem Verkehr, am Abend wieder in seiner Zelle zu sein. Er erzählt von der Macht der Gewohnheit, der Eintönigkeit und wie manche «Kollegen» auch gar nicht mehr rauswollen.

Angekündigt worden war mir dieser Mann als «sehr einfach». Nun, wo er vor mir sitzt und redet, stelle ich fest: Ich höre Micha gerne zu. Manchmal frage ich nach, und er antwortet freimütig, mit überraschender Offenheit. Ich hatte alles Mögliche erwartet, aber nicht, dass ich ihm und seiner fremden Welt gespannt zuhören könnte, dass ich von Anbeginn an das Gefühl habe, ein interessantes und intensives Gespräch zu führen.

Schnell stoßen wir auf eigenartige Parallelen: Micha erzählt, dass er vor seiner Inhaftierung auch einmal in Potsdam gewohnt hat. In derselben Straße, nur drei Häuser weiter, in der auch ich anfangs mit meiner Familie lebte, als wir vor zehn Jahren nach Potsdam gezogen waren. Die Telefonzelle, die Micha damals oft benutzte, stand direkt vor unserem Haus.

Und Micha hat einen Sohn, der fast auf den Tag genau so alt ist wie mein Ältester, dreizehn Jahre. Allerdings hat er den Jungen zuletzt als Baby gesehen.

«Und wie kommt es, dass du diese Arbeit machen willst?», fragt er mich plötzlich und sieht mich gespannt an. Pause. Diese naheliegende Frage hatte ich mir selbst nie so direkt gestellt. Ich muss einen Moment nachdenken. Verbrechen und die Abgründe der menschlichen Psyche haben mich schon immer interessiert. Ich habe immer eine große Empathie für die Opfer empfunden, aber auch ein Interesse an den Tätern, den Wunsch, zumindest ein Stück weit zu verstehen, was in ihnen vorgeht. Vereinfachende Begriffe der Boulevardmedien wie «die Bestie von Marzahn» oder «das Monster von Hellersdorf» fand ich immer schwierig. Denn machen wir es uns damit nicht zu einfach? In jeder Diktatur gibt es das Phänomen, dass auch ganz gewöhnliche Menschen zu unfassbarer Brutalität imstande sind. Mein Großvater war bei der SS – ich weiß bis heute nicht, was er getan hat oder auch nicht, in der Familie wurde nicht darüber geredet. Als er noch lebte, traute ich mich nicht zu fragen. Warum tue ich das hier also?

Ich sehe Micha an, und plötzlich kommt die Antwort wie von selbst: «Es gab eine Zeit in meiner Jugend, da lief alles schief. Mein bester Freund hatte mir die Freundin ausgespannt. Ich war so verletzt, dass ich meine Eltern bekniete, die Schule wechseln zu dürfen, bis sie schließlich nachgaben. Das half mir über den Schmerz hinweg, doch leider änderte sich auch alles andere. Auf der neuen Schule eckte ich überall an. Der Klassenlehrer, der gleichzeitig unser Sportlehrer war, sagte offen, ich sei schwul, nur weil ich Fußball nicht mochte. Das verletzte mich, einmal weil es nicht stimmte, und zum andern, weil er es sagte, als litte ich unter einer gefährlichen, ansteckenden Krankheit. Er schreckte auch nicht davor zurück, meiner Mutter diese Diagnose im Elterngespräch zu unterbreiten. Mit den neuen Mitschülern kam ich nicht gut klar. Ich wollte mir deshalb Respekt verschaffen, indem ich den Lehrern gegenüber besonders aufmüpfig und rebellisch war. Der Direktor drohte bald, mich von der Schule zu werfen, der Pfarrer drohte, mich nicht zu konfirmieren. Und zu allem Überfluss bekam ich Probleme mit der Polizei: Durch einen dummen Zufall wurde ich verdächtigt, der Urheber eines Graffitos zu sein, das auf der Hälfte aller Münchner S-Bahnen war. Es ging um viele tausend Mark Sachschaden, und die Beweise sprachen gegen mich. Wäre mein Onkel nicht Rechtsanwalt gewesen, hätten sie mich wohl verurteilt, obwohl ich nicht eine einzige Scheibe beschmiert hatte. Da war ich so sechzehn, ohnehin eine schwierige Phase.

In der Zeit sammelte sich eine ziemliche Wut in mir an. Wut auf Lehrer, auf Autoritäten, auf meine Freunde, auf alle, die mich nicht verstanden, mich selbst eingeschlossen. Wut, die immer mehr und immer größer wurde, für die ich kein Ventil fand. Und irgendwann hat sich diese Wut gegen mich gerichtet: Ich fing an, mich selbst zu verletzen.»

Micha schweigt, er sieht mich ruhig an.

Ist das schlau, gleich so etwas Persönliches von sich preiszugeben?, schießt es mir durch den Kopf. Das war nicht geplant. Trotzdem erzähle ich weiter.

«Ich habe damals eine unkontrollierbare Wut gespürt. Später war ich immer froh, dass sich diese Wut nie gegen andere richtete. Denn wäre das passiert, ich weiß nicht, was ich getan hätte. Ich weiß nur, ich hatte es nicht mehr in der Hand.»

Micha schaut mich an, dann sagt er nur: «Ich kenne das.»

Ich habe ein eigenartiges Gefühl: Uns verbindet mehr, als ich gedacht hätte.

Einige Wochen zuvor. Eigentlich hatte ich nur nach einem «wohltätigen Zweck meiner Wahl» gesucht, um etwas Geld zu spenden, das ich bei einem Charity-Event verdient hatte. Als Fernsehkommissar lebe ich seit Jahren vom Verbrechen, auch wenn es fiktiv ist, und so sollte dieser Zweck, dachte ich, etwas mit diesem Bereich zu tun haben. Für eine Opferorganisation engagierte ich mich bereits, also hatte ich mich auf der Täterseite umgesehen und war auf einen «Verein für Straffälligenhilfe» gestoßen. Der Verein beschäftigte sich unter anderem mit der Ausbildung und Betreuung von «Vollzugshelfern» – ein Begriff, den ich noch nie gehört hatte. Man erklärte mir, warum es solche Helfer gibt. Denn Menschen verändern sich während einer langjährigen Haft oft sehr. Im Knast herrschen ganz eigene Regeln, die Kommunikation, Sitten und überhaupt vieles betreffen; und wer keinerlei Kontakte mehr zur Außenwelt hat, verlernt die Verhaltensweisen, die draußen üblich sind. Und das geschieht oft: Besonders Menschen mit langen Haftstrafen, ab fünf Jahren bis zu «lebenslänglich», werden meistens nach ein paar Jahren nicht mehr besucht, sie vereinsamen, werden sozial schwierig. Weil aber gerade diese Täter auch diejenigen sind, die wieder gefährlich werden können, wäre es umso wichtiger, ihnen eine Wiedereingliederung in die Gesellschaft zumindest zu erleichtern. Schließlich werden sie irgendwann entlassen. Erwiesen ist, dass eine Wiedereingliederung erheblich erfolgreicher verläuft, je mehr Kontakt der Häftling zur Außenwelt hat.

Aus diesem Grund gibt es in Deutschland ehrenamtliche Vollzugshelfer: Menschen, die einen Häftling regelmäßig im Gefängnis besuchen, normale Gespräche mit ihm führen, ihn durch die Phase der Lockerung begleiten und ihm nach Möglichkeit auch nach der Entlassung noch eine Weile zur Seite stehen. Da die meisten Strafgefangenen nur ein Besuchsrecht von etwa einer Stunde pro Monat haben, ist die Gefahr der sozialen Isolation groß. Überdies werden den Angehörigen und Freunden von Langzeithäftlingen die Besuche oft nach einigen Jahren zu frustrierend und anstrengend, irgendwann bleiben sie aus. Der Vollzugshelfer dagegen kann den Gefangenen besuchen, sooft er will und tagsüber jederzeit. Allerdings hat bei weitem nicht jeder Häftling, der sich einen Vollzugshelfer wünscht, auch das Glück, einen zu bekommen. Es ist keines der Ehrenämter, um das sich die Leute reißen. Das liegt sicher zum einen an den Menschen, mit denen man zu tun hat. Man kümmert sich lieber um behinderte Mitbürger, um alte Menschen, um Kinder oder um Tiere, als sich mit Betrügern,

Räubern, Drogenhändlern, Mördern oder Sexualstraftätern auseinanderzusetzen. Zum anderen sind die Umstände gewöhnungsbedürftig, in der Anstalt herrschen strenge Regeln, an die man sich zu halten hat. Es gibt Leibesvisitationen am Eingang, es kann passieren, dass man im Falle eines Alarms das Gefängnis erst einmal nicht mehr verlassen darf. Schließlich sind da die große Verantwortung, die man übernimmt, und die seelische und emotionale Reibung an dem, um den man sich kümmert. Umso länger ein Gefangener einsitzt, umso einsamer er ist, desto wichtiger wird man selbst als Bezugsperson, gerade für Langzeithäftlinge mit wenig oder keinem Kontakt zur Außenwelt. Wenn dann ein Helfer nach ein paar Monaten sagt: «Du, das wird mir leider doch zu viel. Ich kann nicht mehr kommen», hat man unter Umständen mehr Schaden angerichtet als Nutzen gestiftet.

Wenn ich mich schon tagtäglich mit dem fiktiven Verbrechen beschäftige, dachte ich, sollte ich vielleicht einmal einen echten Täter bei seinem Weg zurück in die Gesellschaft unterstützen. Kaum ausgesprochen, verwarf ich den Gedanken jedoch gleich wieder – war und bin ich mit meiner Arbeit und unseren drei Kindern doch ziemlich ausgelastet. Wie soll ich da solch einer Zusatzpflicht gerecht werden? Schließlich sollen die Besuche alle zwei bis drei Wochen stattfinden, und im Idealfall über mehrere Jahre hinweg.

In den folgenden Tagen musste ich immer wieder an die gefüllten Ordner im Büro des Vereins denken, gefüllt mit Briefen von Gefangenen, die sich eine Bezugsperson wünschen.

Ungefähr zwei Wochen später läutete mein Telefon: «Herr Schroeder, ich musste gerade an Sie denken! Sie haben mich doch letztens besucht und sich für eine Vollzugshelfertätigkeit interessiert», rief mich ein Mitarbeiter des Vereins an. «Morgen findet eine Führung durch die JVA Tegel für angehende Vollzugshelfer statt. Hätten Sie vielleicht Lust, sich das einmal anzusehen?»

Natürlich hatte ich Lust und zufällig am nächsten Tag auch drehfrei. Ich fuhr hin und wurde mit einer kleinen Gruppe den ganzen Vormittag über das riesige Gelände und durch diverse Haftgebäude geführt, mittags gab es Treffen mit zwei Gefangenen, die unsere Fragen beantworteten.

Ich erfuhr auch die Geschichte vom «Engel»: In Tegel, wo jeder von den Insassen einen Spitznamen bekommt, nennt man sie nur so, «den Engel». Zwar heißt sie auch mit Nachnamen so, und doch hat sie sich den Namen redlich verdient. Frau Engel ist jetzt in Rente, eine ehemalige Lehrerin, bereits über siebzig und seit gut zwanzig Jahren ehrenamtliche Vollzugshelferin. Mehrmals die Woche kommt sie nach Tegel und besucht ihre Schützlinge. Sie betreut mindestens eine Handvoll Häftlinge, jeden individuell, sie gibt Deutschunterricht und pflegt noch eine Brieffreundschaft zu einer größeren Anzahl von Häftlingen.

Micha erzählte mir später einmal, dass er als Neuankömmling sehr erstaunt war, als er einmal im Gruppenraum eine offene Damenhandtasche stehen sah. «Die gehört dem Engel. Da geht keiner ran!», sagte damals ein Kollege auf seinen verwunderten Blick hin. Und so ist es bis heute. Frau Engel könnte ihre Tasche mit Handy und Geldbeutel überall im Knast stehenlassen – niemand würde sich daran vergreifen, aus Dankbarkeit und Respekt. So viel Ehrenkodex gibt es auch hier.

Für die zierliche alte Dame gelten Ausnahmeregeln. Wenn sie das Gefängnis betritt, bekommt sie an der Pforte einen internen Schlüssel ausgehändigt, mit dem sie sich, wie die Justizbeamten, ihren Weg zwischen den Hafthäusern «durchschließen» kann. Manchmal bringt sie sogar kleine Geschenke mit, was eigentlich generell streng verboten ist. Aber Frau Engel hat sich über zwei Jahrzehnte das Vertrauen von Justiz und Insassen verdient. Sie wird am Eingang nicht kontrolliert, und wenn sie es für nötig hält, bringt sie eben auch mal eine Kleinigkeit mit. Einmal betreute sie einen Häftling, der nur ein paar Badelatschen besaß, erzählte mir Micha, und dem «hat sie irgendwann ein Paar Schuhe organisiert. Keine Ahnung, wie sie die hier reingekriegt hat. Der hatte richtig Hemmungen, die anzunehmen. Aber nach n paar Tagen war er dann doch sehr glücklich damit».

Als wir nach der Besichtigung von Justizbeamten zum Tor gebracht wurden, kam eine junge Sozialarbeiterin auf mich zu: «Entschuldigen Sie», fragte sie, «haben Sie denn bereits jemanden, den Sie betreuen?»

«Nein», erwiderte ich.

«Ich hätte da wen, bei mir auf der Station, für den ich dringend einen Vollzugshelfer suche. Er ist in Ihrem Alter, ursprünglich aus der rechtsextremen Szene, hat sich aber davon abgewendet. Er war bereits zwei Mal inhaftiert hat jetzt lebenslänglich – wegen eines brutalen Mordes – und sitzt nun schon seit vierzehn Jahren. Wird auch noch ein paar Jahre hierbleiben. Er ist hier im Gefängnis dann auch noch heroinabhängig geworden, nimmt nun aber erfolgreich an einem Substitutionsprogramm teil. Er galt lange als sehr gefährlich, entwickelt sich aber sehr gut, seitdem er substituiert wird. Seine frühere Freundin, sein Bruder und die Eltern sind während seiner Haftzeit verstorben. Er hat niemanden mehr. Hätten Sie Interesse, ihn einmal kennenzulernen?»

Ich kann nicht erklären, warum, denn eigentlich entsprach alles, was sie erzählte, so gar nicht dem Bild eines Menschen, mit dem ich auch nur irgendetwas zu tun haben wollte. Trotzdem antwortete ich aus dem Bauch heraus: «Ja.»

Ich sagte noch, dass ich keinesfalls versprechen könne, dass wirklich alle vierzehn Tage ein Treffen stattfindet, schließlich arbeite ich in Leipzig. Auch ob ich mich jahrelang dazu verpflichten könne, sei schwer abzusehen.

«Kein Problem», meinte sie unkompliziert, «das kann man alles absprechen. Alle drei Wochen reicht auch, und – sowieso vorausgesetzt, Sie kommen miteinander klar – Sie können dem Gefangenen auch sagen, dass Sie sich erst mal nur für ein Jahr verpflichten.»

Dann gab sie mir zufrieden die Hand und rauschte davon.

Die meisten Menschen haben in ihrem Leben nie mit einem Gefängnis zu tun. Dem einen oder anderen fallen vielleicht die hohen Mauern oder Wachttürme auf, wenn er dran vorbeifährt. Manch einer denkt vielleicht: «Da sitzt keiner ohne Grund drin!», andere gruselt es ein wenig, aber dann hat man es schnell wieder vergessen.

Als ich meine erste Fernsehhauptrolle bekam, war ich zweiundzwanzig und ging noch zur Schauspielschule. Ich spielte einen jungen Mann, der auf die schiefe Bahn gerät und am Ende im Gefängnis landet. Wir drehten in einem stillgelegten Trakt der Justizvollzugsanstalt Aachen. Es war das erste Mal in meinem Leben, dass ich ein Gefängnis betrat. Das gesamte Team musste an der Pforte den Personalausweis abgeben und wurde erst nach einer Leibesvisitation zu einem Trakt geführt, der inzwischen leer stand und uns als Kulisse diente. Das ständige Krachen von Metall auf Metall der lautstark aufgesperrten und hinter uns wieder verschlossenen vielen Türen auf dem Weg dorthin hat sich mir in die Erinnerung gebrannt. Ein lautes metallisches Donnern, das nicht nur in den langen Fluren, sondern auch nach Drehschluss noch lange in meinem Schädel nachhallte. Wir passierten einen großen Innenhof, gesäumt von alten Haftgebäuden. Gefangene standen in geöffneten, vergitterten Fenstern. Da im Team auch Frauen waren und viele der Insassen schon seit Jahren keine Frau mehr zu Gesicht bekommen hatten – weibliche Justizbeamte waren damals noch eine Seltenheit –, wurde laut gejohlt und gepfiffen.

Ganz oben in einem der Hafthäuser sammelte sich ein Schwarm Tauben vor einem Fenster. Sie flatterten aufgeregt umher, umflogen das Gebäude, stoben auseinander und sammelten sich abermals vor dem Fenster. Ich hielt meine Hand über die Augen und erkannte gegen das gleißende Sonnenlicht: Ganz da oben streckte einer seine dicken, über und über tätowierten Arme durch die Gitterstäbe. Die Tauben kamen angeflogen, setzten sich kurz darauf und fraßen dem Mann mit den riesigen Pranken aus der Hand. Eine Szene, zu kitschig für jeden Film, und doch sehe ich es heute noch vor mir.

In den Drehpausen lief ich durch den gespenstisch leeren Trakt, sah mir die verlassenen Zellen an und studierte die Inschriften an den Wänden. Ich war schockiert, wie winzig klein die Hafträume waren. Eine Kloschüssel stand, vor Blicken durch den Türspion ungeschützt, in der Ecke, und das einzige Fenster war so hoch angebracht, dass man nicht hinaussehen konnte. An einer Wand ließ sich ein Brett rausklappen, auf dem eine vielleicht zehn Zentimeter dicke Schaumstoffauflage lag – das Bett. In manche dieser Matratzen war etwa in der Mitte ein Loch gerissen, man konnte ahnen, wofür.

Wenn ich in meiner Knastkleidung auf dem Weg zum leeren Trakt oder in der Kantine in Blickkontakt mit echten Gefangenen kam, überkam mich immer ein beklemmendes Gefühl. Ich spielte nur den Knacki, konnte kommen und gehen, wie ich wollte, und bekam dafür auch noch Geld. Was mochten die echten Insassen da denken?

Mittags aßen wir in der Knastkantine. Das Personal bestand komplett aus Inhaftierten. Ein sehr freundlicher älterer, fast devot wirkender Mann servierte uns Currywurst mit Pommes. Ein Justizbeamter, der mit am Tisch saß, erzählte, dass dieses «Urgestein» in Kürze entlassen werde. Der Alte war so zurückhaltend und freundlich, ich musste einfach fragen, was er denn verbrochen hatte.

«Wiederholte sexuelle Vergehen an kleinen Jungs», sagte der Beamte und schob sich ein paar Pommes in den Mund, «ist nicht zum ersten Mal hier, hat jetzt sieben Jahre abgesessen.»

Ich war schockiert. Dieser Mann wirkte harmlos und sympathisch, man würde ihm anderswo sofort vertrauen. Er entsprach so gar nicht dem Bild, das die Boulevardmedien von solchen Leuten zeichnen.

Damals fragte ich mich, ob dieser kalte Ort wohl irgendetwas zu seiner Besserung beitragen könnte. Gerade bei einem solchen Vergehen. Seitdem hat mich diese Frage nicht mehr losgelassen.

In allen Bereichen unseres Lebens gibt es rasanten Fortschritt auf jeder Ebene, aber in diesem Bereich, wenn Menschen nicht so funktionieren, wie wir es in unserer Gesellschaft vorgesehen haben, dann fällt uns bis heute nichts Besseres ein, als sie wegzuschließen, gemeinsam mit anderen ihrer Art. Und auf Besserung zu hoffen. Ist das denn eine Lösung? Eine sichere Lösung?

Burger King und der
Geschmack von Freiheit

Mai 2013. Ich fühle mich ziemlich gerädert. Bis morgens um sechs hatte ich einen Nachtdreh: Im von riesigen Scheinwerfern erhellten Wald haben wir eine Leiche gesucht und natürlich auch gefunden. Und nun, nach wenigen Stunden Schlaf, lege ich auf dem Heimweg noch einen Zwischenstopp in Tegel ein. Es ist fünfzehn Uhr, Micha hat gerade seine Arbeit in der Malerei beendet, wo er zurzeit Schreibtische lackiert.

Ich frage ihn, wie denn der typische Tagesablauf im Knast so aussieht. Der wichtigste Grundsatz, so wird mir bald klar, lautet: Alles, aber auch alles, was passiert, ist streng geregelt und läuft jeden Tag gleich ab. Kleine Unterschiede gibt es nur zwischen Wochentag und Wochenende beziehungsweise Feiertag.

Werktage beginnen um sechs Uhr früh mit der «Lebendkontrolle». Ein Beamter öffnet die Tür, ruft ‹guten Morgen› und checkt, ob der Angerufene reagiert. Häftlinge wie Micha – der meist schon früher wach ist –, die einen Job in einem der Anstaltsbetriebe haben, können jetzt duschen und sich ein kleines Frühstück zubereiten. Dafür bekommen sie am Vorabend Brot, Butter, Marmelade und Wurst zugeteilt. Um 6:45 Uhr folgt dann das sogenannte Arbeiter-Ausrücken: Alle arbeitenden Häftlinge machen sich auf den Weg in ihren jeweiligen Betrieb innerhalb der Anstalt.

Für die arbeitslosen Insassen, für die die Zellentür gleich nach der Kontrolle wieder zugeht, ist um 7:30 Uhr Aufschluss, dann Frühstück und duschen, pünktlich um 8 Uhr werden sie wieder eingeschlossen. Um 11 Uhr werden die Zellen dann für eine Stunde geöffnet, und die Häftlinge können sich auf dem Flur frei bewegen.

Um 14:45 Uhr kehren die Arbeiter zurück, um 15 Uhr kann sich jeder sein Mittagessen abholen; für die lange Zeit zwischen Frühstück und Mittagessen bekommt man «Impebretter» mit zur Arbeit, so nennt man hier Stullen: Mit Margarine bestrichene Brotscheiben. Um 15:15 Uhr erfolgt dann eine Zählung, und von 15:30 Uhr bis 17:30 Uhr ist die Freistunde, in der man sich auch draußen im Hof aufhalten darf. Um 17:30 Uhr müssen dann alle wieder ins Haus. Nach einer weiteren Zählung dürfen sich die Häftlinge bis 21:30 Uhr frei im Haus bewegen, bis zum sogenannten Nachtverschluss.

Am Wochenende läuft es etwas anders ab: Um 9 Uhr beginnt der Tag mit Lebendkontrolle und Aufschluss für alle, von 12:30 Uhr bis 12:45 Uhr ist Zählung, dann stehen die Zellen offen, bis zum Nachtverschluss bereits um 16:45 Uhr; so spart der Staat am Wochenende Personal. Was zugleich für die Häftlinge heißt, dass sich hier kaum einer über Feiertage freut, denn diese bedeuten vor allem eines: noch mehr Zeit allein auf der Zelle verbringen.

In Michas Teilanstalt leben hundertachtzig Häftlinge. Auf seiner Etage gibt es für achtundzwanzig Männer eine kleine Gemeinschaftsküche, zwei Herde mit je drei Platten. Wer mal keine Lust auf das über die Jahre hinweg sehr eintönige Anstaltsessen hat, kann sich hier selber was kochen. Natürlich auf eigene Kosten. Wenn ein Backofen benutzt wird, kann man nicht mehr gleichzeitig kochen, denn die Herde haben nur einen 220-Volt-Anschluss. Trotzdem klappt es reibungslos, denn einige Häftlinge kochen nie, die übrigen regeln die Kochzeiten unter sich.

Lebensmittel lassen sich einmal im Monat bei einem auf Gefängnisse spezialisierten Händler beziehen. Dazu händigt die Anstalt Einkaufslisten aus. Keine quietschbunten Werbeprospekte mit dem «Knaller der Woche», sondern nüchterne DIN-A4-Seiten in dezentem Amtsgrau. Das Angebot deckt die Grundnahrungsmittel ab, dazu alkoholfreie Getränke, ein paar Süßigkeiten, Obst und Gemüse. Es scheint findige Geschäftsleute zu geben, die von der Institution Gefängnis gut leben können: Alle Preise sind bei diesem Monopolanbieter – der einhundertvierzig, also etwa zwei Drittel aller deutschen Justizvollzugsanstalten beliefert – deutlich höher als außerhalb der Gefängnismauern. Noch dazu hat hier wohl jemand einen Weg gefunden, Waren mit baldigem Verfallsdatum und überreifes Obst zu Spitzenpreisen zu verscherbeln. Die alle paar Wochen erscheinende Knastzeitung ist voll von Beschwerden über den Lieferanten: Beinahe abgelaufene Produkte und gammliges Obst scheinen Standard zu sein. Und eine Reklamation ist nahezu unmöglich. Auf der letzten Seite des grauen Papiers findet sich ein schmales Medienangebot. Erstaunt lese ich, dass die harten Jungs musikalisch zwischen Heino und Helene Fischer wählen können, als DVD des Monats wird Disneys «Rapunzel – neu verföhnt» angepriesen. Natürlich alles zu leicht erhöhten Preisen.

Eine andere Firma hat die Telekommunikation in deutschen Gefängnissen als Geschäftsmodell entdeckt. Aus Sicherheitsgründen dürfen Gefangene kein Handy haben. Damit sie mit Freunden und Familie telefonieren können, hat ein Anbieter Apparate mit Telefonkarten aufgestellt, zu für ihn äußerst lukrativen Konditionen. Nirgendwo in Deutschland ist Telefonieren so teuer wie im Gefängnis. Ein Anruf ins Festnetz kostet neun Cent pro Minute, ins Handynetz sogar siebzig Cent. Üppige Preise, nicht nur wenn man bedenkt, dass ein Vollzeit arbeitender Häftling durchschnittlich zweihundertfünfzig Euro verdient, wovon ihm nur die Hälfte als Hausgeld zur freien Verfügung steht.

«Pfingsten hab ich jedenfalls gut überstanden», erzählt Micha. «Pfingstmontag hab ich mittags mit paar Kumpels was gekocht, den restlichen Tag hab ich Sudokus gelöst. Und nun ist ja erst mal ne Zeitlang Schluss mit Feiertagen.»

Es gibt auch Häftlinge, die sich freiwillig früher «wegschließen» lassen. Gerade die älteren Lebenslänglichen, von denen manche seit über vierzig Jahren sitzen, heben oft schon nach der Mittagszählung die Hand, rufen «ich will weg» – woraufhin sie bis zum nächsten Morgen eingeschlossen werden, erzählt Micha. Anstaltsintern nennt man dieses Verhalten «Hospitalisierungseffekt». Wenn Menschen über Jahrzehnte eingesperrt sind, haben sie meist jegliche Verbindung zu Freunden und Familie verloren. Die Welt außerhalb ihrer Zelle bekommt etwas Fremdes, Bedrohliches, sie haben sich so sehr an Eintönigkeit und Einsamkeit gewöhnt, dass alles andere beängstigend wirkt.

«Es gibt zwei Leute bei uns auf Station, die wollen gar nicht mehr raus. Die sind beide schon Mitte siebzig und sitzen seit vierzig Jahren. Die könnten nen Antrag auf Entlassung stellen, und draußen wären sie. Tun sie aber nich. Sind beide schon Rentner, arbeiten aber halbtags. Können arbeiten, haben ihre Kumpels um sich und sind nicht alleine – und darum geht's ja auch. Draußen wär dit allet weg.»

«Wahrscheinlich haben die draußen auch keine Familie oder Freunde mehr?», frage ich nach.

«Nee», winkt Micha ab, «nach fünfunddreißig, vierzig Jahren, da hast du keinen mehr. Die Familie will schon lange nichts mehr von denen wissen. Die würden nur auf den Tod warten. Wenn ihnen hier langweilig ist, gehen sie zum Zellennachbarn und spielen ne Runde Schach – könnten sie draußen eben nicht.»

«Machen die noch Ausführungen?»

«Selten, ganz selten. Da ham die Angst vor. Vielleicht mal Klamotten kaufen, wenn's unbedingt sein muss. Als die frei waren, da gab's noch die DDR. 1974 – musste mal überlegen – da kommt doch keiner klar mit. Die leben hier. Die lassen sich auch regelmäßig früher wegschließen. Der eine meint, draußen würde er allein in irgendeiner Wohnung sitzen und hätte nichts, er wär ein ganz bedeutungsloser Mensch. Dazu dann noch das Gerede: Der is n Mörder, der hatte lebenslänglich.»

«Und die sitzen beide wegen Mord?»

«Ja, beide. Also, der eine hat in den siebziger Jahren jemanden erschossen, der andere hat seine Frau umgebracht.»

«Aber wenn sie gewollt hätten, wären sie schon längst draußen?»

«Natürlich. Das Gesetz sagt ja, nach fünfzehn Jahren hat jeder Lebenslängliche die Chance rauszukommen. Es sei denn, es gilt die besondere Schwere der Schuld, dann geht es länger. Aber nach spätestens fünfundzwanzig Jahren sollte jeder Lebenslängliche rauskommen können – theoretisch. Bloß, als Lebenslänglicher wird man ja nicht offiziell entlassen, sondern begnadigt. Und das muss jeder selbst beantragen. Und wenn ich das nicht tue, ist die Sache erledigt.»

«Das heißt, wer keine Begnadigung beantragt, bleibt einfach im Knast?»

«Ja. Lebenslänglich, das heißt bis zum körperlichen Verfall. Bis man tot is.»

Auf dem Weg nach Hause muss ich immer wieder an diese Worte denken: «Ich will weg!»

Jeder Mensch, der im Gefängnis landet, wird Tag für Tag diesen Gedanken haben: Weg von hier! Und dann, schleichend, scheint sich nach Jahrzehnten etwas zu verändern. «Weg» ist nicht mehr die Welt da draußen, nach der man sich sehnt, sondern auf einmal sehnt man sich weg aus jeder Freiheit, zurück in den kleinen Kosmos der Zelle.

Zwei Wochen später. Kürzlich las ich in der Zeitung über einen Mann, der mehrere Jahre im Knast saß, aber – wie sich nun herausstellte – unschuldig war. Eine Arbeitskollegin hatte ihn beschuldigt, sie vergewaltigt zu haben. Nachdem er fünf Jahre im Gefängnis war, tauchten neue, ihn entlastende Beweise auf, und schließlich gestand das angebliche Opfer ein, ihn aus Eifersucht fälschlich beschuldigt zu haben.

Sicherlich kommt so etwas selten vor. Überrascht war ich aber von der Höhe der Entschädigung: Ganze fünfundzwanzig Euro Schadensersatz erhält der Mann pro Hafttag. Kein anderes Land in Europa zahlt Opfern von Fehlurteilen so wenig wie Deutschland. Für einen Menschen, dessen berufliche Laufbahn zerstört, dessen finanzielle Situation in der Regel ruiniert ist, bei dem das Privatleben, die Ehe, das Verhältnis zu den Kindern meist für immer geschädigt ist, ist das weniger als ein Tropfen auf den heißen Stein.

Bei meinem nächsten Besuch frage ich Micha, was er darüber denkt. Wie viele Unschuldige sitzen seiner Meinung nach in Tegel?

«Gibt schon n paar, denk ich», antwortet er, «nicht viele, aber einigen kauf ich das wirklich ab. Ich hab zum Beispiel einen Kollegen, der soll seine Eltern umgebracht haben. Er hat lebenslänglich, sitzt auch schon ewig, zehn Jahre oder so. Die Leichen der Eltern wurden nie gefunden. Soll angeblich auf hoher See passiert sein, wo er sie dann auch entsorgt hat. War aber ein reiner Indizienprozess. Er hat wohl mal zu seinem Vater gesagt, er würd ihn am liebsten umbringen, was jemand bezeugen konnte. Aber so richtig klar ist die Sache nicht. Er behauptet jedenfalls, nichts mit dem Verschwinden seiner Eltern zu tun zu haben. Bloß: Wenn du lebenslänglich hast, haste nur dann eine Chance auf Lockerung, wenn du deine Tat eingestehst und Reue zeigst. Das heißt, solange der Typ nichts zugibt, wird der hier bleiben, bestimmt an die fünfundzwanzig Jahre. Ich werd hellhörig, wenn einer nach zehn Jahren immer noch behauptet, er war's nicht. Würde er die Tat eingestehen, gäb's doch Erleichterungen, und er hätte bessere Chancen, irgendwann wieder rauszumarschieren. Ich vermute, es gibt ne Dunkelziffer an Unschuldigen von paar wenigen Prozent. Die meisten hier haben gestanden; vielleicht gibt es auch ein paar wenige, die schließlich was gestehen, das sie nicht gemacht haben. Nur um früher wieder rauszukommen.

Aber wir hatten hier zum Beispiel auch einen, Hermann hieß der, der saß neununddreißig Jahre ein, dann ist er an Krebs gestorben, hier im Knast. Er hatte lebenslänglich wegen eines Raubmords. Noch aufm Sterbebett hat er behauptet, er sei unschuldig. Hermann hätte rausgekonnt, wenn er gewollt hätte. Er hätte nur ein Gnadengesuch stellen müssen. Das hat er aber nie gemacht.

‹N Unschuldigen kann man nicht begnadigen, den kann man nur freisprechen!›, das war immer sein Satz. Ein Gnadengesuch hätte für ihn bedeutet, seine Schuld einzugestehen.

‹Dann wär ick für meine beiden Kinder n Killer›, sagte er, dabei hatten die Kinder schon seit Jahrzehnten den Kontakt zu ihm abgebrochen. Aber er hat es nie gemacht und blieb hier drin, bis er gestorben ist.

‹Ick will keene Begnadigung, ick will Gerechtigkeit!›, hat er immer gesagt.

Er hatte zwar n Alibi, angeblich war er zur Tatzeit bei seiner Mutter, das hat der Richter ihm aber nicht abgekauft. DNA-Test und so was gab's Anfang der Siebziger noch nicht. Er hat immer dafür gekämpft, dass sein Fall noch mal neu aufgerollt wird – ist aber nie passiert. Ich vermute, dass er wirklich unschuldig war, anders kann ich mir das nicht erklären.»

Die durchschnittliche Haftzeit der lebenslangen Freiheitsstrafe liegt in Deutschland bei etwa zwanzig Jahren und kann von Fall zu Fall stark abweichen: Der am längsten Inhaftierte in Deutschland sitzt seit nunmehr vierundfünfzig Jahren in Haft, trotz Gnadengesuch.

Eine Stadt in Berlin. Fliegen war schon immer ein Inbegriff von Freiheit. Manchmal scheint es mir wie eine Farce: Direkt hinter dem Flughafen Berlin-Tegel, nur durch ein kleines Wäldchen mit dem darin liegenden Flughafensee getrennt, liegt die größte geschlossene Justizvollzugsanstalt Deutschlands, die JVA Tegel, die gleichzeitig auch eine der ältesten ist. Unter der harmlos klingenden Adresse Seidelstraße 39 leben hier bis zu eintausendfünfhundert Männer, knapp siebenhundert Angestellte und Beamte arbeiten hier. Planet Tegel – so wird dieser Ort von den Häftlingen genannt. Und wer ihn betritt, versteht, warum: Man landet in einer anderen Welt, abgeschirmt und nahezu komplett autark.

Das imposante zentrale Eingangstor, das Tor 1, besteht aus einer großen LKW-Einfahrt und zwei Pforten, eine für Besucher, die andere für Personal. Der ganze Eingangsbereich, aus rotem Backstein erbaut, erinnert zusammen mit den Resten alter Schienen im Boden unweigerlich an ein Konzentrationslager. Vor langer Zeit verkehrte hier eine Straßenbahn, die an manchen Tagen einen speziellen Waggon mit sich führte, der vergittert und von innen nicht zu öffnen war. In ihm wurden Häftlinge durch die Stadt ins Gefängnis transportiert. Hinter dem Tor erstreckt sich ein riesiges Areal, rund siebzehn Fußballfelder groß, umgeben von einer knapp anderthalb Kilometer langen, fünf Meter hohen Mauer, die mit dreizehn Wachtürmen bestückt ist. Am Ende des weiträumigen Vorplatzes steht eine markante, doppeltürmige Kirche, in den mit ihr verbundenen Gebäuden sind ein evangelisches und ein katholisches Pfarrhaus sowie Teile der Verwaltung untergebracht.

Insgesamt gibt es sechs Haftgebäude, die sogenannten Teilanstalten, von denen manche so alt sind wie das Gefängnis selbst, knapp hundertzwanzig Jahre, andere stammen aus den achtziger Jahren, dazu kommt das kürzlich errichtete Haus für Sicherheitsverwahrte. An diesen Häusern kann man die Geschichte der Gefängnisarchitektur ablesen – die drei alten Haftgebäude, die kreuzförmigen «Sterne», sind nach dem panoptischen, dem «allsichtigen» Prinzip bzw. dem Vorbild amerikanischer Gefängnisse errichtet. Im Zentrum eines jeden vierstöckigen Gebäudes liegt eine gläserne Kanzel, von den Häftlingen «Aquarium» genannt, von der aus man alle vier Etagen und sämtliche Flure überblicken kann. Über dem Erdgeschossflur gibt es keine Zwischendecken, die Stockwerke sind offen, aber in jeder Etage ist über die gesamte Länge ein Stahlnetz gespannt, um Selbstmorde und dergleichen zu verhindern. Auf jeder Seite gehen von den langen Gängen die fünf bis sechs Quadratmeter großen Zellen ab.

In diesen Gebäuden herrscht ohrenbetäubender Lärm, es hallt extrem von den Gesprächen, Schreien, vom Schlagen der metallischen Türen. Eines der alten Haftgebäude, die Teilanstalt 1, musste vor ein paar Jahren geschlossen werden: Der Bundesgerichtshof urteilte, dass die Zellen des Baus von 1898 mit ihren fünf Quadratmetern «menschenunwürdig» seien. Seitdem steht das Gebäude leer.

Die beiden anderen, die nur wenig größere Zellen haben, sind den moderneren Haftgebäuden an Ausstattung und Komfort deutlich unterlegen: Hier teilen sich dreihundertsiebzig Inhaftierte zwölf Duschen. Früher kamen hierher Kurzstrafer (unter fünf Jahre) bzw. Langstrafer, die sich nicht gut führten. Langstrafer, die sich beanstandungslos verhalten, oder Lebenslängliche konnten sich Hoffnung machen, in die Teilanstalten 5 oder 6 zu kommen. Inzwischen ist diese Regelung aufgeweicht, die Häftlinge werden oft einfach dahin verlegt, wo gerade Platz ist.

Micha sitzt seit einigen Jahren in der Teilanstalt 6. Sie stammt aus den frühen Achtzigern und sieht aus wie ein riesiges, vergittertes Hochhaus. Die Gefangenen sind hier im sogenannten Wohngruppenvollzug untergebracht, eine Neuerung aus den Siebzigern. Jede Etage ist in sich geschlossen, dadurch ist der Lärmpegel deutlich geringer; die Zellen werden tagsüber längere Zeit geöffnet, es gibt einen kleinen Gemeinschaftsraum und eine – wirklich sehr kleine – Gemeinschaftsküche. Die Zellen haben etwa acht Quadratmeter sowie ein winziges, abgetrenntes Klo und Waschbecken mit Warmwasser – eine große Errungenschaft. In den Häusern 1 bis 3 gibt es beides nicht. Noch vor nicht allzu langer Zeit war es üblich, dass man zu zweit eine Zelle teilte, mit freistehendem Klosett in der Ecke.

In den übrigen Gebäuden auf dem Gelände sind die zwölf anstaltseigenen Betriebe untergebracht, Bäckerei, Großküche, Tischlerei, Malerei, Polsterei, Schlosserei, Druckerei, Buchbinderei, Schuhmacherei, sogar ein Bauhof und eine Gärtnerei.

Zum einen arbeiten die Insassen hier, zum anderen bilden die meisten Betriebe auch aus. Wobei es um den Arbeitsmarkt hier drin ähnlich steht wie draußen: Es gibt weit mehr Arbeitswillige als Arbeitsplätze.

Dazu gibt es noch eine Schule, in der siebzig bis achtzig Schüler ihren Real- oder Hauptschulabschluss, ein paar wenige auch das Abitur nachholen. Zu den Prüfungen kommen in der Regel externe Kräfte in die Haftanstalt, manchmal findet die Prüfung aber auch draußen statt; dann werden die Schüler unter strenger Bewachung, teilweise mit Hand- und Fußfesseln, zu einer Schule gefahren.

Zwischen den Haftgebäuden liegen mehrere Freihöfe, in denen die Häftlinge die ihnen gesetzlich zustehende Zeit an der frischen Luft verbringen können, täglich mindestens eine Stunde. Ein Angebot, das nicht jeder nutzt. Daneben befinden sich auf dem Gelände noch etwas Brachland, zwei Sozialtherapeutische Anstalten (Sotha), in einer der beiden sind ausschließlich Sexualstraftäter untergebracht, und ein Fußballplatz. Einmal im Jahr findet in dieser kleinen Stadt sogar ein Stadtlauf, der «Tegeler Marathon», statt: Dafür wird mit Flatterbändern eine Route abgesperrt, die Beamten sichern die Strecke, und die Gefangenen laufen anstatt der kleinen Runde im Freihof ausnahmsweise eine große, die mehrmals über das ganze Gelände führt, bis sie zwanzig Kilometer erlaufen haben.

Es gibt auch Tiere auf Planet Tegel. Ein paar Katzen leben hier, die Bediensteten und Insassen füttern sie (manche Hafthäuser haben sogar eine Katzenklappe an der Außentür), und auf den beiden winzigen Teichen, nicht viel größer als eine Pfütze, brütet je ein Entenpaar. Die Tiere allerdings, die hier so richtig zu Hause sind – das sind die Krähen: Rabenkrähen, Nebelkrähen,

Saatkrähen, Elstern – alle sind sie hier vertreten. Das ganze Jahr über und zu jeder Tageszeit ist ihr Krächzen zu hören. Sie sitzen auf den Mauern, den Wachtürmen, zanken sich im Freihof, stöbern im Müll und brüten in den Pappeln, die gleich hinter den Außenmauern des Gefängnisses stehen.

«Morgens machen die richtig Krach», sagt Micha, «die schlafen auf dem Dach von Haus 5, was meinste, was da los ist, morgens um halb sechs!» Micha beobachtet sie manchmal stundenlang, weil sie so intelligent sind: «Die verstecken ihr Futter. Aber manchmal legen sie, wenn sie beobachtet werden, falsche Verstecke an. Dann graben sie rum, tun, als ob sie was verbergen, aber in Wirklichkeit verstecken sie es ganz woanders. Wir ham schon jut jelacht über die.»

Was die Krähen so lieben, an Planet Tegel? Vermutlich, dass es hier immer etwas zu fressen gibt: Die meisten Häftlinge schmeißen Sachen, die sie nicht mehr brauchen, einfach aus dem Fenster. Während unserer Gespräche segelt vor dem vergitterten Fenster mal eine leere Tüte Milch, mal ein halbes Brötchen durch die Luft. Die Krähen holen sich, was essbar ist, den Rest räumen am nächsten Morgen die Gefangenen weg, die als Hausarbeiter beschäftigt sind. Mythologisch gesehen, galt die Krähe von jeher als Mittler zwischen den Welten, zwischen den Lebenden und den Toten, zwischen Licht und Schatten. Die Schamanen sagen, die Krähe fordere einen auf, sich seine Schattenseiten anzusehen. Vielleicht ist das der tiefere Grund, warum so viele schwarze Vögel hier auf Planet Tegel leben, ich weiß es nicht. Und über all dies hinweg donnern die Flugzeuge, fliegen die Berliner in den Urlaub, manchmal zum Greifen nah.

«Je nach Wetter und Wind hört man das ziemlich dolle. Vom letzten Flugzeug kurz nach 23 Uhr, dem Postflugzeug, wach ich immer noch mal kurz auf. Am Anfang musste ich mich erst mal dran jewöhnen. Früher hab ich immer geguckt, wenn eins gestartet ist, und hab gedacht: Da würd ick jetzt gern drinne sitzen! Aber nach ner Weile guckt man nicht mehr. Mein Kumpel hatte n richtig guten Feldstecher, mit dem konnte man den Piloten sehen. Und wenn die Blätter von den Bäumen sind, im Herbst, dann kann ich von meinem Fenster bis zum Flughafensee gucken, kann sehen, wie das Wasser glitzert. Dit mag ick.»

Juni 2013. «Und? Was gibt's Neues?», frage ich Micha, nachdem wir uns begrüßt haben.

«Hier passiert ja nicht viel», meint er, «na ja: Vorige Woche war n Fluchtversuch.»

«Erzähl mal!»

«Aber auch doof, der Typ. Ist über den Zaun in den Hof von Haus 1, das leer steht, und wollte hinten über die Mauer. Aber er hat nen Klingeldraht erwischt. Dann war Alarm, und die ham ihn sofort wieder eingefangen.»

Klingeldraht werden die feinen Drähte genannt, die überall an den Mauern der Haftanstalt entlanglaufen und die bei Berührung sofort Alarm auslösen.

«Aber weil er nichts kaputt gemacht hatte, mussten sie keine Polizei holen, die haben das hier intern geregelt.»

Ein Fluchtversuch ist nach deutschem Recht, anders als beispielsweise in den USA, nicht strafbar. Man respektiert den «natürlichen Drang eines Menschen nach Freiheit», weshalb man bereits im 19. Jahrhundert beschloss, dass ein Gefangener aufgrund eines Ausbruchs nicht erneut bestraft werden soll. Nur wenn bei der Flucht Gewalt angewendet wird, wenn Menschen verletzt oder als Geisel genommen werden, hat er strafrechtliche Folgen. Auch bei Sachschäden wird Anzeige erstattet.

Manche Leute denken, dann könnten die Gefangenen ja

ständig versuchen zu fliehen, aber ganz so einfach ist die Sache auch wieder nicht: Denn «nicht strafbar» heißt noch lange nicht, dass es keine Konsequenzen gibt. Im Knast hat jedes Handeln Konsequenzen, im Schlechten wie im Guten: Wer sich immer an die Regeln hält, die Ziele erfüllt, die sein Vollzugsplan ein- bis zweimal pro Jahr neu festlegt, der bekommt entsprechende Hafterleichterungen, etwa Ausführungen oder die begehrten Langzeitsprecher, um mit der Frau oder Freundin zwei Stunden ungestört zu sein. Und schließlich wird man bei guter Führung schneller gelockert: Man wird Freigänger, bekommt irgendwann Urlaub draußen. Nach einem Fluchtversuch rücken all diese Dinge erst mal in weite Ferne.

«Dann hat für ihn das Ganze rechtlich also keine Konsequenzen?», frage ich Micha.

«Rechtlich nicht, aber es gibt halt Disziplinarmaßnahmen. Erst mal fünf Tage Keller, und dann kommt man auf die ‹Station für Absonderung›, bestimmt für ein halbes Jahr.»

«Das musst du mir erklären. Was ist das?»

«Absonderung … Kein Kontakt zu anderen. Ne Zelle ohne Fernsehen, ohne alles. Da kommen Leute hin, die dauernd Schlägereien haben, oder eben Typen, die flüchten.»

«Da kann man tagsüber nicht auf dem Flur rumspazieren?»

«Nee, du bist dreiundzwanzig Stunden am Tag auf Zelle. Kannst auch kein Fenster aufmachen. Nur eine Stunde Hofgang am Tag, alleine. Besuch is auch nur hinter der Glasscheibe möglich, wie in Amerika, mit nem Hörer. Ein halbes Jahr ist Minimum, dreimal so viel ist möglich, alle halbe Jahre muss das richterlich festgelegt werden.»

Das stelle ich mir gruselig vor. Ich frage mich, was so etwas mit mir machen würde. Ein halbes Jahr den ganzen Tag allein? Oder noch länger?

«Und diesen Keller», frage ich ihn, «wie muss ich mir das vorstellen? Warst du da auch schon mal drin?»

«Ja. Mehrmals.»

«Weswegen kommt man da rein?»

«Schlägereien. Wenn sie einen auseinanderziehen, is man ja meistens immer noch wütend, und zum Schutz legen sie dich da runter …»

«Und wie ist es im Keller?»

«Beschissen! Einsam. Kannst ja nicht mal was lesen.»

«Und was machst du dann die ganze Zeit?»

«Ja, nichts! Wände angucken. Nachdenken. Runterkommen halt. Bisschen schlafen, wenn du kannst. Und hoffen, dass der Tag schnell vergeht. Und die janze Zeit läuft die Lüftung, gibt ja kein Fenster. Das Geräusch nervt tierisch – is ätzend, da unten.»

«Man bekommt kein Buch, keine Zeitung?»

«Also wenn du wegen ner Schlägerei runterkommst, bekommste nüscht, nicht mal eine Zeitung. Und wenn du jetzt zum Beispiel Alkohol getrunken hast –»

«Moment mal, wie kommst du hier an Alkohol? Der lässt sich doch schwer schmuggeln.»

«Na, den machste selber!»

Ich gucke verdutzt, aber Micha meint nur: «Ne Flasche Saft, Hefe und bisschen Zucker rein, und schon läuft die Sache! Also, wenn du zum Beispiel Wein angesetzt hast, und die finden den, dann bekommst du sieben Tage Keller und eine Bibel, denn dann ist es einfach nur ne Disziplinarmaßnahme. Aber wenn ich in ne Schlägerei verwickelt war und gesichert werden muss, dann krieg ich nur ne Papierdecke, und das war's.»

«Ne Papierdecke?»

«Ja, eine Wegwerfdecke aus Papier. Weil sie Angst haben,

du reißt eine richtige Decke sonst in Streifen und erhängst dich damit. Der Raum ist immer kräftig geheizt, man hat da schließlich nur ne Unterhose an, aus demselben Grund. Ich hab ein paarmal Glück gehabt: Wenn du in den Bunker, also Keller, kommst, dann muss dich ein Arzt dafür fähig schreiben, und mein Arzt hat mich zweimal nicht fähig geschrieben, also konnte ich auf der Zelle bleiben …»

«Ich habe gehört, wenn man suizidgefährdet ist, kommt man auch dorthin.»

«Also, es gibt zwei Arresträume: einen, da kommst du rein, wenn du zum Beispiel suizidgefährdet bist, da gibt es Kameras, und sie haben dich unter Beobachtung. Der heißt BGH – ‹besonders gesicherter Haftraum›. Dit Bett is n Betonsockel, die Sichtscheibe in der Tür ist aus Panzerglas, bewegliche Gegenstände gibt's nicht, Essen nur mit Einweggeschirr. Und der andere, der normale Arrestraum, ist ohne Kameras. Da kommst du zum Beispiel rein, wenn sie n Handy bei dir gefunden haben. Eine reine Disziplinarmaßnahme. Ist ein bisschen besser, da kannst du auch was lesen.»

Bei der Führung durch das Gefängnis hatte ich die beiden Räume gesehen. Im BGH gab es auch Möglichkeiten, den Häftling an in den Boden eingelassene Eisenringe zu fixieren, wenn er «zu sehr tobt».

«Ich habe die Räume bei der Führung gesehen», sage ich.

«Waren das so ganz schmuddelige oder saubere?»

«Die sahen sehr sauber aus, alles gefliest, Edelstahl.»

«Dann war das hier im Haus. Die in Haus 3 sind ganz dreckig. Alles voller Fußabtritte, Spucke, richtig räudig.»

Schon die sauberen Räume hatte ich als unmenschlich empfunden, die dreckige Variante mag ich mir gar nicht ausmalen.

«Da wird man doch erst recht depressiv», entgegne ich.

«Klar, ist ja auch, was sie wollen. Die wollen dich brechen, und danach biste ne Weile ruhig. Keine schöne Erfahrung. Selbst wenn du nur ein, zwei Tage drin bist, haste die Schnauze voll. Aber man kommt ja auch nicht einfach so rein. Man muss schon was getan haben.»

Er nimmt einen Schluck aus seiner Tasse, sieht mich an und fährt fort: «Wenn man Beamte angreift, kommt man übrigens auch auf die Absonderungsstation, dann ist man für ein halbes oder ganzes Jahr weg. Und dann gibt's hier noch eine Drogenstation. Da kommen Dealer hin, also Typen, bei denen sie größere Funde machen, fünf, sechs Gramm Hasch oder mehr. Die Drogenstation ist abgesondert, in einem anderen Haus. Da gibt's auch nur Besuch hinter der Glasscheibe und das ganze Programm ...»

Dass man im Knast, in der Obhut des Staates, unter den Augen der Justizbeamten (der Ausdruck «Gefängniswärter» ist heute verpönt), drogenabhängig wird, erscheint mir vollkommen absurd. Ich frage ihn, wie denn die Drogen überhaupt in den Knast gelangen – schließlich werde ich jedes Mal ausgiebig gefilzt und mit dem Metalldetektor untersucht. Jede Kaugummipackung, die sich zufällig noch in der Hosentasche befindet, muss ich abgeben.

«Am Anfang sind die immer n bisschen streng», erklärt er schulterzuckend, «aber hier drin kriegste einfacher Stoff als draußen.»

«Aber wie kommt denn der Stoff hier rein?»

«Na, eben schon über Besucher. Die dürfen dir ja nicht in den Schlüpper gucken. Dann über die Arbeiter, hier gehen ja ein Haufen Leute aus und ein. Und auch über die Beamten. Ich kenn selber mehrere Beamte, die bringen Handys mit. Und in die kann man auch leicht was einbauen. Jedenfalls kriegen sie das mit den Drogen nicht in den Griff.»

«Aber bei so einem Besuch, da ist doch ein Beamter dabei, der aufpasst?»

«Das musste dir so vorstellen: Das sind zwei Räume, und da sitzen die Häftlinge und Besucher an Tischen verteilt. In der Mitte ist ne Glaskanzel mit den Beamten drin. Aber die sitzen da ja nicht nur und gucken, sondern schreiben Anträge, tippen am Computer – die sehen nicht alles, was passiert. Ich hab auch zehn Jahre lang Drogen reingeschmuggelt. Ist nich schwer. Halt nur doof, wenn sie dich erwischen, dann darf dein Besuch nicht mehr kommen. Und was hat man denn für Möglichkeiten, wenn man drogensüchtig ist? Irgendwie muss man ja an Stoff kommen. Und nur hier drin kaufen, da wirst du arm. Da würdest du im Monat ein paar tausend Euro brauchen. Die kleinen Mengen sind sehr teuer hier. Was draußen zwanzig Euro kostet, dafür zahl ich hier hundert. Deswegen muss man, wenn man süchtig is, hier einfach selber dealen – führt gar kein Weg dran vorbei.»

«Und wie bist du auf Heroin gekommen?», frage ich ihn.

«Eigentlich aus Langeweile. Ich wollte kiffen, aber es gab gerade kein Hasch. Da hat mir mein Dealer gesagt: ‹Probier doch mal was anderes›, und mir Heroin zum Rauchen angeboten. Das nächste Mal hab ich gar nicht mehr nach Haschisch gefragt, sondern wollte nur noch Heroin.»

«War das ein Trick? Um dich abhängig zu machen?»

«Nee, da war gerade wirklich kein Haschisch da. Hier switchen viele hin und her, was halt gerade da ist: ‹Kein Hasch? Dann nehm ick Subotex. Kein Subotex? Nehm ich Heroin.› Hauptsache, man dröhnt sich zu. Man drückt weg, was gerade im Kopf los ist. Es war eben mein Pech, dass es zu dem Zeitpunkt nichts zu rauchen gab.»

«Aber wie gefährlich Heroin ist, war dir doch klar?»

«Ja, aber man hat gerade irgendwas im Kopf, was man loswerden will – Probleme mit der Freundin, Familie, was auch immer. Zum Reden haste keinen, aber du willst deine Probleme verdrängen und nimmst die Gefahr eben in Kauf. Mit Drogen konnte ich sämtliche Emotionen abschalten. Ich war nicht mehr traurig, nicht mehr wütend. Den Tod meiner Mutter, den konnte ich nur durch das Heroin verdrängen, ohne hätt ich das nicht geschafft. Und: Wenn ich Heroin genommen habe, war der Tag – zack – einfach so rum. Die Zeit verging wie im Flug. Das war eigentlich das Beste. Gab dann stattdessen natürlich andere Probleme: Wie komm ich an den nächsten Stoff?»

«Wie bist du an das viele Geld gekommen?», frage ich. «Das muss doch einen Haufen gekostet haben?»

«Durch meine Erscheinung hab ich vielen Leuten Angst gemacht, das hat der Dealer genutzt. Er hat zu mir gesagt: ‹Hör mal, von dem oder dem krieg ich noch n Hunderter, holst du mir den?› Hab ich dann gemacht.»

«Wie lief das bei größeren Summen», unterbreche ich ihn, «Bargeld ist hier doch verboten?»

«Also, zu DM-Zeiten war richtig viel Bargeld im Umlauf. Ich hatte immer ne dicke Rolle Scheine. Damals hat die Anstalt das mit dem Bargeld nicht so eng gesehen. Da gab's sogar Beamte, die haben einem gewechselt; hat sich inzwischen aber geändert. Heute läuft die Bezahlung teilweise über Familie und Freunde draußen, die das Geld auf entsprechende Konten überweisen. Ansonsten ist die Währung hier drin Tabak oder Kaffee: Ein ‹Koffer› ist n Beutel Tabak, das sind fünf Euro, genauso wie ne Packung Kaffee oder ne ‹Bombe›, das ist ein Glas löslicher Kaf-

fee. Aber paar hundert Euro kannste ja schlecht in Tabak bezahlen, dann überweist eben jemand von draußen.

Früher gab's hier so viele Drogen, auch die Beamten waren
teilweise involviert. Ist dann aber aufgeflogen. Danach haben
sie aufgeräumt. Früher haben sich manche Beamte was dazu-
verdient: Für jedes Handy, das sie reingeschmuggelt haben, be-
kamen sie fünfzig Euro, zusätzlich zum Kaufpreis, versteht sich.
Manche haben hier auch n halbes Kilo Hasch reingeschleppt,
das brachte was ein. Kann ich schon verstehen, dass die Ver-
lockung da groß ist. Und man merkt schnell, wer ansprechbar
ist für so Sachen. Eigenbrötler, Beamte, die immer alleine sind,
nicht mit den Kollegen rumhängen. Manche haben auch ein
Alkoholproblem oder so, und die spricht man dann an: ‹Haste
nicht Bock, dir n bisschen was zuzuverdienen?›

Aber das war nicht mein Weg. Ich hab eingetrieben und auf
alles dreißig Prozent bekommen. Das war n Spaziergang, kurz
was abholen, fertig.»

«Haben dir denn die Leute das Geld sofort gegeben, oder
musstest du handgreiflich werden?»

«Na ja, man wurde schon mal n bisschen lauter, hat denen
die Situation erklärt.»

‹Die Situation erklärt› – mit welcher Selbstverständlichkeit
er das sagt, lässt mich laut auflachen. Der lapidare Ton, mit
dem er dieser Tätigkeit einen seriösen Anstrich geben will,
ist durchaus komisch. Trotzdem, ich würde von ihm nie ‹die
Situation erklärt› bekommen wollen.

«Ja, Mann», rechtfertigt er sich, «meistens hat es gereicht,
wenn ich Druck gemacht hab, aber wenn's drauf ankommt,
musste halt mal prügeln. Sonst wirste nicht ernst genommen.
Wenn einer wirklich nichts hatte, dann hab ich gesagt: ‹Jetzt
sind's hundert Mark, aber okay, nächste Woche sind's hundert-

fünfzig.› Dann gab's n Fuffi mehr für mich – dafür, dass ich warten musste. Mit dem Job hab ich mich zwei, drei Jahre über Wasser gehalten. Nach und nach hab ich mehr verdient, und dann hatte ich so viel Geld, dass ich größere Mengen kaufen konnte und selber dealte. Aber irgendwann war das alles nichts mehr. Die Leute wussten, wenn ich auftauche, gibt's Ärger, das war n Scheißgefühl. Man wusste bei keinem mehr: Ist das jetzt ein Freund, oder ist der nur so nett, weil er Angst hat? Und wenn dir da niemand hilft, kommt man da nicht raus. Manchmal saß ich auf meiner Zelle und hab richtig geheult. Alles hat weh getan, die Arme waren ja zerstochen. Fünf- oder sechsmal am Tag hab ich mir ne Spritze gesetzt, in den besten Zeiten acht bis neun. Mach das mal ne Woche! Dann ist alles entzündet, Abszesse überall. Ich hab die Beamten um Hilfe angefleht, ich wollt ja unbedingt aufhören. Aber bis 2007 gab es keine Substitution für Lebenslängliche. Die haben mir immer nur gesagt: ‹Lassen Sie sich doch wegsperren.›

‹Und dann? Wenn ich ne Woche später wieder rauskomme? Wer hilft mir dann?›, hab ich gefragt. Die haben nur mit den Schultern gezuckt. Ich hab mich ja regelmäßig wegsperren lassen, kalter Entzug, dann kam ich wieder raus, und ein paar Tage später war ich wieder drauf, so ging das die ganze Zeit. 2008 war ich dann der zweite Lebenslängliche, der ins Substitutionsprogramm aufgenommen wurde, und seitdem bin ich clean, hatte nicht einen Rückfall.»

Während er erzählt, muss ich immer wieder an den Mann denken, der jetzt im Keller sitzt.

«Gab es denn auch mal eine Flucht, die geklappt hat?», frage ich ihn nach einer Pause.

«Schon lange nicht mehr.»

Vor vielen Jahren, erzählt er mir dann, hatte er mal einen

Kollegen, der drogensüchtig war und wegen kleinerer Delikte saß, Beschaffungskriminalität. Regelmäßig bekam er Besuch von seinem Zwillingsbruder. Sie waren eineiige Zwillinge und sahen sich extrem ähnlich.

«Netter Kerl», erzählt Micha. Er sei nur etwas unzuverlässig gewesen: Wenn sie sich zum gemeinsamen Sport verabredet hatten, erschien er häufig nicht, und manchmal hatte er Dinge, die Micha ihm erst am Vortag erzählt hatte, bereits wieder vergessen. Das schrieb Micha seinem Drogenkonsum zu. Eines Tages wurde der Häftling in ein anderes Haus innerhalb der Anstalt verlegt. Am Wochenende kam sein Zwillingsbruder, sie trafen sich im Besucherraum. Als der Mann anschließend ins neue Hafthaus zurückgebracht wurde, war er völlig desorientiert und fand seine Zelle nicht. So kam die ganze Geschichte schließlich raus: Die beiden hatten getauscht, der Häftling war mit der Besucherkarte seines Bruders in die Freiheit marschiert, und sein Bruder, der auch schon Hafterfahrung hatte, war für ihn im Knast geblieben. Nicht zum ersten Mal, wie sich herausstellte. Die beiden hatten sich regelmäßig an den Wochenenden abgewechselt, ohne dass es irgendwem aufgefallen wäre. Alles flog nur auf, weil der echte Häftling vergessen hatte, seinem Bruder die Verlegung mitzuteilen.

«Und das hat vorher nie jemand gemerkt?», frage ich ungläubig.

«Die beiden sahen sich wirklich sehr ähnlich. Wir haben hier ja auch keine Anstaltskleidung, sondern ganz normale Klamotten. Da hat der eine im Sprechzentrum einfach die Besucherkarte vom Bruder genommen, und beim nächsten Mal haben sie wieder getauscht. Ick kannte ja sozusagen beide, und mir ist nie was aufgefallen, beide hatten dieselbe Gestik, dieselbe Mimik. Im Nachhinein hab ich dann geschnallt, warum der immer so viel vergessen hat … War schon lustig, wir haben alle sehr gelacht, wie dit rauskam.»

«Sind dann beide in den Knast gekommen?»

«Nee, die mussten den Bruder rauslassen, der hat hier nichts zu suchen. Aber den haben sie natürlich angezeigt wegen Gefangenenbefreiung. Und für den anderen haben sie nen Haftbefehl rausgehauen und ihn auch wieder eingefangen. Von da an musste er nen Blaumann anziehen, wenn der Bruder zu Besuch kam, denn ganz verbieten kann man Familienbesuch ja nicht. Aber, ick hätt dit och so jemacht …», meint er grinsend.

Er gießt sich Tee ein und schaufelt Zucker in die Tasse.

«Gab es noch mehr Ausbrüche?», frage ich ihn neugierig.

«Einmal, aber ist schon lange her, da gab's nen Knacki, dessen Freundin war schwanger. Er wollte unbedingt bei der Geburt dabei sein. Er hat nen Antrag gestellt, aber das ging natürlich nicht. Dabei wollte er einfach nur bei ihr sein und dann wieder zurück. Da hat er sich was einfallen lassen und hat's clever durchgezogen: Morgens um halb sieben laufen wir ja alle zur Arbeit. Stand gerade ein LKW im Hof. Der Typ hat sich erst zurückfallen lassen und hat es geschafft, auf den Wagen zu klettern. Dann hat er sich auf der Fahrerkabine im Dachspoiler versteckt. Am Ausgang haben die nicht richtig kontrolliert, und schon war er draußen. Als der LKW dann an der ersten Kreuzung hielt, ist er abgesprungen. Das Blöde war: Genau in dem Moment stand auch ein Justizbeamter an der Kreuzung, der auf dem Weg zur Arbeit war. Der hat ihn erkannt und sofort eingefangen. Echt gemein. Der wäre nach der Geburt von allein zurückgekommen. So hat er es natürlich verpasst. Das war der letzte Ausbruch.»

Ausbrüche haben immer auch zur Folge, dass die Sicherheitsvorkehrungen weiter perfektioniert werden. Inzwischen wird jeder Wagen, der die JVA verlässt, von unten gespiegelt und gründlich kontrolliert, ähnlich wie früher an der innerdeutschen Grenze. Außerdem sind die Schleusen der deutschen Haftanstalten mittlerweile mit Herzschlagdetektoren ausgestattet, die jede im Fahrzeug versteckte Person registrieren. Die Flucht des werdenden Vaters wäre so heute nicht mehr möglich.

August 2013. Eines Morgens, ein paar Wochen später, habe ich beim Aufwachen Halsschmerzen, und meine Kehle fühlt sich an wie ein Reibeisen. Am Set angekommen, kann ich die Begrüßungen kaum erwidern, aus meinem Mund kommt nur ein heiseres Krächzen. Ich halte also die Klappe und bin froh, dass ich heute nur zwei kleine Szenen und kaum Text habe, das Gekrächze kann man hinterher im Synchron noch ausbügeln.

Mein Regisseur will, dass ich anschließend zum HNO-Arzt gehe, was ich dann auch tue, denn ich fühle mich miserabel. Mit der Auflage «striktes Sprechverbot» und der Diagnose Kehlkopfentzündung verlasse ich die Praxis. Zum Glück habe ich am nächsten Morgen nur eine kurze Szene, durch die ich mich – verbotenerweise – durchkrächze, dann kommen ohnehin ein paar freie Tage zum Erholen. Ansonsten verständige ich mich per Stift und Zettel, was auf die Dauer etwas anstrengend ist. Ich überlege noch, ob ich mein heutiges Treffen mit Micha auch auf diese Art bestreiten soll, aber mir ist nur nach Bett zumute. Ich bitte meine Frau, im Gefängnis anzurufen und abzusagen. Danach fühle ich mich doch ein wenig befreit und bin froh, der beklemmenden Atmosphäre in Tegel für heute entronnen zu sein. Stattdessen schreibe ich Micha einen Brief.

Eine Woche später bin ich wiederhergestellt und schon am Nachmittag mit dem Drehen fertig. Da wir am nächsten Tag einen Nachtdreh haben und ich erst um achtzehn Uhr in Leipzig sein muss, fahre ich nach Hause und beschließe, Micha einen Überraschungsbesuch abzustatten. Mit meinem Vollzugshelferausweis, den ich inzwischen bekommen habe, kann ich auch ohne Termin tagsüber spontan ins Gefängnis kommen. Ich lasse also die Einlassprozedur über mich ergehen, sitze dann im engen Konversationsraum und warte. Es dauert eine Weile, bis Micha kommt. Gewöhnlich dürfen sich die Häftlinge in Haus 6 tagsüber frei auf dem Gang bewegen, bevor sie abends eingeschlossen werden, aber heute wollte sich Micha bereits um siebzehn Uhr auf eigenen Wunsch wegschließen lassen, wie er mir gleich nach unserer Begrüßung erklärt: «Hatte die Schnauze voll.»

Zwar freut er sich, mich überraschend zu sehen, er wirkt aber aufgewühlt. Heute beim Hofgang ist er von einem Mann in Zivil grob angesprochen worden. Micha hatte während des Freigangs ein paar kleine Kiesel für seine Blumentöpfe aufgesammelt.

«Was wollen Sie mit den Steinen?», schnauzte der Fremde ihn an.

«Für meine Blumen», antwortete Micha.

«So sehen Sie aus», entgegnete der andere.

«Wollen Sie damit sagen, ich sei ein Lügner?», antwortete Micha, «wer sind Sie überhaupt?»

«Wie ich heiße, geht Sie gar nichts an», erwiderte der Unbekannte.

Das Gespräch schaukelte sich hoch, Micha musste seine Steine abgeben. Ein anderer Häftling wollte noch schlichten, aber in dem Moment wurde der Fremde über ein Funkgerät weggerufen.

«Sie hören noch von mir», sprach er und verschwand.

«Sonst wär's vielleicht noch zu ner kleinen Schubserei gekommen», meint Micha.

Ich kenne seine Zelle mit den liebevoll gepflegten Topfpflanzen, deren Ränder säuberlich mit kleinen weißen Steinchen verziert sind. Daran liegt ihm, und ich verstehe seinen Ärger; gleichzeitig staune ich, wie schnell eine falsche Verdächtigung, ein paar unsensible Worte ihn aus der Fassung bringen.

«Ick werd schon noch rausbekommen, wer das war, und dann werd ich eine Beschwerde aufgeben, man darf uns doch nicht wie Vieh behandeln!»

Er ist wütend und schaut mich doch ratlos an, wie ein trotziges Kind. Dann erkundigt er sich, wie es mir geht. Ich erzähle ihm vom Drehtag und der überstandenen Kehlkopfentzündung. Wir plaudern, allmählich taut er auf. Schließlich fällt mir noch ein Erlebnis ein, in dem ich mich ähnlich schlecht behandelt gefühlt hatte wie er: Vor einiger Zeit suchten wir einen Handwerker für Renovierungsarbeiten, die in einem engen Zeitraum stattfinden mussten. Es meldeten sich verschiedene Betriebe. Der Mann mit der kleinsten Firma, ein sympathischer Typ, bettelte geradezu um den Job. Er erzählte mir von der schwierigen Auftragssituation und seiner persönlichen Lage. Nachdem wir ihm den Auftrag erteilt hatten, werkelte er zwei Tage, dann vertröstete er uns regelmäßig, und es passierte nichts mehr. Allen Versuchen, die Angelegenheit zu klären, entzog er sich regelmäßig, erschien nicht zu Terminen oder legte am Telefon mehrmals einfach auf. Zur Ohnmacht verdammt, entwickelte ich Rachegelüste und einige durchaus kreative Ideen, wie ich dem anderen ein wenig schaden könnte.

Micha hört mir gebannt zu – das Ganze, diese neue Seite an mir, scheint ihn sehr zu amüsieren. Zwar werde ich nie körperlich aggressiv, wenn ich mich ungerecht behandelt fühle, aber ich kann sehr hartnäckig sein und tue mich schwer, eine Sache auf sich beruhen zu lassen. Bevor ich allerdings meinen Rachefeldzug antrat, erzählte ich meiner Frau davon. Und wurde ausgelacht.

«Das ist kindisch», meinte sie, «warum lässt du die arme Sau nicht einfach in Ruhe? Der wird das nie kapieren. Reine Energieverschwendung.»

Diese Haltung kann auch Micha teilen. Wir einigen uns darauf, dass der Mann, der ihn heute beleidigt hat, vermutlich auch eine «arme Sau» ist, der «zu Hause bei seiner Alten wenig zu melden hat und seine schlechte Laune hier rauslässt». Das gefällt Micha, und wir beschließen, dass er den anderen im Fall einer weiteren Begegnung nicht, wie Micha ursprünglich vorhatte, ansprechen wird, sondern freundlich lächelnd an ihm vorbeigeht.

Als ich eine Weile später gehe, umarmen wir uns das erste Mal zum Abschied.

Oktober 2013. Es ist ein Herbsttag wie aus dem Bilderbuch: Strahlend blauer Himmel mit ein paar Wolkentupfern, und es ist angenehm warm. Pünktlich zu unserer ersten Ausführung stehe ich vor Tor 1 und muss nicht lange warten: Die Schleuse öffnet sich, und Micha kommt mir freudig entgegen, begleitet von zwei Beamten in Zivil. Dann setzt sich unsere kleine Gruppe in Bewegung. Die Sonne scheint für die Jahreszeit ungewöhnlich stark, und Michas Oberkörper leuchtet fast in seinem weißen Sweatshirt. Er schreitet mehr, als dass er geht, mit großen Schritten, seine Arme schlenkern etwas ungelenk durch die Luft. Ein bisschen wie ein kleiner Junge, der größer sein möchte, als er ist, denke ich.

«Endlich nich mehr im Kreis laufen», sagt er mit einem zaghaften Lächeln auf den Lippen.

«Ausführungen dienen der Vermeidung von Haftschäden», schießt mir dabei das offizielle Justizdeutsch für unsere heutige Unternehmung durch den Kopf. Und wie ich ihn so neben mir sehe, muss ich an die großen Raubkatzen im Zoo denken, die, an ihr ewiges Dasein hinter Gittern gewöhnt, nur noch stumpf von einer Käfigecke zur anderen pendeln.

Wir laufen die Straße hinunter. Schweigend. Die beiden Beamten hinter uns.

Vögel zwitschern, letzte Bienen summen. Es kommt mir vor, als ob Micha das alles wahrnimmt, und ich erfreue mich still an seiner Freude.

«Herr Bender, Sie wollten doch erst mal was essen gehen, oder? Was hätten Sie denn gern?», unterbricht einer der Beamten die Stille.

«Ein Burger … ein Burger wär jut», antwortet Micha kurz entschlossen. Wenige Minuten entfernt gibt es ein Fastfood-Restaurant, die Beamten wissen den Weg. Als wir den Laden betreten, ist nicht viel los: Ein paar Gäste sitzen da, vor dem großen Bestelltresen steht gerade niemand an. Einer der Beamten gibt Micha ein graues Briefkuvert mit ein paar Geldscheinen, Geld von Michas sogenanntem Brückenkonto, das er mit seiner Arbeit im Gefängnis verdient hat. Micha zieht vorsichtig ein paar Scheine hervor, studiert sie ausgiebig und meint enttäuscht zu mir: «Sieht ja aus wie Spielgeld, die Euroscheine.»

In diesem Moment wird mir klar, dass er zum ersten Mal in seinem Leben Euros in der Hand hält. Als er inhaftiert wurde, gab es noch die D-Mark. Er steckt das Geld zurück und blickt konzentriert auf die Leuchttafeln, die die unterschiedlichsten Burger anpreisen. Nach einer Weile wendet er sich überfordert an mich: «Ich will eigentlich nur nen ganz normalen Burger, einen, der satt macht», flüstert er, «und was zu trinken.»

Er muss sparsam mit seinem Geld umgehen, deshalb mache ich ihn auf das Monatsangebot aufmerksam, das in der Ecke angeschlagen ist, ein Menü mit Chickenburger.

Er nickt zustimmend, tritt an den Tresen, an dem die Bedienung schon ungeduldig lauert, räuspert sich kurz und sagt: «Ick hätt gern den Chickenburger.»

«Crispy Chicken, Chicken Deluxe oder Supreme Chicken Cheese?», leiert die Frau genervt das Angebot runter.

Micha sieht mich hilflos an. Es ist eine eigenartige Diskrepanz, wie dieser kräftige, tätowierte Mann dort steht, mit seinem furchteinflößenden Äußeren und gleichzeitig dieser kindlichen Hilflosigkeit.

«Das Menü des Monats», sage ich laut, und Micha nickt der Frau kräftig zu. Er bezahlt, studiert lange das Wechselgeld, und wenig später sitzen wir an einem der Tische und fangen an zu essen.

«Dit is jut, wa …? Richtig jut, nicht?», sagt Micha ungläubig mampfend. «Jute Pommes, und dit Fleisch erst – richtig saftig, wa?»

Er nickt anerkennend, als würden wir ein Gourmet-Menü verspeisen. Ich weiß nicht genau, was ich sagen soll, denn ich finde es eher so mittelmäßig, aber natürlich habe ich auch nicht jahrelang das eintönige Knastessen hinter mir.

Wenig später verlassen wir den Laden und gehen zu einem großen Einkaufszentrum in der Nähe. Unterwegs guckt Micha immer wieder auf einen kleinen Zettel in seiner Hand, auf den er fein säuberlich, in Druckbuchstaben, seine Einkaufsliste notiert hat: eine neue Jogginghose, ein paar Turnschuhe, Tabak und die Titel verschiedener DVDs, falls das Geld noch reicht.

Es ist einer dieser riesigen Einkaufstempel, wie es sie überall in Deutschland gibt: Man findet sich in jedem schnell zurecht, die Läden sind sowieso überall die gleichen.

Für Micha ist das alles neu und ungewohnt. Er sieht sich interessiert die großen Grünpflanzen an, die um ein in meinen Augen tristes kleines Wasserspiel stehen. Er staunt über die vielen Eissorten, die das Eiscafé anbietet, und blickt irritiert von einer Leuchtreklame zur nächsten.

«Überall Musik», sagt er erstaunt, «dit war früher nich.»

Die Musik war mir zuvor gar nicht aufgefallen. Wie würde ich mich wohl fühlen, wenn ich nach so vielen Jahren zum ersten Mal wieder einkaufen ginge? Die vielen Menschen und neuen Eindrücke, die Reizüberflutung ... Und ich finde Einkaufscenter auch so schon anstrengend genug.

Ich lotse ihn in ein Turnschuhgeschäft. Er staunt über die vielen Modelle, hat aber genaue Vorstellungen: Weiß müssen sie sein, ganz weiß. Das schränkt die Auswahl schnell ein, es gibt am Ende nur ein wirklich komplett weißes Paar. Nikes aus der neuen Kollektion. Nicht ganz billig. Er zögert kurz:

«Na jut, aber die nehm ich. Größe 45 müsste passen.»

Der Verkäufer bringt das gewünschte Paar, und Micha will sofort damit zur Kasse.

«Die musst du erst anprobieren», halte ich ihn zurück.

«Ich hab 45. Das passt schon», meint er resolut.

Ich erzähle ihm, aus eigener Erfahrung, dass Turnschuhe oft kleiner ausfallen und dass man Schuhe überhaupt anprobieren sollte, weil sie drücken können und so weiter. Ein bisschen ist es, wie wenn ich mit meinen Söhnen einkaufen gehe. Nach ein wenig Überredung setzt sich Micha schließlich und probiert die Schuhe an. Die beiden Beamten warten unterdessen dezent am Ladeneingang. Am Ende, der Verkäufer hat einen Karton nach dem anderen angeschleppt, landen wir zu unser beider Erstaunen bei Größe 49.

Als Micha nun endlich zur Kasse will, fällt mir was ein: «Warte mal, die Dinger sind ziemlich teuer, wir kennen den Verkäufer ja jetzt schon ein bisschen. Vielleicht macht er sie dir ein bisschen billiger. Fragen kostet nichts.»

«Man kann neuerdings handeln?», fragt Micha ungläubig.

«Versuchen wir's.»

Ich erkläre dem Verkäufer freundlich, dass die Schuhe unser Budget ein wenig übersteigen, ob man da nicht noch etwas machen könne …?

Er geht zehn Euro runter, Micha ist ganz begeistert. Vor dem Laden klopft er mir auf die Schulter: «Dit haste aber jut jemacht! Wusste gar nich, dass so was geht in Deutschland!»

Nachdem wir Tabak besorgt haben, gehen wir noch in einen riesigen Elektronikladen. Micha durchforstet zielstrebig die FSK-18-Ecke der DVD-Abteilung. Er studiert die Horror- und Splatter-Movies, sucht nach den Titeln auf seinem Zettel. Ich wage den Versuch, ihm eine schöne Komödie zu empfehlen, ohne Erfolg. Zwar frage ich mich ernsthaft, ob Horror und besonders blutige und gewaltvolle Streifen die richtige Unterhaltung für einen reuigen Mörder sind, aber ich kann ihm da nichts vorschreiben. Um ein Gefühl dafür zu bekommen, was er so guckt, nehme ich am Ende auch einen Horrorfilm mit, den er mir empfiehlt: «Der is richtich spannend», meint er fachmännisch.

Kurz darauf machen wir uns, alle sind ziemlich erschöpft, auf den Rückweg. Micha muss pünktlich zurück im Gefängnis sein.

«War gut. Aber auch ganz schön anstrengend!», meint Micha, als ich ihn beim nächsten Besuch frage, wie er unseren kleinen Ausflug fand. «Am nervigsten für mich draußen waren die ganzen Menschen. Die hatten alle ein Ziel, waren alle wohin unterwegs, so schnell. Hat mich ganz schön genervt, war aber auch unterhaltsam. Am liebsten hätt ich mich nur hingesetzt und die Leute beobachtet. Hier drin, morgens auf dem Weg zur Arbeit, seh ich ja auch n paar hundert Leute. Aber sind eben alles bekannte Gesichter. Man grüßt welche, aber draußen is das was ganz anderes: Da biste einer von vielen, keiner beachtet einen. Ganz anders als hier. Irgendwie schräg.»

«Und hattest du das Gefühl, die Leute sehen dir an, dass du aus dem Knast kommst? Das war doch deine große Sorge?»

«Na ja, manchmal hab ich mich schon gefragt, ob die nicht merken, was hier läuft. Als wir einkaufen waren, zum Beispiel. Ist ja um die Ecke. Und manche Beamte machen viele Ausführungen, immer genau dorthin zum Einkaufen. Da denk ich schon, dass der ein oder andere Verkäufer denkt: Ah, da ist wieder dieser Kunde, der immer mit so wechselnden komischen Gestalten kommt.»

Er hält kurz inne und meint dann nachdenklich: «Is schon irgendwie seltsam, draußen. Ick kann das gar nicht so richtig beschreiben, aber es ist so, wie wenn ich n Ausländer wär, der sich nicht richtig ausdrücken kann. So komm ick mir vor. Wie n Ausländer im eigenen Land. Und ich versuch natürlich, meine Tätowierungen zu verdecken, die auf den Händen, ist ja sonst komisch, nach dem Motto: ‹Ick hab Hass auf meinen Fingern stehen, also was wollt ihr von mir?› Mir ist das schon ein bisschen unangenehm, wenn Leute gucken. Früher war mir egal, was die denken, da wollt ich, dass sie das sehen, aber jetzt will ich's nicht mehr.»

Er schweigt nachdenklich. Nach einer Weile frage ich ihn: «Warst du dann auch froh, als du wieder hier warst?»

«Ja», antwortet er ohne Zögern, «zu hundert Prozent. Ist n ganz schöner Stress draußen, ich war voll angespannt. Als ick wieder drin war, hab ick allet ausjezogen, mich ins Bett gelegt und war happy. Dit is wie nach Hause kommen nach nem richtig stressigen Tag, glaub ick, so kann man das vergleichen. Weiß nich, ob du das verstehen kannst. Aber hier, da fühl ick mich irgendwie sicher. Also, ick war froh, wieder hier zu sein, auch wenn es sich doof anhört. Aber so geht's allen am Anfang, bei den ersten Ausflügen. Wenn man dann Ausgänger ist und regelmäßig rauskommt, dann zieht's einen immer mehr nach draußen; und irgendwann kann man alleine raus. Aber so wie jetzt mit zwei Beamten und dir – dit fühlt sich n bisschen an wie ‹Gassi gehen›.»

Zwei Wochen später – Fische, die nie schwimmen werden. «Fisch darf man nie werden», sagt Micha, «denn wer einmal Fisch ist, bleibt Fisch.» Das beste Rezept, kein Fisch zu werden, geht so: «Man muss sich immer wehren. Auch wenn du weißt, du verlierst. Dann gewinnst du zumindest an Achtung. Sonst wird's nur immer schlimmer.»

Es gibt ein paar wichtige Regeln im Knast. Wenn man sie nicht beachtet, geht man unter. Dann wird man ein Fisch. Dabei sind Fische beliebt, jeder hat gern einen: Ein Fisch macht einem die Zelle sauber, dreht einem Zigaretten, gibt seine Einkäufe ab, schmuggelt Drogen in den Knast, wenn er auf Ausgang ist oder Besuch bekommt, manche Fische stehen einem sogar für Liebesdienste zur Verfügung. Warum Fische das alles tun? Noch dazu umsonst? Weil sie Angst haben. Fische sind Opfer.

«Wenn dich einer lange anguckt, hier drinne: Bloß nicht weggucken! Nie weggucken! Wenn du wegguckst, haste eigentlich schon verloren. Weggucken macht dich schwach, und Schwäche kannste hier drin nicht brauchen.»

Das erinnert mich an eine Situation, die bereits einige Jahre zurückliegt: Spät nachts saß ich in der U-Bahn, zwei Jugendliche stiegen ein, offensichtlich betrunken pöbelten sie lautstark herum. Der eine der beiden starrte mich an und meinte: ‹Wat guckst'n so? Haste n Problem?› Er war einen Kopf kleiner als ich, ein schmächtiges Kerlchen, trotzdem machte mir sein kalter, unberechenbarer Blick Angst. Ich wandte mich ab, starrte vor mich hin. Es war ein demütigendes Gefühl, als er eine Station später lachend ausstieg, nicht ohne mir vorher noch vor die Füße zu spucken. Ich bin mir ziemlich sicher – vermutlich würde ich schnell zum Fisch.

«Draußen kannste dem ausm Weg gehen», sagt Micha, als ich ihm das erzähle, «du kannst aussteigen und bist weg. Aber hier drin biste den Leuten ausgeliefert, Tag für Tag, und die werden immer wieder kommen. Da braucht man ne schnelle Lösung: Am besten, du klärst das Ding gleich.»

«Wenn ich hier als Häftling neu wäre im Knast», frage ich ihn, «wie würdest du reagieren, wenn ich dir über den Weg lauf und sage», ich hebe meine Stimme ein wenig, «was guckst'n so?»

Schlagartig verwandelt sich unser Tisch in eine kleine Bühne. Ein eiskalter Blick trifft mich. Er sieht mich an, stechende Augen, kein Wimpernschlag, dann sagt er mit klarer, deutlicher Stimme, ohne laut zu werden: «Was hast'n für n Problem?»

Da kann ich mir als Schauspieler eine Scheibe von abschneiden. Diese Situation ist tausendmal geprobt, dieses Stück wird seit Jahren gespielt, das merkt man. Er starrt mich immer noch an, sein Blick hält stand, obwohl ich längst verloren habe, dann fängt er an zu schmunzeln.

«Man muss Dominanz zeigen. Auf jeden Fall auf gleicher Tonhöhe bleiben, nicht runtergehen, sonst ist man Fisch. Aber wenn man es richtig macht, sehen das andere, und es spricht sich rum: ‹Mensch, der hat sich sofort gewehrt!› Dann haste deine Ruhe. Manche spielen damit rum, machen dich an. Wenn du dagegenhältst, heißt es sofort: ‹War doch Spaß. Alles klar, Alter.› Die wollen keinen Streit, die testen die Leute nur.

Im Jugendknast damals musste ich den ganzen Tag kämpfen. Das ging morgens beim Duschen los: ‹Dit is unsere Dusche!› Mittags stehste beim Essen an: ‹Ey, is mein Platz!›, da musste kämpfen. Da darfste nicht nachgeben, sonst biste Fisch. Du bist dann der Diener. Jeder braucht wen zum Zigarettendrehen. Entweder bist du's. Oder aber du wehrst dich, und Wehren heißt hier: mit Fäusten, nicht mit Quatschen. Bloß nicht zu den Beamten gehen! Als Verräter biste doppelt Fisch, dann ist's vorbei. Aber hier bei uns im Haus geht es. In anderen Häusern, da suchen sich bestimmte Gruppen – die Russenmafia, die Araber –, gezielt ihre Opfer aus. Zellen putzen ist noch das geringste Übel.»

Ich wundere mich etwas, schließlich scheint das auch für Nichtbeteiligte ein ziemlich offensichtliches Ausbeutungssystem zu sein: «Unternehmen die Beamten denn nichts dagegen?»

«Den Beamten ist das wurscht, die sind faul, die wollen keinen Ärger, keinen Papierkrieg. Alles gut, solang es keine Körperverletzung gibt. Und wenn, wird sich der Fisch schon ne gute Begründung einfallen lassen. Er weiß ja, was ihm sonst blüht. Läufer, Diener, die seh ich hier täglich. Aber generell gibt es im Erwachsenenvollzug nicht so viel Gewalt wie im Jugendvollzug. Dass einer vergewaltigt wurde, hab ich in meiner Haftzeit zweimal erlebt. Vergewaltigung gibt es hier nur zur Erniedrigung. Einmal haben sie einem Typen K.-o.-Tropfen untergemischt und ihn dann aufs übelste vergewaltigt, sieben Leute. Am nächsten Tag konnte er sich an nichts erinnern, aber er hatte höllische Schmerzen, konnte lange nicht gehen und nicht sitzen und konnte sich nur ausmalen, was passiert ist. War ein Sexualstraftäter. Die sind hier ein beliebtes Opfer, bei allen. Da biste sofort Fisch. Das ist die unterste Schiene: Sexualstraftäter und Kinderschänder. Meistens wehren die sich auch gar nicht. Die sind von der Haftsituation völlig geschockt, haben keine Ahnung, was hier auf die zukommt.»

Wenn man bedenkt, dass der Großteil der Sexualstraftäter und Kinderschänder in der Kindheit selbst missbraucht wurde, dann zum Täter wird, um dann während der Haftzeit erneut zum Opfer zu werden: was für ein eigenartiger, morbider Kreislauf.

Während ich noch diesem Gedanken nachhänge, fährt Micha fort:

«Bei meiner zweiten Inhaftierung, im Jugendknast Schwarze Pumpe, da lag ich auf einer Sechs-Mann-Zelle, da wurde nur Blödsinn gemacht. Deshalb war ich froh, als ich achtzehn war, da konnte ich mich endlich in den Erwachsenenvollzug verlegen lassen. Einzelzellen gab's da gar nicht. Von der Zelle abgetrennt gab's n kleines Bad mit mehreren Waschbecken, Klos, getrennt nur durch offene Pappwände, und ne Dusche. Mit sechs Mann war das schon ganz schön voll, wir haben versucht, uns mit den Schränken so kleine Abteile zu bauen. Natürlich wollte jeder am Fenster liegen, es gab aber nur eine Fensterseite. An der Türseite wollte niemand liegen, die Plätze waren also eine Klasse tiefer. Am Fenster lagen deshalb die Älteren oder die, die das Sagen hatten. Die Neuen mussten an der Tür liegen, mussten Brötchen reinholen, Mittagessen, Abendbrot, das war deren Aufgabe. Aus Langeweile wurde sich ständig geprügelt. Übel war, wenn Gericht gespielt wurde. Ich mochte solche Spiele nicht, denn die fangen immer lustig an, und enden tun se grauenhaft. Ich hab versucht, mich da rauszuhalten. Wenn's zu extrem wurde, bin ich auch schon mal dazwischengegangen.»

Beim Gerichtsspiel, erzählt er mir, bekam jeder eine Rolle zugeteilt: Der eine war Richter, der Nächste Staatsanwalt, ein anderer Rechtsanwalt, vielleicht noch ein Zeuge. Und dann gab es natürlich den Angeklagten.

«Um angeklagt zu werden, braucht's nicht viel. Reicht schon, dass de das Essen hast anbrennen lassen oder irgendwas. Am Ende wurde der Angeklagte natürlich verurteilt. Und da kamen nie gute Urteile bei raus. Dann hieß es zum Beispiel: ‹Verurteilt zum elektrischen Stuhl.› Und dann wurde ein elektrischer Stuhl gebaut. Aus Silberpapier, Draht und Strom. Da musste sich derjenige draufsetzen, und dann wurde der unter Strom gesetzt. Deswegen», er schüttelt den Kopf, «die waren alle nicht ganz dicht. Da mussteste kämpfen, um da durchzukommen. Dieses Gerichtsspiel war gang und gäbe.»

Er denkt nach, öffnet das Fenster und zündet sich eine Zigarette an.

«Warst du der Richter, oder warst du der Angeklagte?», frage ich ihn nach einer Weile.

«Weder noch», antwortet er ruhig, «ich hab da nicht mitgemacht. Aber der Angeklagte wär ich nie gewesen, dafür hab ich mich immer viel zu doll gewehrt. Schon wenn ich gemerkt habe, es geht in die Richtung, hab ich lieber immer gleich den Kräftigsten zusammengeprügelt, und dann hatte ich meine Ruhe. Das war eigentlich immer das Beste, was du machen konntest: Schnappst dir den Größten, der die größte Fresse hatte, und haust den zusammen. Schon kann der an die Tür ziehen, und du ziehst unters Fenster.»

November 2013. «Wie ist das eigentlich für dich, eingeschlossen zu sein?», frage ich Micha. «Macht das noch etwas mit dir, nach so vielen Jahren, wenn abends die Zellentür verschlossen wird? Oder nimmt man das aus Gewohnheit gar nicht mehr wahr?»

Vor mir auf dem Tisch liegt eine fast tennisballgroße Rumkugel auf einem kleinen Teller. Ein Geschenk von Micha. Er hat sie mir aus der Knastbäckerei mitgebracht.

«Anfangs war das für mich ein total beklemmendes Gefühl, wenn man abends eingeschlossen wurde. Wenn die Tür zuging und ich wusste, ich komm nicht vor morgen früh wieder raus. Das fühlte sich an wie in nem Einmachglas, wo der Deckel draufgemacht wird. Ich konnte da nie richtig abschalten. Wegen jedem Scheiß bin ich aufgewacht – jemand läuft den Flur runter, ein Schlüsselklappern –, schon bin ich aufgesprungen und hab gelauscht. Heute ist es anders: Erst wenn die Zelle zu ist, kann ich richtig abschalten. Ich könnte nie schlafen, wenn die Zelle offen ist.»

«Warum das denn, warum könntest du da nicht einschlafen?», frage ich ihn, während ich in die Rumkugel beiße wie in einen Apfel – ich weiß nicht, wie ich dem Ding sonst Herr werden soll.

«Das kommt von der Jugendhaft. Wenn du schläfst, kommt jemand rein und überfällt dich. Das hat sich so eingebrannt, dass ich jetzt kein Auge zukriege, wenn die Zelle offen ist. Ich kann zwar im Bett liegen, aber nicht schlafen. Ich weiß ja, wo ich hier bin: unter Mördern, unter Vergewaltigern. Ich könnt todmüde sein, ich würde nie einschlafen, wenn die Tür offen ist. Ich kann mich erst so richtig entspannen, wenn ich einge- schlossen bin. Dann zieh ich mich aus, lauf in Boxershorts rum, bin für mich. Dann kann ich abschalten. Ich glaub, das passiert so, geht vielen so, in der Haft. In der JVA Plötzensee wurde ich einmal im Schlaf von zwei Russen überfallen. Die kamen rein mit Nunchakus, das sind diese zwei Schlagstöcke, die mit ner Kette verbunden sind, kennste aus asiatischen Kampffilmen. Das war frühmorgens, als ich noch mal eingenickt war. Einer hat sich auf mich draufgesetzt, ich war total wehrlos. Der saß auf mir drauf und haut mir immer wieder mit dem Nunchaku auf den Kopf. Währenddessen hat der andere meine Zelle leer geräumt. Danach sah ich aus wie n Zombie – alles grün und blau und geschwollen.»

«Und da fragen die Beamten am nächsten Tag nicht, was passiert ist?»

«Klar haben die gefragt. Aber ich hab nichts gesagt. Ich will nicht als Fisch durch die Gegend laufen. Ich kann kämpfen. Am nächsten Tag hab ich n Kumpel mitgenommen, und wir haben uns die Typen geholt, da gab's dann halt ‹Teil 2›. Danach sahen die so aus wie ich. Man muss so was unter sich klären. Beamte holen ist nicht gut, Verräter sind immer scheiße im Gefängnis. So was hängt dir die ganzen Haftjahre hinterher. Ich will immer mit erhobenem Haupt durch den Knast gehen. Ich kann sagen: Ich hab noch nie jemanden verraten. Das ist wichtig hier drin.»

Während er erzählt, arbeite ich mich an meiner Rumkugel, meinem Rumball, ab.

«Macht satt, wa?» Er beobachtet mich, während ich versu- che, mit der Zunge ein Stück der braunen Masse von meinem Gaumen zu lösen; es klebt dort wie zementiert.

«Liegt auch richtig schwer im Magen», erläutert er ungerührt, «ich hab den anderen Tag vier Stück davon gegessen, ich war richtig pappe. Aber der Rum hatte mich so angetört, da hab ich mir eine nach der anderen reingedreht.»

Reichlich Rumaroma enthält das Ding in der Tat, denke ich, stumm vor mich hin kämpfend.

«Jedenfalls», fährt er fort, «so ein Erlebnis bleibt drin im Kopf. Früher war Einschluss immer der Horror für mich. Heute ist es befreiend, wenn die Tür zugeht. Ich weiß nicht, wie's ist, wenn ich irgendwann rauskomme, da sind die Türen ja dann offen. Keine Ahnung, ob ich dann schlafen kann – dit werd ick sehen.»

Vierzehn Tage später. «Vorige Woche», erzählt Micha, «wurde wieder einer im Schlaf überfallen, von drei Leuten. Gleich in der Früh, um halb sieben. Einer bewaffnet mit einem spitzen Glaskeil, so ne große scharfe Scherbe, mit nem Lappen als Griff umwickelt, die anderen beiden mit einer umgebogenen Gabel in der Hand: So kamen die bei dem rein und haben auf den Typen eingestochen und eingeschlagen. Wegen so was kann ich nicht schlafen, solang die Zelle offen ist. Ich will mich nicht im Schlaf abstechen lassen! Der Typ liegt jetzt schwer verletzt im Krankenhaus. Es gibt hier immer wieder so kaputte Leute. Hier sind die gefährlichsten Kerle aus ganz Berlin, und die sind gelangweilt. Die fragen sich: ‹Was machen wir n heute?› Dann sagt einer: ‹Gestern war da so n Typ, der hat mich komisch anjekiekt.› Und schon heißt es: ‹Komm, geh'n wir vorbei, klären wir dit Ding.›»

«Und der Mann, den sie abgestochen haben, der sagt auch nichts? Die Täter laufen weiter hier rum, oder wie läuft das?», frage ich ihn.

«Nee, die sind jetzt auf Absonderung. Morgens ist ja ordentlich was los hier, das haben einige mitgekriegt, und wenn dann drei Typen plötzlich wegrennen, is was passiert, klar. Es gab Hausalarm, und jetzt sind sie auf Stube-Küche.»

«Stube-Küche?»

«Na, auf Absonderung. Das ist Knast-Jargon.»

«Wieso heißt das Stube-Küche?»

«Weiß ich auch nicht», antwortet er ungeduldig, «das heißt einfach so. Schon lange. Jedenfalls bekommen die jetzt ne Anzeige, und dann kriegen se locker noch mal fünf Jahre hinterher, denn so was ist kein Spaß. Vor allem hatte der Typ gar nichts gemacht. Der hatte sich mit einem von denen vorher n bisschen gestritten, das war alles.»

Früher, erzählt mir Micha, wurde über solche Vorkommnisse regelmäßig in der Zeitung berichtet. Einmal in der Woche hat die Presse angefragt, ob es irgendwelche Todesfälle oder ungewöhnliche Vorkommnisse im Gefängnis gab, aber seit zwei Jahren muss die Anstalt keine Auskunft mehr geben, und seitdem landen diese Dinge nur noch ganz selten in den Medien.

«Aber da wird selbst mir komisch, wenn ich so was höre: Was willste machen, wenn drei Typen im Schlaf auf dich einstechen? Deswegen versuch ich, so, ne Situation zu vermeiden. Meine Zelle ist so eingerichtet, dass gar keine zwei Leute reinkommen können. Also, die kommen schon rein, aber nur nacheinander. Ich hab links und rechts von der Tür Schränke stehen, die hab ich so hingestellt, dass immer nur einer durchpasst. So bin ich relativ sicher. Ob die zu zweit oder zu zehnt ankommen – es kommt immer nur einer ran an mich –, alles gut. Die können nur hintereinander kommen und einen nach dem anderen, da kann ich mich gegen alle hier wehren. Aber dreie, viere gleichzeitig, da wird's schon schwer.»

Im Hof, in dem gerade die Freistunde stattfindet, beschäftigen sich zwei Häftlinge mit Schattenboxen. Der eine ein südländischer drahtiger Typ, der andere ein dunkelhäutiger, kräftiger Hüne, bestimmt einen halben Kopf größer als Micha, vom Typ her erinnert er mich an Mike Tyson. Mit präzise geführten, schnellen Haken schlägt er auf sein eigenes Spiegelbild in der vergitterten Fensterscheibe ein, keine zehn Meter von uns entfernt. Beim Gedanken an derartigen «Besuch» wird mir ganz anders. Und Micha kann es hier mit jedem von den Jungs aufnehmen?

«Hast du mal Kampfsport gemacht?», frage ich ihn, den Blick immer noch auf den Schattenboxer gerichtet.

«Ach, ich hab halt die Erfahrung», er winkt selbstbewusst lächelnd ab, «bin Straßenschläger, ich kenn die fiesesten Tricks. Also, zu verteidigen weiß ich mich immer.» Es klingt nicht angeberisch, sondern ganz lapidar und selbstverständlich, und er lässt mir keinen Zweifel daran, dass er recht hat.

«Wir sind hier nun mal nicht im Ferienheim. Hier kann sich einer von allem Möglichen gestört fühlen. Ich guck nen Typen zu lang an, und schon denkt der, dass er mich besuchen kommen muss. Das kann hier ganz schnell gehen, so was.»

Draußen im Hof krächzen plötzlich die Krähen: Jemand hat einen vollen Eierkarton aus dem Fenster geworfen. Zwischen den zerplatzten Eischalen liegt das orangene Eigelb wie leuchtende Augen auf dem Asphalt. Stürmisch picken die Krähen zu, die Augen zerlaufen und werden von den klobigen Schnäbeln gierig aufgesogen.

Dezember 2013. Der große goldene Thron ist leer und verlassen, kein Weihnachtsmann weit und breit.

«Meinste, der kommt bald wieder?», fragt Micha enttäuscht.

«Keine Ahnung», sage ich, «normalerweise sitzt er hier immer. Vielleicht macht er gerade Pause oder musste mal kurz.»

Wir stehen im Atrium des KaDeWe und warten, aber der Gesuchte taucht nicht auf. Das tut mir leid, schließlich hatte ich Micha den besten Berliner Weihnachtsmann versprochen. Jedes Jahr in der Adventszeit thront er hier unter einem riesigen Weihnachtsbaum. Es ist, wie es sich gehört, jedes Jahr derselbe Weihnachtsmann, mit echtem Rauschebart, kein billiger weißer Kunstpelz, und man könnte glauben, dass er diesen Bart das ganze Jahr über hegt und pflegt, um ihn hier in der Adventszeit in seiner ganzen Pracht präsentieren zu können. Jedes Jahr bekommt er ein neues Kostüm, oft in etwas schrillen Farben, letztes Jahr ganz in Lila, was ein bisschen schwul aussah, und vielleicht ist er das ja auch, schließlich sind wir in Berlin.

«Herr Bender, Sie wollten doch noch Tabak kaufen und anschließend auf den Weihnachtsmarkt», mahnt einer der Beamten uns zur Eile, «wenn wir hier noch lange warten, wird das knapp.»

Wir marschieren um den riesigen Baum herum, an der schicken Parfümabteilung vorbei, Richtung Rolltreppe. Micha dreht sich immer wieder zu dem über und über geschmückten Baum um: «Dit sind aber och Riesenkugeln, wa? Früher waren die kleiner, die sehen ja aus wie uffjeblasn!»

Die Leute drängen, wir bahnen uns den Weg durchs Getümmel, erreichen die Rolltreppe. Micha stehen kleine Schweißperlen auf der Stirn.

«So viele Leute, wo wollen die denn alle hin?», murmelt er. Oben angekommen, kämpfen wir uns durch die Feinkostabteilung. Micha, der noch nie in seinem Leben im KaDeWe war, staunt über die Preise. Ein winziges Stück Torte, dekoriert wie ein kleines Kunstwerk, kostet sieben Euro neunzig.

«Is doch unmöglich», sagt er kopfschüttelnd, «da würd ich mich doch schämen. Is doch peinlich, wenn du das siehst, und andere knapsen rum.»

Am Tabakstand fragt er nach dem günstigsten schwarzen Tabak. Er bekommt ein kleines Päckchen gezeigt, nickt ungeduldig und meint: «Gut, dann nehm ich davon mal fünfzehn Stück.» Die Verkäuferin guckt etwas erstaunt, sucht im Regal, findet aber nur noch zehn.

«Dann nehm ich die», sagt Micha etwas überfordert und raunt mir zu: «Ich muss hier langsam raus, ist mir hier alles zu viel.»

Draußen ist es bereits dunkel. Wir laufen den von Lichterketten erhellten Ku'damm hinunter und machen Halt gegenüber der Gedächtniskirche, an einem etwas abseits gelegenen Glühweinstand. Micha bestellt zweimal Kinderpunsch, versichert sich, dass «da auch kein Alkohol drin ist», ich besorge am Nachbarstand zwei Currywürste.

«Is ja schön, mal so n bisschen Weihnachtsfeeling», sagt er, an seinem Punsch nippend, «aber ich hab nich gedacht, dass das so anstrengend ist.»

Die beiden Beamten stehen einen Tisch weiter. «Jingle Bells» schallt aus knisternden Lautsprechern über uns, und umrahmt von blinkenden Rentieren und leuchtenden Weihnachtsfiguren essen wir unsere Currywurst. Den Nachmittag haben wir im Berliner Aquarium verbracht, das fast gegenüber liegt, Micha wollte «mal wieder ein paar Tiere sehen», und da Weihnachtsmarkt und Einkaufsmöglichkeiten direkt in der Nähe sind, hielt ich das Aquarium für eine gute Wahl. Lange sind wir vor den Süß- und Salzwasserbecken spaziert, anschließend haben wir uns die Reptilien im oberen Stockwerk angesehen.

«Und, wie hat's dir im Aquarium gefallen?»

«War okay», meint er kauend, «aber halt unspektakulär. Hab ich mir mehr drunter vorgestellt. Aber was will man erwarten von so nem Fisch? Macht halt keine Geräusche. Und die anderen Viecher waren gut im Verstecken. Dit Krokodil hat mir ooch den Arsch zujedreht. Das nächste Mal gehen wir lieber in den Zoo!»

Wir trinken unseren klebrig-süßen Punsch und betrachten das Weihnachtsgetümmel um uns herum. Leute mit großen Einkaufstüten ziehen an uns vorbei. An einem Kinderkarussell macht ein junges Paar Handyfotos von den Kleinen, die sich gelangweilt auf ihren Holzpferden im Kreis drehen.

In zehn Tagen ist Weihnachten, das Fest der Liebe, und hier fiebert und läuft alles darauf zu. Im Gefängnis hingegen ist das eine Zeit, die die meisten Häftlinge fürchten. Durch die vielen Feiertage ist man besonders lange eingeschlossen, bereits um dreiviertel fünf wird die Zelle zugesperrt und öffnet sich erst am nächsten Morgen um neun wieder. Die «besinnliche Zeit» hat da eine ganz andere Bedeutung: An Weihnachten wird jedem Gefangenen besonders schmerzhaft deutlich, dass er alleine ist, eingeschlossen mit sich und seinen Gedanken.

«Am meisten vermisst man seine Familie», sagt Micha, «man weiß ja: Überall sitzen sie jetzt am Weihnachtsbaum zusammen, essen gemeinsam, packen Geschenke aus.»

«Was machst du an Heiligabend?», frage ich ihn.

«Ick koch n bisschen was mit paar Kumpels. So vier, fünf Leute, dann essen wir gemeinsam, und dann werden wir eingeschlossen. Dit viele Alleinsein, speziell in dieser Zeit, dit is dit Schwierige. Vermutlich bringen sich deshalb in der Weihnachtszeit auch die meisten um. Letztes Jahr wieder einer. Ist dann immer ein beklemmendes Gefühl. Wenn morgens nach der Lebendkontrolle Anstaltsalarm ist, dann weiß man schon:

Das heißt nichts Gutes. Meistens hört man dann was von ‹Selbstmord in Haus 3› oder so, und alle rätseln, wer es diesmal ist. Egal, ob man den kennt oder nicht, das geht nicht spurlos an einem vorbei. Da stellt man schon mal n Teelicht vor dessen Zellentür und macht sich so seine Gedanken.

Weil, jeder von uns hat da schon drüber nachgedacht: Schluss machen. Viele haben nen Selbstmordversuch hinter sich. Ich hab's ja auch n paarmal probiert, aber das letzte Mal – is ja schon paar Jahre her –, da ist mir klargeworden: Das soll nich sein. Damals war ich noch in Haus 3. Da hatte ich in meiner Zelle oben ne Vorhangstange an der Decke, die fest verankert war, an die hab ich mich mit nem Strick rangehangen. Hatte alles super vorbereitet: Abschiedsbrief geschrieben und noch mal richtig Drogen konsumiert, damit ich da nich so rumhampel. Ich hing dran, mir wurde schwarz vor Augen, und dann bin ich irgendwann am Boden wieder aufgewacht: Das ganze Ding war abgerissen und mir auf den Kopf geknallt. Anstatt tot, hatt ick ne Riesenbeule. Ich hab dann versucht, das irgendwie wieder festzumachen, damit es keiner merkt. Das war so eine Art ‹Aha-Erlebnis›: Es soll nich sein … Wie wenn ich dadurch neue Lebensenergie getankt hätte. Danach war ich ein anderer. Ich hab mich von den Drogen abgewendet und bin in das Substitutionsprogramm gekommen.»

Die beiden Beamten treten auf uns zu, langsam ist es Zeit zu gehen. In der U-Bahn unterhalten wir uns zu viert weiter über das Weihnachtsfest. Frau Meissner, eine der beiden, erzählt, dass sie regelmäßig an Heiligabend Dienst hat, da ihre Kinder längst aus dem Haus sind. Früher ist sie an Heiligabend auf ihrer Station noch einmal von Zelle zu Zelle gegangen und hat mit jedem Häftling eine Tasse Tee getrunken. Die meisten haben sich darüber gefreut.

«Aber inzwischen», sagt sie, «sind durch den ständigen Personalabbau nur noch so wenige Beamten im Einsatz, dass das nicht mehr geht. Schade, an so einem Tag hat doch jeder das Recht auf ein wenig Zuwendung.»

Als wir dann von der U-Bahn-Station zur Anstalt laufen, frage ich Micha: «Bekommst du eigentlich irgendein Geschenk zu Weihnachten?»

«Nee», sagt er, «nicht, dass ich wüsste.»

Ich muss es fast aus ihm herauskitzeln, aber schließlich erzählt er mir, dass jeder Gefangene zweimal im Jahr – zu Weihnachten und an einem anderen Tag, beispielsweise dem Geburtstag – das Recht hat, ein Paket zu empfangen. Natürlich sind die Auflagen streng: Es darf höchstens fünf Kilo wiegen, muss einen nummerierten Aufkleber tragen, den der Häftling vorher beantragen muss, und es darf nur Lebensmittel und Tabak enthalten, keine Bücher, keine Kleidung oder sonstige Konsumartikel, geschweige denn Alkohol.

«Wann hast du denn dein letztes Paket bekommen?»

«Och, ist schon ein paar Jahre her. Als Mutter noch gelebt hat, 2005, die hat da immer für gesorgt. Danach hat sich da keiner mehr drum gekümmert.»

«Dann besorg mir mal so nen Aufkleber, und mach schnell, damit das noch was wird bis Weihnachten.»

Micha freut sich, kriegt kaum ein Wort heraus, stammelt nur, das sei ja nicht nötig, aber als ich ihn frage, was ich denn reinpacken soll, meint er: «Och, wat du so denkst. Is allet jut. Bisschen Kaffee, was Süßes, und –», er räuspert sich, « – Kinderschokolade.»

Rückkehr nach Eden Lake

Januar 2014. «Jesundet Neuet!», überrascht mich die Pförtnerin mit einem freundlichen Neujahrsgruß, mit dem ich gar nicht gerechnet habe. Bisher hatte ich den Eindruck, die übellaunigsten Beamten der gesamten Anstalt werden prinzipiell an die Pforte gesetzt. Micha hatte mir irgendwann mal erzählt, Justizbeamte, die aus irgendwelchen Gründen bei der Leitung in Ungnade fallen, würden gerne dort stationiert, denn das käme einer gewissen Degradierung gleich.

Während ich abgetastet werde, erscheint ein weiterer Vollzugshelfer, der ebenfalls zu Haus 6 möchte: ein sympathischer älterer Herr, ich schätze sein Alter auf etwa siebzig Jahre. Als wir kurz darauf gemeinsam an der Kirche warten, kommen wir ins Gespräch. Er betreut «seinen» Häftling schon seit vierzehn Jahren, erfahre ich. Auch ein Lebenslänglicher, bereits im sechzehnten Haftjahr. Ich bin beeindruckt und etwas geschockt zugleich: diesen «Job» vierzehn Jahre machen? Kurz muss ich an die Vereinbarung denken, die ich auf Frau Müllers Vorschlag hin bei meinem ersten Treffen mit Micha getroffen hatte: mich erst einmal nur für ein Jahr zu verpflichten. In einigen Wochen wird dieses Jahr vorüber sein – und in diesem Moment wird mir klar, dass ich Micha in eine mittlere Katastrophe stürzen würde, wenn ich ihm sagen würde: «Du, ich merke, das ist mir doch zu anstrengend. Ich fürchte, du musst dir einen neuen Vollzugshelfer suchen!»

Womöglich hätte ich mit einer solchen Enttäuschung am Ende mehr Schaden als Gutes angerichtet. Zwar habe ich gar nicht vor hinzuschmeißen, aber für einen selbst macht es eben doch einen Unterschied, ob man etwas freiwillig tut oder quasi gar keine andere Wahl hat als weiterzumachen.

«Steht denn bei Ihrem Häftling dann nicht bald die Entlassung an?», frage ich meinen Begleiter, nach einem Hoffnungsschimmer suchend.

«Ach, wissen Sie», meint er augenzwinkernd, «die Mühlen der Justiz mahlen langsam. Und undurchsichtig.»

Man hört Schlüsselklimpern, wir verabschieden uns, er wünscht mir noch: «Viel Glück. Und Geduld!», bevor wir die beiden winzigen Sprechräume betreten, wo wir schon erwartet werden.

«Und? Wie geht's dir? Gut ins neue Jahr gekommen?», begrüße ich Micha.

«Allet jut», meint er, «super – die Feiertage endlich vorbei, alles überstanden.»

Vier Tage die Woche früher Einschluss, da vergeht jedem die Feiertagslaune. Zusammen mit ein paar Mithäftlingen hat er an Heiligabend in der Gemeinschaftsküche «wat Schönes jekocht. Da schmeißen sich zwei, drei Typen zusammen, und dann wird das schon», erzählt er stolz. Rotkohl, Fleisch und Klöße gab es: «Also, kochen tu ich schon gerne.»

«Vielleicht gar keine so schlechte Idee, wenn du dann demnächst eine Kochlehre beginnst», meine ich.

«Find ich auch», sagt er, «ich würd gerne Koch machen.»

Mir fällt auf, dass seine Haare deutlich länger geworden sind.

«Übrigens, gab dieses Jahr n schönes Feuerwerk, hat tüchtig geknallt! Also natürlich nicht hier drin, sondern draußen», er deutet zum Fenster.

«Hinten an der Gefängnismauer haben sie dieses Jahr schön was in die Luft gejagt, für uns. Da kommen immer ein paar Anwohner, Jugendliche, auch einige Beamte, die hier in der Ecke wohnen, und dann schießen die direkt an der Mauer Raketen für uns in die Luft. Wir reißen dann natürlich die Fenster auf: ‹Mehr! Wir wollen was sehen! War dit schon allet?›

Und dann antworten die wieder mit Böllern. Das ganze Gepfeife und Geschrei, das heizt die natürlich an. Also, hier war richtig ne Stunde lang was los. So hat man hier auch bisschen was von Silvester.»

Er ist froh, dass das neue Jahr nun begonnen hat, und hofft, dass er endlich weiterkommt. Kürzlich ist er dem Psychologen über den Weg gelaufen, der demnächst ein Gutachten über ihn erstellen soll, das wiederum die Grundlage für die Entscheidung sein wird, ob anschließend ein großes, externes Gutachten bei der Berliner Senatsverwaltung beantragt wird, in dessen Folge es auch Vollzugslockerungen geben könnte. Der Psychologe sprach ihn an, er habe schon von seiner positiven Entwicklung gehört und freue sich auf das Gespräch. Micha ist voller Zuversicht.

«Ach ja», sagt er und holt aus seinem Beutel noch ein paar sauber gefaltete Papierblätter hervor: «Für dich. Der neue Vollzugsplan.»

Darin stehen die Ergebnisse der letzten Vollzugsplankonferenz. Während ich durch die Seiten blättere, frage ich ihn nach seinen Schulden, die ebenfalls im Vollzugsplan festgehalten sind: «Woher kommen die denn? Was hast du da gemacht?»

«Alles lange her, fast zwanzig Jahre. Sind alles Krankenhausrechnungen. Hier!», er deutet auf eine Position auf dem grauen Papier, «den Typen hab ich übelst zusammengeschlagen. Da war ich so sechzehn, siebzehn. Da gab's noch mehr Schlägereien. Da muss ich jetzt halt die Krankenhausrechnungen bezahlen.»

Insgesamt siebentausend Euro. In seiner ersten Haftzeit hat Micha nichts von diesen Schulden zurückgezahlt, da er keine Arbeit hatte. Mittlerweile werden vier Siebtel seines Gehalts gepfändet, tausend Euro Schulden hat er immerhin schon begleichen können.

«Aber das is noch n langer Weg.»

Wir trinken unseren Tee, draußen ist es längst dunkel geworden.

«Einer auf meiner Station», erzählt er schließlich, «auch n LLer, aber so n junger Typ, Mitte zwanzig, der erst seit kurzem hier ist, der hat n paar Kollegen ne Lampe gebaut, so nennt man das hier, wenn man jemanden verpfeift: Drei Jungs hatten sich über Weihnachten n bisschen ‹Wein› angesetzt, den sie dann gemeinsam getrunken haben. Der Junge kam dazu und wollte was abhaben, aber sie haben ihm nichts gegeben. Daraufhin rennt der Kerl zu den Wärtern und petzt. Dann mussten die Kollegen alle pusten und sind anschließend in den Bunker gewandert. Einer hatte null Komma acht Promille, der hat acht Tage gekricht – pro null Komma eins einen Tag. Der andere hatte ein Promille, zehn Tage. Also haben die Silvester im Bunker verbracht. Gestern kam dann der Erste wieder raus und wollte dem Typen, der ihn verraten hat, eins auf die Nase geben. Aber der ist gleich zu den Beamten gerannt und hat sich vor Angst auf seiner Zelle einschließen lassen.»

«Und was macht er morgen?»

«Lässt sich wieder einschließen.» Er zuckt gleichgültig mit den Schultern.

«Aber das kann er doch nicht ewig machen? Der kann sich doch nicht jeden Tag auf seiner Zelle einschließen lassen?»

«Das wird jetzt erst mal ne Weile so gehen. Und irgendwann, wenn die Situation sich ein bisschen beruhigt hat, werden die

Beamten mit dem anderen reden: ‹Pass auf, du fasst den nicht an. Das gibt nur Ärger!› Wenn der dann sagt: ‹Gut, ich tu dem nix›, dann kann der andere wieder raus. Aber das wird dauern. Für uns ist die Situation lustig: Der Typ ist mutig genug, die anderen anzukacken, aber jetzt, wo der Erste wieder draußen ist, da rennt er vor ihm weg. Also, für ihn ist es natürlich nicht lustig, aber wir haben alle sehr gelacht. Und der Typ, der hat noch zwanzig Jahre vor der Brust. Also ich weiß nicht, wie er das schaffen soll. Wenn der jetzt schon solche Probleme hat, wie will der hier drin überleben? Das sind so Dinge, die darf man nicht machen. Die Beamten mögen es ja, wenn man ihnen was erzählt. Aber sie mögen denjenigen nicht, der es ihnen erzählt. ‹Sie lieben den Verrat, aber hassen den Verräter.› Ist n alter Spruch hier. Zurzeit gibt's hier einige, die sich Vorteile erhoffen, Ausführungen zum Beispiel, wenn sie wen verpfeifen.»

Dass man niemanden verraten darf, ist eines der ungeschriebenen Gesetze im Knast, trotzdem scheint es regelmäßig vorzukommen. Leute, die jahrelang zu einem gehalten haben, verraten den anderen plötzlich, wenn sie glauben, dadurch ihrer Entlassung womöglich einen Schritt näher zu kommen.

«Ein Problem ist ja – man hat hier keinen zum Reden. Wenn man hier jemandem seine Schwächen zeigt, weiß man nie, ob der das nicht irgendwann gegen einen verwendet. Also zeigt man so wenig Schwächen wie möglich. Meine Probleme, meine Ängste, die kann ich hier niemandem erzählen, das ist mir zu gefährlich. Es gibt einen einzigen Kumpel im Haus, den kenn ich noch von früher, Rico. Von dem hab ich dir mal erzählt, weil er auch einen Vollzugshelfer sucht. Dem vertrau ich, und das war's.»

Drei Wochen später. Eden Lake. Nach einer schlaflosen Nacht klingelt mein Wecker um sechs Uhr früh, müde mache ich mich auf den Weg nach Leipzig. Wenig später sitze ich übernächtigt im Zug und gucke aus dem Fenster: Winterliche Landschaft fliegt an mir vorbei, trist und grau. Gestern Abend fiel mir der Film in die Hände, den mir Micha bei unserer ersten Ausführung empfohlen hatte: «Eden Lake». Spontan hatte ich ihn in den DVD-Player geschoben. Die Handlung, kurz gesagt: An einem einsamen See wird ein junges Paar von einer Gruppe Jugendlicher massakriert. Vielleicht bin ich zu zart besaitet, aber in Anbetracht von Michas Verbrechen war ich schockiert, dass ausgerechnet er mir so etwas empfiehlt. Immer wieder muss ich an den Film denken, immer wieder an die nüchterne Schilderung von Michas Tat im Vollzugsplan. Wie guckt er sich so einen Film an? Sitzt er auf seiner Zelle und amüsiert sich dabei mit einer Tüte Chips? Findet er einfach Gefallen an der rohen Gewalt? Erinnert sie ihn an seine eigenen Taten? Ich kann mir darauf keinen Reim machen. Oder ist es am Ende gar irgendeine kranke Botschaft, die er mir senden will, indem er mir diesen Streifen empfiehlt?

In Leipzig angekommen, laufe ich zu Fuß zum Studio. Ich bin ungewohnt still, meine Maskenbildnerin fragt mich, was mit mir los sei, während sie mich schminkt. Es ärgert mich, dass man in mir lesen kann wie in einem offenen Buch.

«Ich geh grad Text durch, da oben», nuschele ich und tippe mir an die Schläfe.

Kurz darauf bin ich sehr froh, jemand anders sein zu dürfen. Ein Kommissar, der Abstand hat zu den Tätern. Zumindest im Herzen.

Ich sitze in unserem Verhörraum, das dumpfe Grün der Wandfarbe erinnert mich an das Grün des Sees im Film, an das Grün der Eiben auf dem Friedhof. Kurz versinke ich darin, aber dann reißt mich der Regisseur aus meiner Lethargie: «Textprobe.» Den Rest des Tages bin ich Kowalski, und ich bin sehr froh darüber.

Im Verhör nehme ich den Kollegen hart ran, werde laut, werde wütend, aber das darf ich, und das darf auch Kowalski.

«Schön», klopft mir der Regisseur am Ende des Tages auf die Schulter, «du hast den Typen angeguckt heute, da hab ich echt mal kurz richtig Schiss bekommen. Schön gespielt!»

Wenn du wüsstest, wo ich das gerade hernehme, denke ich.

Ein paar Tage später.

Ich habe mich wieder etwas beruhigt. Inzwischen bin ich unsicher – sehe ich das alles viel zu eng? Verliere ich allmählich den Abstand?

Wir sitzen uns in dem kleinen, engen Raum gegenüber.

«Ich habe mir letztens übrigens den Film angesehen, den du mir empfohlen hattest», setze ich irgendwann an.

«Und, wie hat er dir jefallen?», fragt Micha mich neugierig.

«Filmisch gut gemacht, keine Frage. Sehr spannend, gut gespielt und … ziemlich psycho.»

Er nickt kräftig mit dem Kopf. Alles wie immer. Keine Spur irgendeiner Irritation. Er sieht mich fragend an.

«Mich hat nur was irritiert», fahre ich schließlich fort, «diese jugendliche Gang ist ja ziemlich übel drauf, sehr brutal. Ich habe mich gefragt, wie es dir geht, wenn du so einen Film guckst? Ich musste jedenfalls an eure Tat denken. An den Mann, den ihr erstochen habt. Wie geht dir das, wenn du so einen Film siehst, musst du da nicht dran denken?»

«Nee, überhaupt nicht», antwortet er spontan und lapidar.

«Für mich ist das eine ganz ähnliche Situation», beharre ich.
Er überlegt.

«Eigentlich schon», sagt er nach einer Weile ruhig, «aber ich hab das jetzt nicht in Verbindung gebracht. Dit, wat passiert is, is weg. Nur wenn ich darüber nachdenke, is et da. Früher, wenn ich so was gesehen habe, dann kam es schon hoch, aber jetzt nicht mehr. Einmal, ist schon länger her, das war ein Film mit Skins, da ist mir das alles auf einmal hochgekommen, aber sonst nicht.»

Seine Stimme klingt ernst, er sieht mich an, während er mit mir spricht.

«Der Film war sehr realistisch gemacht», entgegne ich, «man konnte sich gut in die Situation hineinversetzen. Als die Jungs nach einer Weile genug haben und von dem Opfer ablassen wollen, zwingt der Anführer sie, weiterzumachen.»

Diese Stelle war mir besonders nahegegangen. Irgendwann hatte ich es nicht mehr ausgehalten, hatte den Fernseher ausgeschaltet. In der Konferenz vor einigen Wochen hatte es geheißen, es sei davon auszugehen, dass Micha der Anführer der Gruppe war, dass er vermutlich mehr Anteil an der Tat habe, als er sich selbst eingestehe.

«Ich musste an deine Tat denken», fahre ich schließlich fort, «in der letzten Vollzugsplankonferenz wurde sie noch einmal geschildert.»

Er sieht mich nachdenklich an, richtet dann den Blick zögernd auf die Tischplatte.

«Ist schon sehr ähnlich, klar. Jetzt, wo du's sagst, seh ich schon die Parallelen. Ich seh et vielleicht n bisschen entfernter, weil es schon so lange her ist.

Der hätte uns damals einfach nicht anquatschen müssen. Hätte er blicken müssen, dass das die falsche Situation ist.»

«Hast du dir nie überlegt, mal Kontakt zu seiner Familie aufzunehmen?»

«Der hatte keine Familie. Da gab's keine Nebenkläger; also, der stand alleine da. Ansonsten wären Nebenkläger aufgetaucht.»

«Kann ja auch sein, dass er aus schwierigen Verhältnissen kam, weiß man ja nicht ...»

«Ja, aber was soll ich da jetzt noch machen?», unterbricht er mich. «Da kann ich nichts mehr wiedergutmachen, das ist passiert. Und ich denke, das muss ich jetzt mit mir ausmachen. Ich als Mutter würde das nicht gut finden, wenn sich da jetzt jemand meldet, wozu?»

«Du würdest das also nicht machen, weil du denkst, die Mutter bekommt vielleicht Angst, wenn du dich meldest?»

«Meinste, die würden sagen, ‹Mensch, bist aber n netter Junge, dass de dich jetzt gemeldet hast›? Nee, die suchen n Blitzableiter!»

«Gut, du bist ja auch schuld.»

«Klar bin ich schuld. Aber ich hab auch mein eigenes Köfferchen zu tragen. Ich trag das jetzt schon fünfzehn Jahre. Das ist ja nichts, was man vergisst. Kann man gar nicht vergessen, glaub ich nicht. Ich werd schon oft genug noch dran erinnert, bestimmt. Das geht schon los, wenn ich irgendwo erzähle, ich komm ausm Knast.»

«Wenn es eine Mutter, einen Verwandten gibt, leiden die natürlich auch ein Leben lang, deren ‹Köfferchen› wird ja auch nicht kleiner, weil der Sohn nicht wieder lebendig wird.»

«Natürlich, klar.»

«Manchmal kann's einem ja auch helfen ...»

«Nee, mir braucht das nicht helfen. Ich weiß, ich hab Blödsinn gemacht, aber jetzt, nach fünfzehn Jahren, hab ich kein Opferdenken mehr, ist vorbei. Ich hab ja hier drin auch schlimme Sachen erlebt, in der Zeit, die ich nicht hätte erleben müssen, wär ich draußen gewesen. Für mich ist ja auch n halbes Leben vorbeigegangen, wo ich gebüßt habe. Irgendwann muss auch mal Schluss sein. Ich hab damals ne blöde Tat gemacht, aber jeder hat das Recht auf ne zweite Chance.»

«Hast du jemals das Bedürfnis gehabt, das Grab deines Opfers zu besuchen?»

«Nee. Für mich war das n fremder Mensch. Dahin zu gehen, an so was hab ich nie gedacht. Der wollte damals wahrscheinlich nur Gesellschaft, keine Ahnung. Er hätte einfach weiter sein Bier trinken sollen. Er wär nie von uns angequatscht worden, bin ich mir sicher. Weil, wir hatten n ganz andren Plan: Wir waren n paar Tage unterwegs gewesen, wollten noch was essen und dann ab nach Hause. Das hat eigentlich gar nicht in unsern Kram gepasst, der Typ. Aber nee, er kommt an und quatscht uns an, ‹Prost, Kameraden›, oder so was, haut mir aufn Rücken, und ich bin mitm Kopf auf die Bierflasche geknallt, hier überm Auge, hier ist es aufgeplatzt. Da wurd ich böse. Ich bin aufgesprungen und hab ihn weggeschubst, ‹Hast du n Knall, oder was? Wat quatschst du mich an, du Vollidiot?› Er fing an, so vor mir rumzufuchteln, hat mich ganz irre gemacht. Da hat mein Kumpel ihn sich geschnappt und ist mit dem abgehauen. Ich hab natürlich gekocht vor Wut. Und dann kam das eine zum andern. Der hätte uns einfach nicht anquatschen sollen, der Typ. Ich hatte an dem Abend kein Bedürfnis nach irgendwelchem Ärger oder Stress.»

«Und dann habt ihr ihn verprügelt?»

«Ja, genau.»

«Und ihr habt ihm auch sein Geld weggenommen?»

«Ja, das hat mein Mittäter gemacht. Das hab ich gar nicht

mitbekommen. Das hab ich erst am nächsten Tag erfahren, als das aufm Tisch lag, das Geld. Und ein Stück weit sehe ich mich da auch als Opfer: Ick war nicht derjenige, der gesagt hat, wir müssen das tun. Ick war derjenige, dem der Floh ins Ohr gesetzt wurde: Mich kann er identifizieren. Mir wurde klargemacht: ‹Uns erkennt man nicht. Aber dich, mit deinem tätowierten Kopp!› Und dann stand ich da und musste ne Entscheidung treffen, zu dem Zeitpunkt. Und dit war natürlich die blödeste Entscheidung. Aber ick hab mich auch unter Druck gesetzt gefühlt. Es war dunkel, die anderen würde er nicht wiedererkennen. Aber mich. Und dann hab ich halt nur den einen Weg gesehen: Den müssen wir wegräumen – geht nicht anders. Und dann war das so. Irgendwie hab ich auch nur funktioniert, in dem Augenblick. Ick hab funktioniert, weil es sein musste. Wir hatten ja auch viel getrunken, ich hatte gekokst.»

Er hält nachdenklich inne.

«Wär meine Freundin damals wach geworden», fährt er schließlich fort, «wär es niemals so weit gekommen. Die hätte uns stoppen können. Da bin ich mir sicher. Aber die ist erst wach geworden, wo alles schon erledigt war. Ich hab sie dann losgeschickt: ‹Guck mal nach, ob der noch lebt.› Hat sie auch, aber da war er schon tot. Eigentlich ist mir das erst am nächsten Tag klargeworden, wat da passiert ist.»

Er schweigt eine Weile.

«Ich hatte ja vorher schon zweimal im Gefängnis gesessen. Und beide Male wurde ich entlassen, ohne Perspektive. Ohne Wohnung, ohne Arbeit, ohne irgendwas. Und das in dem Alter. Also bin ich zu meinen alten Kumpels, sonst hatte ich ja niemand. Und dann ging alles weiter wie zuvor. Hätten sie mich damals, so wie es heute läuft, erst rausgelassen, wenn ich ne Wohnung und nen Job habe, wär es anders geworden.»

«Wie lange hast du zuvor gesessen?»

«Einmal zwei Jahre, dann achtundzwanzig Monate.»

«Also schon über vier Jahre, als du einundzwanzig warst. Und mit sechzehn gleich zwei Jahre lang ... ganz schön viel. Weshalb?»

«Körperverletzung, Raub, alles Mögliche.»

«Raub?»

«Ja, kleine Raubüberfälle, so nebenbei, Straßenraub. Irgend nem Typen kurz Stress gemacht, verprügelt und ausgeraubt. Jacke weg, Schuhe weg, was man als Jugendlicher so braucht, Uhr, Kette, ich hab ja nichts gehabt. Hatte mir ne Bude gesucht, in Potsdam. Das war meine erste eigene Wohnung, mit sechzehn.»

Er kramt eine Kopie seines alten Personalausweises hervor. Auf dem Passbild ist er sechzehn Jahre alt, trägt noch längere Haare, sehr jung und harmlos sieht er aus. 1999 ist der Ausweis abgelaufen, danach wurde ihm nie ein neuer ausgestellt. Auf der Rückseite seine damalige Adresse. Dieselbe Straße, in der ich vor acht Jahren nur wenige Häuser entfernt gewohnt habe.

«Und als du deine erste Strafe abgesessen hattest, da ließen die dich einfach so gehen? Das Tor öffnet sich, und du marschierst raus?»

«Ja, genau. Die haben mich auf nichts vorbereitet. Ich musste nicht mal zur Schule gehen während der Haft. Nicht, wie man sich das vielleicht vorstellt: ‹Du bist sechzehn, du machst hier deine Schule fertig!› 1994 kam ich rein, '96 bin ich entlassen worden. War ein halbes Jahr draußen und kam wieder rein.»

«Auch wieder wegen ...»

«Raub, Körperverletzung, Freiheitsberaubung.»

«Freiheitsberaubung? Was habt ihr da gemacht?»

«N Kumpel hat jemanden zu mir gebracht, in meine Wohnung, und hat gesagt: ‹Den behalten wir jetzt n paar Tage da, und jeden Tag gehen wir zum Bankautomaten und holen sein Geld.› Man konnte täglich nen Tausender abheben.»

«Ja, hab ich mir gedacht, in Ordnung, machen wir das. Das lief fünf, sechs Tage, und täglich ist der Kumpel zur Bank. Ich bekam die Hälfte.»

«Kanntet ihr den Mann?»

«Ich kannte den nicht. Der Kumpel schon. Ich war auch nur der, der die Wohnung zur Verfügung stellte. Das heißt, ich hab den auf den Dachboden gesetzt.»

«Haben dir deine Opfer, wie dieser Mann, denn nie leidgetan?»

«Damals nicht. Ich stand so unter Drogen, Ecstasy, Koks, da hatte ich keinen Sinn für den. War nur das Geld, das hat mich gelockt. Jeden Tag fünfhundert Mark für Nichtsmachen, super! War mir egal, wer da aufm Dachboden sitzt, Hauptsache, ich krieg meine fünfhundert. Irgendwann hat er's dann geschafft, sich zu befreien, und war weg. Und hat die Bullen geholt.»

«Kam denn in der Zeit nie mal einer deiner älteren Brüder und hat dir den Kopf gewaschen?»

«Die haben mich nicht erreicht. Niemand kam an mich ran. Wenn mich einer bevormunden wollte, hab ich mich von dem ferngehalten. Wichtig waren mir nur meine Freunde, die waren meine Familie, damals.»

«Und jetzt, so im Nachhinein, was meinst du, wo hat alles angefangen?»

«Angefangen hat's mit dem Ortswechsel, den sie mir aufgezwungen haben. Als wir von Glienicke weggezogen sind, nach Westberlin. Da war ich vierzehn. Ab da wurde ich kriminell. Mein Vater hatte unser Haus verkauft und zog nach Steglitz. Ich wurde aus allem rausgerissen. Mein altes Umfeld, die Kumpels, alles plötzlich weg, und ich stand alleine da. Ich war auf einmal nur der Ossi, wurde gehänselt, ‹bist eh n Nazi›, dabei wusste ich damals noch nicht mal richtig, was n Nazi ist. Da hat's mich nach Ostberlin gezogen, Prenzlauer Berg, zu meinem Bruder. Abends war ich alleine unterwegs, hab dann n Mädchen kennengelernt, und deren Kumpels waren alle Neonazis. Dann bin ich immer öfter nach Berlin. Um das Mädchen und die Kumpels zu treffen.»

«Waren denn deine Brüder auch in der rechten Szene unterwegs?»

«Die hatten damit nichts zu tun. Die wollten mir Vorschriften machen, und dann haben sie mich nicht mehr gesehen. Ich bin dann auch nicht mehr zur Schule. Ich sollte in ne neue, in Charlottenburg, da wurde ich schon morgens am Bahnhof von den Ausländern fertiggemacht. In der Klasse waren nur Ausländer und ein anderer Deutscher, ich als Ossi war das Unterste überhaupt. Da hab ich zu meinen Eltern gesagt: Ich zieh jetzt aus, zu meiner Freundin in Berlin. Mit fünfzehn. Meine Eltern haben mich gehen lassen. Die Freundin war Anfang zwanzig, das hielt nicht lange. Aber ich hatte ja nen neuen Freundeskreis in der rechten Szene, die wohnten alle Ernst-Thälmann-Park, ne Hochhausgegend. Dann hab ich ständig die Freundinnen gewechselt, und n halbes Jahr später wurde ich das erste Mal verhaftet. Als ich zwei Jahre später entlassen wurde, wollte ich neu anfangen, in Potsdam, bin da aber auch gleich wieder in die Szene abgerutscht.»

Das zweite Mal bin ich entlassen worden im Juni 99, auf Bewährung, und zwei Tage nach meiner Entlassung wurde ich das erste Mal verhaftet wegen ner Körperverletzung. Da hab ich ne alte Rechnung beglichen und ne Schlägerei angefangen. Der hat mich angezeigt, die Polizei kam, hat mich mitgenommen, aber die haben mich wieder laufenlassen, obwohl ich Bewährung hatte, das hab ich nicht verstanden. Dann hab ich so angefangen zu rechnen: Jetzt haste schon wieder ne Körperverletzung, das bringt dir Bewährungswiderruf, plus mindestens zwei Jahre ein – haste schon wieder zwei Jahre, drei Monate im Sack.»

«Eine Schlägerei heißt zwei Jahre Gefängnis?», unterbreche ich seinen Redefluss.

«Na ja, Bewährungswiderruf, und ich war inzwischen erwachsen und Wiederholungstäter.»

«Hast du ihn so schlimm zusammengeschlagen?»

«Ja, ja, das war schon ne krasse Nummer, mit Schlagring und Baseballkeule, und so n Kram.»

Das schockiert mich. Aber Micha meint nur schulterzuckend: «Warn ja gleich zwei Leute, er und sein Kumpel.»

Er redet ungebremst weiter.

«Und danach war jede Woche was. Irgend ne Körperverletzung ist immer passiert. Und da hab ich gedacht: ‹Du hast jetzt schon acht Anzeigen, Micha. Du gehst rein für sieben, acht Jahre.› Und dann hab ich keine Rücksicht mehr genommen. Ab da war mir das egal, eigentlich. Die hätten mich nicht immer wieder laufenlassen müssen, die haben doch gesehen, dass ich Bewährung hab! Hätten die mich gleich reingesteckt, dann wär das so ein Schockmoment gewesen, aber so war das fast n Freispruch zweiter Klasse. Die haben mich bestimmt zehn- oder fünfzehnmal verhaftet in der Zeit.»

Ich kann es kaum glauben. «In den drei Monaten?»

«Ja.»

«Wie bist du denn drauf?»

«Keine Ahnung. Ich war zu dem Zeitpunkt extrem bösartig.»

«Aber es ist doch noch mal ein Unterschied, ob ich wütend

bin und jemandem eins auf die Nase gebe, oder ob ich mit Baseballschläger und Schlagring zuschlage?»

«Ja, war ne schlimme Zeit. Aber ich wusste, ich hab schon mehrere Anzeigen. Ich weiß nicht, ob du so n Gefühl nachvollziehen kannst? Das ist wie wenn du schon dreimal beim Schwarzfahren erwischt wurdest, dann ist dir das vierte und fünfte Mal auch egal. Die hätten mir einfach n Dämpfer verpassen sollen, mich in U-Haft setzen. Dann wär ich vielleicht mal wach geworden. Aber ich kam gar nicht zum Nachdenken. Das nächste Mal, wo ich wach wurde, hatte ich lebenslänglich. Ich glaube nicht, dass ich, wenn ich jetzt noch mal in so ne Situation kommen würde wie damals, dass ich noch mal so handeln würde. Dafür hab ich mich jetzt viel zu sehr weiterentwickelt.

Ich würd ja gern so n paar jungen Leuten helfen, die auf die schiefe Bahn geraten sind und noch nicht wissen, wo sie hin sollen. So ne Art Streetworker. Und ich glaube, die Leute nehmen das viel lieber von mir an, als von irgend so nem Fuzzi, der gar keine Ahnung hat von dem, was er da redet. Weil er's selber nicht erlebt hat. Der Pfarrer hat mich vor n paar Jahren mal gerufen: Da warn mehrere Jugendliche hier, die alle ihre erste Gerichtsverhandlung gehabt hatten, zwei, drei Mädchen und sieben, acht Jungs. Die waren zu nem Präventionsgespräch verdonnert worden. Und da hat er mich und n Kollegen dazugeholt, wir sollten denen mal n bisschen Angst machen. Wie es bei uns passiert ist, wie das hier drinnen ist, so was eben; dann hab ich halt n Schlag erzählt. Und viele von denen haben mir noch jahrelang danach geschrieben. Die, von denen ich gehört hab, die sind auch wieder auf die Beine gekommen, haben ihre Schule fertig gemacht und sich nichts mehr zuschulden kommen lassen. Die hatten damals echt zugehört, die haben das aufgesogen wie n Schwamm. Ich hätte mir so was früher selber gewünscht, das hätte mir geholfen. Deswegen denk ich, vielleicht ist das mal ne Aufgabe für mich. N paar Jungs wegholen von der Straße. Wer weiß, was das hier alles für n Sinn macht? Die Haft und alles. Macht ja irgendwo alles n Sinn, was man hier so durchmacht, für das spätere Leben. Und wer es hier drinne schafft, nicht jeden Tag ne Rauferei zu haben, ich denke, der hat's geschafft. Weil, die Möglichkeiten, sich zu raufen, die gibt's hier drinne jeden Tag.»

Februar 2014. Tierisch kalt ist es geworden. Selten friert man so wie beim Drehen, denn in der Regel hat man nicht viel an. Dicke Jacken, Mützen und klobige Stiefel sehen filmisch nicht gut aus, also wird man meistens in ein dünnes Jäckchen gesteckt, das man «bitte offen lassen soll, weil's besser kommt». Und damit läuft man dann den ganzen Tag rum. Überhaupt habe ich manchmal das Gefühl, dass im Winter besonders viel draußen gedreht wird, damit man im heißen Sommer möglichst viele Szenen in stickigen Wohnungen spielen darf.

Micha geht es nicht viel anders. «Wir arbeiten ja den ganzen Tag in der großen Halle! Das Ding kriegste nicht warm. Aber dafür haben wir unsere Ruhe. Den ganzen Tag kein Meister, der ist immer noch krank.»

«Deine Haare werden ja immer länger», sage ich spontan, weil es mir gerade wieder auffällt.

«Ja», er streicht sich unsicher über den Kopf, «ich werd mir meine Haare jetzt mal länger wachsen lassen. Weiß nur noch nicht, wie ich die dann legen soll.» Er gießt Tee in seinen Becher.

Seine Sozialarbeiterin ist einverstanden, dass er sich jetzt für eine Ausbildung zum Koch bewirbt. Im März sind die Eignungstests, die Lehre würde im Sommer beginnen, erzählt er, während er einen Löffel Zucker nach dem anderen in seinen Tee schaufelt.

«Sag mal, wie viel Zucker machst du da eigentlich rein?»

«Reichlich», erwidert er ungerührt und legt noch zwei Schippen nach.

Vor ein paar Tagen habe ich mich mit Bernd Wagner von EXIT getroffen, der auch Micha beim Ausstieg aus der rechten Szene betreut.

«Wenn du mal wieder eine Ausführung zu EXIT machen willst, ist das kein Problem, du kannst jederzeit auf seine Unterstützung bauen, soll ich dir ausrichten.»

«Ja, würde ich gerne», erwidert er, «und dann noch zur Straffälligenhilfe, die haben eine Schuldenberatung. Ick will versuchen, dass die mir zumindest bei den Zinsen etwas entgegenkommen. Aber das schafft man vielleicht beides an einem Tag. Und noch was», sagt er, seinen süßen Tee schlürfend, «morgen kommt mein Anwalt vorbei. Meine fünfzehn Jahre sind in sechs Monaten rum, und da soll eigentlich geprüft werden, ob man entlassen werden kann.»

«Wäre das denn realistisch?», frage ich ihn. «Bisher war von Seiten der Anstalt ja noch nie die Rede davon.»

«Ebendrum kommt er. Ich hab im Urteil stehen, dass ich eigentlich nach den fünfzehn Jahren zeitnah entlassen werden soll. Hatte der Richter geschrieben, weil ich ja noch so jung war, zweiundzwanzig; ich hätte ja fast noch nach dem Jugendstrafrecht verurteilt werden können. Aber bisher hat das hier keinen interessiert. Wenn ich aber meine Entlassung beantrage, könnte der Richter zum Beispiel für den Offenen entscheiden. Das ginge dann von heute auf morgen.»

Der offene Vollzug ist normalerweise, nach erfolgreich verlaufenen Lockerungen, die letzte Stufe auf dem Weg zurück in die Freiheit. Im Gegensatz zum geschlossenen Vollzug kann der Häftling das Gefängnis tagsüber zum Arbeiten verlassen. Die offenen Anstalten sind auch bei weitem nicht so gesichert wie die geschlossenen, sie gleichen eher einem Wohnheim. Allerdings gelten strenge Regeln: Wer nicht pünktlich zurück ist oder Alkohol trinkt, landet schnell wieder im «normalen» Gefängnis.

Umso erstaunter bin ich, als Micha meint: «Im Offenen – das wär die Feuerprüfung.»

«Wieso?»

«Angenommen, morgen werd ich in den Offenen verlegt, dann hab ich aber noch keinen Freigängerstatus. Und nur mit Freigängerstatus kann ich draußen arbeiten. Aber auf den muss man erst sechs Monate warten. Das heißt, ich sitz dann da die ganze Zeit alleine. Die anderen sind arbeiten, sind ja fast alle Freigänger, und ich bin erst mal arbeitslos, verdien also auch kein Geld. Am Wochenende sind die meisten draußen bei ihren Familien, ich hätte aber erst mal nur zwanzig Ausgänge im Jahr. Da ist schon so manch einer dran gescheitert, im letzten Moment, wenn man die Freiheit schon vor Augen hat. Solche Probleme hat man dann. Im Offenen hast du anfangs weniger Freiheiten als hier. Du guckst den ganzen Tag aus dem Fenster, kannst aber nicht raus. Bis man Freigänger ist, kann es ganz schön holprig werden.»

«Gut, da muss man irgendwie durch, ein halbes Jahr ist ja noch einigermaßen überschaubar», versuche ich, ihn zu beschwichtigen, «dann muss man vielleicht den ganzen Tag fernsehen.»

«Kann man aber nicht im Zimmer», widerspricht er kopfschüttelnd, «es gibt nur einen großen Fernsehraum.»

Allmählich muss ich gehen, aber ihm fällt beim Thema

Fernsehen noch etwas anderes ein: «Übrigens, Freitag hab ich deine Serie wieder gesehen. War ja ganz spannend. Aber ihr habt da diese zwei Typen verhört. Das geht doch so nicht. Die müsst ihr getrennt verhören und nicht zusammen: Ist doch das A und O, sonst können die sich ja absprechen. Also, so geht das nicht im richtigen Leben.» Er sieht mich ernst an. «Also, ick wurde noch nie zusammen verhört, aber jut, wees ja keener.»

Während ich meine Jacke anziehe, fügt er noch mit einem Lächeln hinzu:

«Aber sonst haste alles richtig jemacht, Herr Kommissar!»

Während wir noch auf den Justizbeamten warten, der mich zum Ausgang begleiten wird, öffnet sich die Tür des zweiten Konversationsraums, und ein kleiner, älterer Mann kommt heraus. Sein Auftritt wirkt fast theatralisch: In seinem unmodischen, aber sehr ordentlichen Anzug, mit großen, spitzen Schuhen und einem Schlapphut auf dem Kopf erinnert er mich an einen Clown. Vertieft in ein Selbstgespräch, läuft er an uns vorbei. Ich gucke ihm erstaunt hinterher und sehe Micha fragend an.

«Ein armer Vogel», meint er schulterzuckend, «ein SVer, ein Sicherungsverwahrter. Der ist verrückt. Wäscht seine Gummibärchen ab und so n Zeug.»

Der alte Mann dreht sich zum Fahrstuhl um, zwinkert mir lustig zu. Klein und schmächtig ist er und wirkt so harmlos, dass ich es mir nicht verkneifen kann, Micha zu fragen, weshalb er einsitzt.

«Einige Vergewaltigungen, ziemlich übel. Der kommt die nächsten zwanzig Jahre jedenfalls nicht mehr raus.»

Auch wenn ich es inzwischen eigentlich besser weiß, bin ich doch immer wieder überrascht, dass man manchen Menschen ihre Gefährlichkeit so gar nicht ansieht.

April 2014. «Jetzt aber noch mal richtig! Alles Gute nachträglich!»

Ich umarme Micha. Vor zwei Tagen hatte er Geburtstag.

«Ich soll dir einen schönen Gruß von meinem jüngsten Sohn bestellen. Er war ganz bewegt darüber, dass man auch an seinem Geburtstag im Gefängnis sein muss. Das fand er ‹richtig doof›.»

Micha lächelt.

«Ja, Mensch. Danke. Aber für mich ist Geburtstag schon lange nichts Dolles mehr. Jetzt wird man alt, ist halt blöd. Siebenunddreißig, das klingt ja fast schon wie vierzig. Und Geburtstag haben ist hier nichts Besonderes, ich kann das ja mit keinem teilen. Aber ist nicht schlimm. Nicht so wie Weihnachten. Und hier haben schon paar Leute dran gedacht, und das war ganz schön.»

Ob es von der Anstalt irgendetwas Kleines zum Geburtstag gibt, frage ich. Er winkt erstaunt ab, die Idee scheint wohl eher absurd zu sein. Geburtstag im Knast ist ein Tag wie jeder andere, erfahre ich. Es gibt kein Geschenk, keinen Kuchen, es wird keine Kerze ausgeblasen und auch kein Happy Birthday gesungen. Wenn man Glück hat, schüttelt einem wer die Hand, oder man bekommt wie Micha dieses Jahr von den Kollegen einen Schokoriegel und einen Beutel Tabak geschenkt.

In der Zwischenzeit hat er den Eignungstest für die Kochlehre abgelegt, das Ergebnis steht allerdings noch aus.

«War schon recht borstig, dit Ding. Ein paar blöde Fragen. Zum Beispiel, wie viele Länder in der EU sind, das hat ja eigentlich gar nix mit Kochen zu tun, oder?»

Er sieht mich fragend an.

«Hab dann versucht zu zählen, aber mir fielen bloß einundzwanzig ein, sind aber schon achtundzwanzig. Dann, wer Bundespräsident is? Ick hab geraten: Gauck. Hab ick Glück jehabt, dass er's is. Dann, wann die beiden Weltkriege waren, wann die Mauer gefallen ist, wann Einigung war. Ich denk mal, das hab ich alles richtig. Aber da sind schon Dinge bei gewesen, da musste ich n Veto einlegen: Da sollt ich zum Beispiel bei nem Dreieck Flächenberechnung machen – krieg ich nich hin. Oder das ‹Alfred-Dürer-Prinzip› vom Viereck, da muss ick gefehlt haben in der Schule. Aber ick kann mir nicht vorstellen, dass Allgemeinwissen da so ausschlaggebend ist. Wat hat denn dit damit zu tun, wie jut ick koche? Davon schmeckt mein Essen doch auch nicht besser!»

Die Ausbildung zum Koch würde im Juni beginnen und zwei Jahre dauern. Und falls es beim Test nicht gereicht hat, hätte Micha noch ein Eisen im Feuer, erklärt er mir. Es bestünde die Möglichkeit, noch bei den Malern einzusteigen, obwohl die Ausbildung bereits begonnen hat, aber er könne noch dazukommen, habe man ihm versichert. Dafür bräuchte er allerdings die Zustimmung seines Chefs, der nach wie vor krank ist; ein halbes Jahr bald, habe ich das Gefühl.

«Hauptsache, ne Ausbildung. Aber Maler wär mir schon n bisschen lieber, weil ich da alles kenne. Die Räume, die Leute, und ich weiß, was ich zu tun habe. Bei der Kochausbildung ist so viel offen. Komm ich mit den anderen Gefangenen klar? Komm ich mit der Ausbilderin klar? Und die mit mir? Die soll auch ein ganz schön harter Bursche sein.»

Er sieht mich ernst an und fährt dann fort: «Aber ich hab mit der gesprochen, und die hat mich fast schon umworben, von wegen ich würde ins Team passen und so. Die anderen waren ganz erstaunt, weil sie sonst so unfreundlich is. Vielleicht hatte sie auch einfach n guten Tag.»

Dann möchte er wissen, wie es mir so geht. Bei uns ist es

gerade etwas anstrengend: Erst hatte unser jüngster Sohn Fieber, anschließend der mittlere, dann der älteste, und am Wochenende schließlich meine Frau. So habe ich in den Tagen, in denen ich mich eigentlich auf meine nächsten Drehbücher vorbereiten wollte, abwechselnd mit meiner Frau Lazarett gespielt. Und gestern kam mein Jüngster, kaum dass er wieder fit war, dann auch noch vom Fußball mit einer Platzwunde nach Hause. Außerdem haben wir seit zwei Wochen Bauarbeiter im Haus. Ständig Lärm, es wird gebohrt und gehämmert, und feinster Staub dringt durch jede Ritze. Unser Wohnzimmertisch war heute Morgen wie mit einer hauchdünnen Schicht Puderzucker bestreut.

«Das kenn ich», wirft Micha ein, «in Haus 3 hab ich jahrelang auf ner Baustelle gelebt. Erst ham se die Fenster ausgetauscht, dann die Heizkörper, irgendwas war immer. Das sind ja zweihundert Räume, das dauert schon n paar Monate. Und kaum war es fertig, schon ist ihnen das Nächste eingefallen. Immer Staub, Dreck und Lärm, das hat mich fertiggemacht. Dann sitzte da in so dem kleinen Raum, kannst nich raus. Im Sommer, als es heiß wurde, waren alle gereizt.»

Anschließend erzählt er, dass er vor zwei Monaten einen Rückfall hatte. Nichts Schlimmes, nur einen Joint, aber wir wissen natürlich beide, dass die Anstalt das nicht so locker sieht.

«Mir ging's an dem Tag nich gut, und da wollt ich mit den anderen mitfeiern und hab zwei-, dreimal gezogen. Paar Tage später war routinemäßig Urinprobe, und da war das Zeug halt noch drin. Ich hatte in dem Moment gar nich mehr dran gedacht. Das ist das Blöde bei Haschisch: das leichteste Zeug, aber am längsten nachweisbar. Können sie drei Wochen später noch feststellen. Heroin ist schon nach zwei Tagen nich mehr nachweisbar, alles andere is nach spätestens drei Tagen wieder raus. Aber ich bin froh, dass ich nichts Härteres mehr nehme. Der Markt hier drin is so voll, jeden Tag kriegste was angeboten, Speed, Koks, aber das ist für mich durch. Meine Schwäche ist eben ab und zu mal n Joint, zur Entspannung. Nach nem stressigen Tag ist das wie Urlaub.»

«Wie läuft so eine Urinkontrolle eigentlich ab?» Ich habe mich schon immer gefragt, ob man da alleine auf die Toilette darf, denn dann könnte man die Probe ja eventuell manipulieren.

«Nee, keine Chance», winkt er ab. «Du musst die Unterhose bis unter die Kniekehlen ziehen, das T-Shirt bis unter die Brustwarzen hoch, und dann musst du pinkeln, während zwei Beamte zugucken und vielleicht noch n blöden Spruch machen, wenn du nicht gleich kannst. Mancher hat da wirklich Probleme. Wenn man länger als ne halbe Stunde braucht, gilt die Probe als positiv. Mehr Zeit geben sie dir nicht.»

In zwei Wochen findet die Vollzugsplankonferenz statt. Wenn alles gut läuft und der Psychologe sich positiv äußert, könnte beim Berliner Senat das große externe Gutachten beantragt werden.

«Hoffentlich sehen die das nich so eng, mit dem Joint», meint er besorgt. «Und übrigens, das war mein zweiter Geburtstag, wo ich richtig clean war! Sonst hab ich immer irgendwas getrunken oder geraucht, aber diesmal gar nichts.»

Mitte April 2014. Heute ist die Vollzugsplankonferenz. Freundlicherweise hat die Anstalt den Termin extra mit mir abgestimmt. Am Morgen hatte ich noch zwei kleine Szenen in Leipzig zu spielen, anschließend habe ich mich schnell auf den Weg nach Berlin gemacht, und nun sitze ich, etwas abgehetzt, aber pünktlich, mit den anderen am Tisch. Der Teilanstaltsleiter verliest die Ergebnisse der letzten Konferenz, dann übernimmt die Sozialarbeiterin das Wort. Michas Meister in der Malerei, berichtet Frau Müller, halte ihn nicht für eine Ausbildung geeignet, und das Ergebnis des Eignungstests für eine Kochlehrstelle stehe noch aus. Falls er eine Ausbildung beginnen sollte, könne er sie draußen nicht fortführen, was bedeutet, er wäre bis zu deren Abschluss, immerhin die nächsten drei Jahre, an Tegel gebunden und könnte nicht irgendwann in den offenen Vollzug wechseln.

Über seine Entwicklung äußert sie sich dagegen recht positiv, auch der Substitutionsarzt sei sehr zufrieden mit ihm. Was die kürzliche, positive Urinkontrolle betrifft, habe er Micha in Schutz genommen: An diesem Tag bekam er durch ein Missverständnis sein Substitut nicht und hatte bereits starke Schweißausbrüche. Dass er in dieser Situation gekifft habe, sei verständlich. Seine Schuldenregulierung läuft wie besprochen, auch das ist ein weiterer wichtiger Punkt.

«Ansonsten beschäftigt er sich mit seinem Ausstieg aus der rechtsextremen Szene und liest verschiedene Bücher dazu, die er von EXIT zur Verfügung gestellt bekommt», beendet Frau Müller ihren kurzen Bericht.

Nun richten sich die Blicke auf den Psychologen, der neben mir sitzt.

«2011 wurde mir Herr Bender als ‹Tegeler Urgestein› vorgestellt», setzt er in leisem Tonfall an, «bei dem eigentlich nichts zu machen sei. Er nahm Heroin, und man kam nicht an ihn ran. Schließlich wurde er substituiert, um ihn aus der Beschaffungskriminalität herauszuholen. Daraufhin setzte eine positive Entwicklung ein: Er fing an, regelmäßig zu arbeiten, nahm an Suchtgruppen teil und begann eine Gesprächstherapie. Nun hat er begonnen, sein Substitut langsam zu reduzieren, wodurch er die Realität stärker erlebt, vorher nahm er sie ständig wie durch Watte wahr. Ich finde, es muss eine Perspektive für ihn geben, irgendwann ganz ohne Drogen zu leben. Allerdings: Er wird dafür wohl noch ein paar Jahre brauchen, schließlich hat er zehn Jahre gar nichts gemacht. Und vermutlich wird Herr Bender immer Leute brauchen, die ihn unterstützen und die er auch akzeptiert.» Er rückt dezent seine Brille zurecht. «Herr Bender wurde mit sechs Jahren eingeschult und bereits in der dritten Klasse auf eine Sonderschule versetzt. Er sagte mir, dass gestellte Anforderungen ihm oft zu hoch sind. Das kann er aber mit seinem narzisstischen Selbst nicht verbinden und versucht deshalb, seine Defizite zu überspielen. Er hat überdies Fähigkeiten, andere zu manipulieren und vorzutäuschen, er wäre intelligenter, als er ist. Aber ein externes Gutachten zu beantragen, das halte auch ich für sinnvoll, es könnte ihm eine Perspektive geben und motivierend wirken.»

Bezüglich einer Ausbildung äußert der Psychologe sich eher verhalten. Er fragt sich, ob Micha dafür genügend belastbar ist. Nachdem auch ich ausführlich nach meiner Einschätzung befragt wurde, wird nach einer guten Stunde einstimmig beschlossen, bei der Berliner Senatsverwaltung ein externes Gutachten zu beantragen. Als Micha zum Ende der Konferenz wie üblich hinzugeholt wird und das Ergebnis mitgeteilt bekommt, gibt er sich locker. Aber ich merke ihm seine Nervosität an. Er blickt fragend zu mir, ich zwinkere ihm zu, und nachdem er hört, dass alle die Beantragung eines Gutachtens für sinnvoll halten, fällt die Anspannung spürbar von ihm ab.

Wenig später verlassen wir den Raum. Micha wird in seine Zelle gebracht. Beim Hinausgehen meint der Psychologe zu mir: «Da haben Sie sich ja was aufgebrummt, Herr Schroeder.

Herr Bender wird noch lange Betreuung brauchen, auch nach der Haft. Und er hat ja nur Sie.»

Er schenkt mir ein Lächeln, das ich nicht recht deuten kann, rückt seine Brille zurecht und verabschiedet sich.

Zwei Wochen später. Obwohl erst Ende April, ist es heute sommerlich warm. Micha hat nicht nur heißen Tee, sondern auch eine kalte Limonade mitgebracht, für die ich mich auch gleich entscheide. Ich bedanke mich für die Karte, die er mir zum Geburtstag geschickt hat. Micha aber ist genervt: Bei ihm gibt es nichts Neues, weiterhin ist unklar, welche Ausbildung er demnächst anfangen kann.

Zurzeit drehe ich ziemlich viel, und heute, an meinem einzigen freien Tag, sitze ich hier im Knast. Ich sehe durchs Fenster in den Hof, wo die Gefangenen gerade Freigang haben. In der Mitte des Hofes befindet sich ein kleiner, runder Teich, vielleicht anderthalb Meter im Durchmesser. Goldfische schwimmen darin, manchmal auch zwei Enten.

«Eigentlich müsste man den mal komplett leeren und alles sauber machen, sonst sterben die Fische. Ich würd ja gerne mithelfen, aber hier interessiert das niemand. Manche schmeißen auch ihre Kippe rein, sind natürlich n Haufen gestörte Leute hier drin.»

Während wir uns unterhalten, gehen die meisten Gefangenen im Hof sportlichen Übungen nach.

«Kennst du eigentlich jeden von denen?», frage ich ihn.

«Ja, alle», meint er, «man sieht sich ja auf Arbeit und so. Ich komm hier eigentlich mit jedem ganz gut klar. Oder jedenfalls gibt's keinen, mit dem ich Stress hätte. Man hat hier so seine Partner, mit dem einen macht man Sport, mit dem anderen kocht man und so weiter.»

Einen älteren Häftling, groß gewachsen, lange graue Haare, kenne ich bereits vom Sehen.

Mir fällt auf, dass er immer barfuß unterwegs ist.

«Ja, der läuft immer so rum», erklärt Micha, «auch im Winter. Nur wenn Schnee liegt, dann zieht er sich Socken an, damit er nich am Eis kleben bleibt. Er is n Bankräuber und studiert jetzt Psychologie.»

«Hier?», frage ich erstaunt.

«Ja. Fernstudium, kann man ja machen. Und das probiert er an uns aus …»

«Wie jetzt?»

«Na ja, wenn er irgendwas gelernt hat, versucht er, es an uns anzuwenden. Dann quatscht er mit dir, verwickelt dich in ein Gespräch, und irgendwann sagt er dann ‹alles klar›. Hat dann so geklappt, wie er sich's vorgestellt hat.»

Ich muss lachen.

«Der hat auch keinen Fernseher. Den hat er abgegeben. Er sagt, er hat ne Gitarre, und das reicht ihm.»

Micha nimmt einen kräftigen Schluck von seiner Limo und guckt nach draußen.

«Und sonst, habt ihr hier eine gute Gemeinschaft, oder wie ist das?», frage ich.

«Ja, momentan absolut. Gibt keinen Ärger. Hier sind alle angekommen. Und das heißt: Alle wollen nur noch raus und verhalten sich entsprechend. In anderen Häusern ist das anders. Da sind viele neu, da gibt's dann n Haufen Ärger und Stress. Hier ist es ruhig.

Also, gibt schon auch manchmal Stress. Aber ich bin da jetzt drüber weg. Letztens hatte ich ne Auseinandersetzung, und hätte ich da nicht aufgehört, dann wär es zu einer Schlägerei gekommen, da haben nur zwei, drei Worte gefehlt. Dann hab ich abgeknickt, und es war gut. Wir haben beide nicht unser Gesicht verloren. Und dann trifft man sich später noch mal, redet ruhig, und auf einmal ist alles kein Problem. Früher hätte ich so eine Situation zum Entgleisen gebracht, nur so zum Spaß, nur um zu gucken, wie weit ich gehen kann.»

«Hast du denn da nie Angst gehabt?»

«Was soll denn passieren?», fragt er ganz nüchtern und sieht mich dabei auf eine Weise an, die mich erahnen lässt, dass er sich diese Frage wirklich nicht stellt.

«Hast du nie Angst gehabt vor der Gewalt des anderen, dass dir jemand voll in die Fresse haut?»

«Nee. Verheilt ja wieder. Wenn du mich jetzt verprügelst, hab ich eine Woche Schmerzen, und dann ist alles wieder gut. Da ist doch nichts, was bleibt.»

«Aber du weißt doch nie, wie's ausgeht. Man kann doch auch blöd fallen, oder …»

«Man hat mal n blaues Auge, vielleicht fliegt n Zahn raus», fällt er mir ins Wort, «oder die Nase ist gebrochen. Aber das ist kein Ding. Dann kommt man mal ins Krankenhaus, sieht mal was anderes, ist gar nicht so wild eigentlich. Vor Schmerzen hab ich keine Angst.»

Das ist mir schleierhaft. Ich würde mir vor Angst in die Hosen machen. Aber wenn man so viel Gewalt erlebt hat wie Micha, wenn man physische Gewalt und ihre Folgen kennt und einschätzen kann, hat man vermutlich aufgrund seiner Erfahrung einfach weniger Angst.

«Aber das hat mich ja damals auch so gefährlich gemacht», fährt Micha fort, «ich hatte keine Angst. Vor niemandem. Und das hat Leute irritiert. Die waren teilweise größer, stärker als ich, aber die haben mir in die Augen geschaut und erkannt: Der hat keene Angst! Das ist für viele ungewohnt.»

«Das gibt einem vermutlich auch Macht? Wenn man merkt, dass Leute, die größer, älter oder stärker sind als man selbst, auf einmal Schiss vor einem kriegen?»

«Genau. Damals war es so: Wir haben uns vor den Discotheken getroffen, so mit fünfzehn oder sechzehn Jahren. Wir wollten gar nicht rein. Dann Streichhölzer ziehen: Wer den Kürzeren zieht, muss hingehen und den Türsteher plattmachen, das war so unser Wochenendspaß. So sind wir von Discothek zu Discothek. Wenn du da so nen Zwei-Meter-Typen weggeschlagen hast, dann warste erst mal der Held. Entweder haste auf den Kopp bekommen, dann haste halt verloren, oder du hast gewonnen. Aber meistens haben wir gewonnen. Es gibt einem halt auch n cooles Gefühl, wenn man so n Riesentypen weghaut. Oder wir sind zum Fußball gefahren: fünfzig Leute hier, fünfzig Leute da, dann hat man sich geprügelt – das war n schönes Gefühl – eigentlich ging's drum, bisschen Frust loszuwerden. Man weiß, die Gefahr ist da, aber für uns war das wie Bungeejumping. Was soll passieren? Mal n Zahn rausgeschlagen, dann wird eben n neuer reingesetzt.»

Schweigen. Ich versuche, mir das alles vorzustellen.

«Ja, und davon sind halt viele hier», fährt er schließlich fort. «Einige kenn ich noch von früher. Manche noch aus der U-Haft, und dann trifft man sich hier wieder. Und irgendwie sind wir ne feste Gemeinschaft. Wir haben nicht jeden Tag was miteinander zu tun, aber wenn einer von uns Hilfe bräuchte, weiß er, hier sind noch sieben andere, die helfen, egal, was passiert – das ist n schönes Gefühl.»

Er denkt kurz nach, schließlich sagt er: «Weiß nicht, vielleicht war es auch meine Erziehung. Ich hab ja viel Prügel bekommen von meinem Vater, da haben Schläge mir irgendwann einfach keine Angst mehr gemacht. Ich hatte das schon so oft durch, ich hab gewusst: Dit überstehste! Irgendwann, wenn er genug hatte, hat er aufgehört, und dann war jut.»

«Aber irgendwie ist es doch schon komisch, du hast als Kind diese Gewalt erlebt», sage ich, «hast erlebt, wie schlimm das war, und dann ziehst du los und bist selbst gewalttätig. Natürlich ist es noch mal ein Unterschied, ob man als Erwachsener Kinder schlägt oder ob man sich mit anderen Erwachsenen prügelt, aber trotzdem …»

«Bei uns hat's ja keine Unschuldigen getroffen», wiegelt er ab, «‹Türsteher›», meint er verächtlich, «das sind alles Arschlöcher. Mit Anabolika aufgepumpte Arschlöcher. Also, ich hab noch keinen Türsteher getroffen, der ne reine Weste hatte, und ich kenn viele. Die hängen alle in irgendwelchen Machenschaften mit drin. Wenn so n Typ mal eine vor n Kopf kriegt, dann ist das halt so. Wie viele hat der schon verprügelt? Deswegen waren die für uns ideal. Das waren keine Opfertypen, die konnten sich wehren, das war ne faire Nummer, eins zu eins. Ist ja nicht so, dass man sich einen sucht und den dann mit fünf, sechs Leuten verhaut, das ist das Letzte.

Aber zum Fußball fahren, man trifft sich mit fünfzig Hooligans – da sind wir ja nicht, um Kaffee zu trinken. Jeder weiß, worum es geht. Ums Prügeln. Da gibt's auch keine Anzeigen. Da geht man wieder, und dann ist gut. Dann wissen die: ‹Oh, die Berliner, die BFCer, dit sind die Besseren›, und das spricht sich dann rum. Eigentlich n schönes Gefühl, bei dem ganzen Stress, den man hat, bei der Arbeit, mit der Frau, mit der Familie, da ist das wie Fußball spielen gehen.»

«Und wenn du jetzt draußen wärst, wie würdest du heute Dampf ablassen? Angenommen, es läuft gerade schlecht mit der Arbeit oder mit der Freundin?»

«Ich denke, ich würd ins Fitnessstudio gehen. Vielleicht

auch Boxen. Ich muss ja meinen Ballast auch irgendwie los-werden, und das kann ich halt nur mit Sport. Ist jetzt auch nicht mehr so, dass ich großartig Lust verspüre, jemandem in die Fresse zu hauen. Aber damals, da war ich jung, ich hab nicht drüber nachgedacht. Und hier ist es auch nicht mehr so wild. Hier sitzt eigentlich niemand unter fünf Jahre. Das ist das Gute, denn jeder von uns will einfach nur möglichst schnell hier raus, ohne Ärger.»

Er trinkt sein Glas leer.

«Redet ihr eigentlich offen darüber, warum einer hier sitzt?»

«Größtenteils ja. Aber manchmal auch gar nicht. Weil, ich will oft gar nicht wissen, warum wer hier ist. Früher wollte ich das immer wissen, aber jetzt ist es mir egal. Weil manche halt auch Sexualverbrechen am Hacken haben. Da bin ich dann gleich negativ eingestellt, und deshalb will ich das eigentlich gar nicht wissen.»

«Und wenn die anderen dich fragen?»

«Die wissen alle, warum ich hier bin. Ich hab lebenslänglich, und das heißt immer: Mord. Und Mord ist eigentlich n ehren-haftet Delikt hier drin. Dit is nischt, wo man sagen muss: ‹Oh, du bist n böser Mörder!› Wir haben n ganz guten Stand hier.»

Micha erzählt mir von der Hierarchie, die unter den ver-schiedenen Verbrechertypen im Knast herrscht. So gehören zum Beispiel Bankräuber und Erpresser zu den angesehensten Verbrechern. Das liegt vermutlich zum einen daran, dass viele von ihnen zu den intelligentesten Kriminellen zählen, und zum anderen, zumindest was die Bankräuber angeht: Banken sind Opfer, mit denen so gut wie niemand Mitleid hat. Wer eine Bank «gemacht hat», verfügt über einen gewissen Coolness-Faktor. Auch Zuhälter und Mörder gehören zu den durchaus angese-henen Verbrechern. Zuhälter treten oft sehr «chefmäßig» auf, erklärt Micha, sie übernehmen auch im Knast schnell eine Anführerrolle. Und vor Mördern haben sowieso alle Respekt, weil man weiß, dass mit ihnen im Zweifelsfall nicht zu spaßen ist, dass sie ja schon mindestens einmal bis zur letzten Konsequenz gegangen sind. Aber auch unter den Justizbeamten sind Mörder gar nicht unbeliebt. Lebenslängliche gelten häufig als unkomplizierter als die sogenannten «Kurzstrafer». Denn die meisten von ihnen haben sich mit dem Knastleben arrangiert, auch kennt man sich über die Jahre, da haben viele einen gewissen Vertrauensbonus. Und das nicht zu Unrecht, denn der Großteil der Lebenslänglichen hält sich an die Regeln und «macht keinen Stress», vermutlich auch, weil sie wissen, dass es ihre einzige Chance ist, jemals wieder in Freiheit zu landen.

«Da hat man es als Sexualstraftäter sehr viel schwerer, oder?», frage ich ihn.

«Allerdings. Da hat man's sehr schwer. Vergewaltiger und vor allem Kinderschänder, die stehen am untersten Ende der Knasthierarchie. Deswegen gibt es auch ein eigenes Haus nur für Sexualstraftäter, das heißt – für Ersttäter. Die meisten dort haben was mit Kindern am Hacken und machen dann da ne Therapie. Die Sexualstraftäter, die hier bei uns sind, mit denen will keiner was zu tun haben. Wir teilen uns ja das Haus zurzeit mit den SVern, und das sind zu achtzig Prozent Sittiche, also Sexualstraftäter. Aber mit so was will ich nichts zu tun haben. Da ist sogar einer dabei, der muss ne Frau erst grün und blau schlagen, dabei kommt er so richtig in Fahrt, und anschließend vergewaltigt er sie.

Kann ich nicht ab. Früher hab ich solche Typen zusammengeschlagen, heute geh ich ihnen aus dem Weg. Deswegen will ich zunächst gar nicht wissen, warum einer hier ist. Wenn man mit jemandem dann mehr zu tun hat, dann fragt man natürlich irgendwann mal nach, aber auch nicht immer.»

Dann wechselt er das Thema: «Wenn's so warm wird und der Sommer kommt, dann merk ich: Ich will raus! Bei mir auf Station sind dreizehn Leute, davon sechs ‹auf Ausgang›. Die sind gelockert und können am Wochenende raus. Ist doof, wenn man die dann am Sonntag wiederkommen sieht. Ich will ja auch raus.»

«Und wann wäre so was möglich?», hake ich nach.

Er spielt nervös mit seinem Teelöffel rum.

«Sowie ich gelockert bin», erklärt er. «Also, wenn das Gutachten positiv ist, dann kann ich alleine raus. Anfangs zwar nur ein paar Stunden, aber das verlängert sich dann, irgendwann darf man dann auch mal über Nacht raus. Aber jetzt hängt erst mal alles von dem Gutachten ab. Wenn das gut ausfällt, dann wird alles jut.»

Nach einer kleinen Pause fragt Micha:

«Und wie geht's bei dir? Was machen deine Kinder?»

Mein Ältester wird in Kürze vierzehn Jahre alt und steckt gerade tief in der Pubertät. Ich erzähle ihm, dass wir letztens eine heftige Auseinandersetzung hatten. Leider hat er es auch ziemlich gut raus, mich zu provozieren, und weiß sehr genau, welche Knöpfe er drücken muss, damit ich irgendwann an die Decke gehe.

«Letztens war ich dann so wütend, dass ich ihm am liebsten eine runtergehauen hätte. Ich habe ihn gepackt und auf sein Bett geschmissen und bin schnell weg, um mich abzukühlen. Ich war erschrocken über mich selbst, was für eine Wut auf einmal in mir hochkam!»

«Ja, da musste weggehen und erst mal drei-, viermal durchatmen», bestätigt mich Micha.

«Ich hab mich dann auch ziemlich schnell wieder beruhigt. Und dann fielen mir diese Schaumstoffknüppel im Keller ein, mit denen man sich prügeln kann, ohne dass es weh tut. Meine Frau hasst die.»

«Ich kenn die Dinger, hatten wir mal in der Anti-Gewalt-Gruppe», meint Micha.

«Damit bin ich zurück zu meinem Sohn und hab gesagt: «Komm, lass uns rausgehen. Dann kannst du deinem Alten mal n paar reinhauen. Im Garten haben wir dann mit den Dingern gekämpft, gefochten, sie uns gegenseitig um die Ohren gehauen, bis wir völlig durchgeschwitzt waren und irgendwann nur noch lachen mussten. Hat richtig gutgetan.»

Das gefällt Micha.

«Vermutlich ist das so eine Männersache», sage ich, «manchmal will man einfach ein bisschen kämpfen.»

Er nickt zustimmend.

Langsam mache ich mich fertig zu gehen.

«Musst du heute noch nach Leipzig, oder fährst du zurück nach Hause?», fragt mich Micha abschließend.

«Nach Hause», sage ich, «ich habe meinen Kindern versprochen, dass ich noch mit ihnen Fußball spiele. Nach Leipzig muss ich erst morgen.»

Dann verabschiede ich mich. Micha fährt im Aufzug hoch zu seiner Station, und ich warte, bis ein Beamter mich wieder Richtung Ausgang durchschließt.

Mai 2014. Der Chef der Malerei ist immer noch krank – und Micha reichlich genervt.

«Ich komm mir vor wie in nem Hamsterrad, bewegt sich nischt», klagt er. «Ich weiß immer noch nicht, was aus meiner Ausbildung wird.»

Wenn hier jemand krank ist, dann ist das eben so, dann geht nichts mehr voran, das habe ich inzwischen gelernt. Ob er nicht vorerst einfach so, ohne feste Entscheidung, am Unterricht teilnehmen könnte, frage ich ihn. Damit er nicht allzu viel verpasst, wenn es mit dem Ausbildungsplatz doch noch klappt? Aber er schüttelt sofort den Kopf. So etwas ist in diesem streng bürokratischen Apparat nicht denkbar.

Mit jedem Tag wird die Chance auf den Ausbildungsplatz geringer. Und zugleich verlängert sich dadurch wahrscheinlich auch seine Haftzeit: Denn ohne abgeschlossene Ausbildung ist Michas Sozialprognose entsprechend schlechter, das verzögert die Lockerung und damit auch die irgendwann erfolgende Freilassung. Es ist das Dilemma der Lebenslänglichen, die eben keinen Entlassungstermin haben und mit dieser Unsicherheit leben müssen: Komme ich hier jemals wieder raus? Und wenn ja, wann?

Trotzdem wundert mich, dass es keinen Plan B gibt. Wenn der Ausbilder wie in diesem Fall wochen- oder monatelang ausfällt, dann passiert eben einfach gar nichts. Michas Verzweiflung angesichts dieser Umstände kann ich gut nachvollziehen. Und es fällt mir nicht leicht, ihn aufzumuntern. Alles, was ich tun kann, ist, ihm zuzuhören und, wenn er das möchte, mich noch einmal mit der Sozialarbeiterin zu beratschlagen. Und er sollte doch auch selbst, schlage ich vor, das Gespräch mit ihr suchen und seinem Unmut Luft machen. Aber das ist Micha zu heikel:

«Wenn ich mit ihr rede, dann werd ich sauer. Und dann steigert man sich da rein und wird vielleicht ausfallend. Und die tut immer so ahnungslos, da werd ich verrückt!»

Er wird lauter, sieht jetzt auch mich wütend an. Es fällt ihm offensichtlich nach wie vor sehr schwer, anderen zu vertrauen.

Selbst der Sozialarbeiterin, die er schätzt und die schon viel für ihn getan hat, misstraut er plötzlich. Schließlich einigen wir uns darauf, dass ich die Sache in die Hand nehme und sie anrufe. Ganz passt mir das zwar nicht, da ich am Abend, gleich im Anschluss, noch mit dem Nachtzug nach Wien fahre und dort die nächsten Tage beschäftigt bin; aber ich verspreche, mich zu kümmern.

Dann erzählt Micha, dass er langsam «zappelig» wird, wie er es nennt, denn seit längerem dosiert er sein Methadon herunter.

«Ich kann nicht mehr richtig schlafen. Nicht mehr so viel wie vorher. Ich bin wacher. Viel, viel wacher, im Kopf auch. Vorher war ich immer so tranig. Jetzt bin ich schon wieder viel zu schnell.»

«Klar, da muss man sich doch sicher erst einmal wieder dran gewöhnen, oder?»

«Der Substitutionsarzt hat gesagt, es gefällt ihm gar nicht.»

«Was gefällt ihm da nicht?», frage ich erstaunt nach.

«Ich bin zu hektisch, zu angespannt, sagt er. Methadon stumpft die Gefühle ab. Und seit ich immer weniger kriege, bin ich viel mehr mit dem Gefühl dabei. Ich werd viel schneller wütend als vorher. Ich werd auch schneller traurig, aber ich freu mich auch mehr. Ich hab einfach mehr Gefühle, ob negativ oder positiv. Deswegen sagt der Arzt, er will eigentlich gar nicht, dass ich runterdosiere. Bloß, ich krieg ja hier die Pistole auf die Brust: entweder runter von dem Zeug oder keine Ausgänge. Also runter.»

«Wurde das genau so gesagt?», hake ich nach.

«So haben sie das zumindest gemeint. Sie haben gesagt: Ich war vorher n ‹Aggressionspaket›, und seit ich substituiert werde, ist das weg. Also sind sie der Meinung, dass das Zeug mich ruhig macht. Und da haben sie ja auch vollkommen recht.

Jetzt wissen sie aber nicht, wie es ist, wenn ich keines mehr bekomme. Also muss ich runter, damit sie sehen, wie ich dann so bin. Ist ja auch verständlich.»

Das Ergebnis der letzten VPK war in der Tat, dass Micha vom Substitut wegkommen muss, wenn er gelockert werden will. Und Micha war damit einverstanden.

«Ich find's absolut okay. Ich krieg jetzt wieder n bisschen was mit von der Welt. Gut ist ja: Ich mach jetzt ein Kreuzworträtsel in einem Zug fertig. Vorher hab ich nur n Drittel geschafft.»

Er sieht mich stolz an.

«Bloß … der Arzt», fährt er fort, «der wird sich das nicht mehr lang ansehen. Irgendwann haut er n Riegel rein.»

«Aber wieso? Was hast du denn gemacht, dass er da so dagegen ist?»

«Nichts! Er merkt einfach nur, dass es mir nicht guttut. Ich bin angespannt. Und er weiß, dann fliegen irgendwann die Fetzen. Der kennt mich seit fünfzehn Jahren.»

«Ich merke ja auch, dass du dich in die Sache eben ganz schön reingesteigert hast. Das kann ich verstehen, ich steigere mich manchmal auch gern in was rein. Aber klar, wenn ich ausflippe, sieht es anders aus, als wenn du das tust.»

Er nickt bestätigend mit dem Kopf.

«Der Arzt will einfach nicht, dass es mich wieder nach hinten haut. Der ist froh, dass ich jetzt diesen Weg gehe, und auf dem soll ich bleiben. Er hat versucht, mir Tabletten zu verschreiben, dass ich wieder ruhiger werde, aber das hab ich abgelehnt. Ich will meinen klaren Kopf behalten. Allerdings würd ich ganz gerne wieder n bisschen mehr schlafen.»

Micha erzählt mir, dass er früher manchmal zwölf Stunden und länger geschlafen hat. Dass es eine Weile dauert, bis sein

Körper sich umgestellt hat, wundert mich nicht. Ich versuche, ihm gut zuzureden, es sind ja vermutlich Entzugserscheinungen, die sich bald legen werden. Ab und zu spähe ich heimlich auf meine Armbanduhr, denn ich sitze hier seit anderthalb Stunden, es wird allmählich Zeit zu gehen.

«Wie sieht's eigentlich mit einer nächsten Ausführung aus?», frage ich abschließend. Micha würde gerne in den Tierpark gehen.

«Ein paar wilde Tiere anschauen, nicht nur die hier drin ...» Er zwinkert mich an. Wir vereinbaren, in absehbarer Zeit einen Termin zu beantragen.

Ich trinke meine Tasse aus und will gerade aufstehen, als Micha noch einmal das Thema wechselt:

«Und der olle Teich hier», meint er und deutet in den Hof, «der kippt bald um. Der Pott ist voller Algen, und wenn die blühen, dann sterben alle Fische. Hinten am Schilf, da ist die Tage ne Ente so rumgekrabbelt, und als die da rauskam, das war ein Jauchegeruch ...! Wenn jetzt die Sonne noch weiter draufknallt, dann isses vorbei. Die Gefangenen wollen sich drum kümmern, aber die Beamten interessiert das nicht.»

Ich gucke nervös auf meine Uhr.

«Die müssten gar nichts machen, nur die Erlaubnis geben. Und paar Kleinigkeiten besorgen, bisschen Kies und so, wär alles gar kein Problem. Aber die haben wahrscheinlich auch andre Sorgen.»

Gerade will ich ansetzen und ihm erklären, dass ich jetzt wirklich losmuss, als ein durchdringender, unangenehm lauter Ton durchs ganze Haus schallt. Ohne das bisher jemals erlebt zu haben, ist mir sofort klar, was es bedeutet: Anstaltsalarm. So etwas kommt nicht selten vor, bei Schlägereien, oder wenn jemand ein Messer gezogen hat, oder natürlich bei einem Fluchtversuch. Dann müssen alle Häftlinge auf ihre Zelle, die Anstalt wird abgeriegelt, und die Justizbeamten werden zum jeweiligen «Brandherd» gerufen. Andere Vollzugshelfer haben mir schon davon erzählt, dass sie wegen eines Anstaltsalarms stundenlang in Tegel festsaßen. Mir wird ganz anders. Wenn ich den Nachtzug verpasse, kann ich meinen Termin in Wien morgen Vormittag vergessen, und dann habe ich wirklich ein Problem.

«Scheiße», sagt Micha und sieht mich teilnahmsvoll an, «jetzt sitzte hier fest. Das kann ein paar Stunden dauern, kommt ganz drauf an, was los ist. Frag doch mal an der Pforte.»

Ich laufe vor zum Pförtner der Teilanstalt, der schon am Telefon hängt. Die Häftlinge hatten gerade Freigang und kehren in ihre Zellen zurück.

«Erst mal kommen Sie hier nicht raus», erklärt mir der Pförtner kurz und schmerzlos. Ich schildere ihm meine Situation, er ruft bei Tor 1 an, aber es bleibt dabei: Vorerst darf niemand die Anstalt verlassen. Ich höre noch, wie sich zwei Häftlinge neben mir unterhalten, dass der letzte Alarm bis halb eins in der Nacht ging. Es bleibt mir nichts anderes übrig, als mich meinem Schicksal zu fügen und wieder den schmalen Gang runterzulaufen, wo wir unser Gespräch fortsetzen dürfen.

«Sieht schlecht aus», sagt Micha, während er einen frischen Tee zubereitet, «Anstaltsalarm ist immer irgendwas Großes. Für kleinere Sachen hat jedes Haus seinen eigenen Alarm. Aber wenn sie Anstaltsalarm geben, dann brauchen sie wirklich alle Kollegen.»

Ich grübele stumm vor mich hin.

«Wie viel Uhr ist es?», fragt mich Micha.

«Viertel nach fünf», antworte ich, «mein Zug geht in einer Stunde, aber mit einem Taxi wäre ich in zwanzig Minuten am Bahnhof.»

«Na denn haste ne Chance», ermutigt er mich, «Viertel nach fünf, das kann nur ne Schlägerei, vielleicht ne Messerstecherei sein. Weil, wenn ein Gefangener weg wär, das würden sie erst um halb sechs mitkriegen, da werden noch mal alle gezählt. Jetzt kann es nur ne Schlägerei sein. Aber die haben nicht die Puste, sich zwanzig Minuten zu schlagen. Die Beamten nehmen die auseinander, dann gibt's Arrest, und die Sache is erledigt.»

Das macht mir wieder Hoffnung. Er schaufelt Zucker in seinen Becher.

«Wenn Alarm ist und man hat gerade Besuch, dann freut mich das immer. Weil, dann darf man sitzen bleiben, bis der Alarm vorbei ist. Vor paar Jahren hab ich mal drei Stunden gesessen, echt super!»

«Wie läuft das eigentlich, mit dem Alarm? Da drückt irgendwer den Knopf, oder wie wird der ausgelöst?»

«Ja, genau. Meistens ein Beamter. Wenn die sehen, da kloppt sich wer, dann drücken die auf Alarm. Und wenn irgendwas mit nem Messer läuft oder jemand ne Flasche übern Kopf kriegt, dann machen sie Anstaltsalarm. Dann brauchen sie mehr Leute. Der Alarm ist auch dafür da, dass sich keine anderen Gefangenen einmischen. Denn dann werden die Flügel zugemacht, niemand kann mehr von oben nach unten.»

Durchs Fenster sehen wir zwei Sanitäter mit Trage über den Hof eilen. Ich habe noch vierzig Minuten.

«Wenn sie jetzt einen holen, das muss ja schnell gehen», redet mir Micha zu. Ich gucke nervös in den Hof, während Micha in seinem Becher rührt. Und tatsächlich: Kurz danach klopft ein Beamter an die Tür.

«Sie können jetzt raus», sagt er knapp.

«Siehste … allet jut», Micha klopft mir auf die Schulter. Wir verabschieden uns schnell, ich werde zum Ausgang geführt und muss zum Glück an der Schleuse nicht lange warten. Ich hole meinen kleinen Koffer aus dem Spind neben der Pforte, renne die Straße runter bis zum Taxistand, springe in den einzigen dort wartenden Wagen und schaffe es gerade noch pünktlich zum Bahnhof.

Rico, den ich nie kennenlernte

E nde Juni 2014. Ein Blutstropfen. Auf dem Boden. Etwas größer als mein kleiner Fingernagel. Das Blut ist noch ganz frisch, es leuchtet rot, und wenn man den Kopf neigt, spiegelt sich der Himmel darin. Daneben liegt eine Mönchsgrasmücke. Was für ein Name. So schön wie dieser kleine Vogel. Nur dass er nicht mehr lebt. Er muss vor kurzem gegen die Scheibe geflogen sein, Blut klebt an seinem zierlichen schwarzen Schnabel. Sein Auge glänzt noch, klar und dunkel, als sei er noch lebendig. Er ist so groß wie eine Meise, hübsche Grautöne, mit einer kleinen schwarzen Kappe. Vorsichtig hebe ich ihn auf, sein kleiner Körper ist noch warm.

Mönchsgrasmücke.

«Hier bist du! Steffen, kommst du bitte in die Maske?»

Der Aufnahmeleiter hat mich im Hof des Studios entdeckt und reißt mich aus meinen Gedanken. Ich lege die kleine Vogelleiche vorsichtig auf den Boden im Gebüsch und folge ihm. Kurz danach sitze ich im Verhörraum und befrage eine Frau, die ihren Ehemann tot aufgefunden hat. Nahe Angehörige, insbesondere der Partner, gehören generell zu den Hauptverdächtigen, und so ist der Dialog von Misstrauen geprägt. Während wir spielen, muss ich ab und zu an den kleinen Vogel denken, in dessen hübsches, klares Auge vermutlich bereits die ersten Fliegen ihre Eier gelegt haben. Der ganz normale Lauf der Dinge.

In der Mittagspause erreicht mich ein Anruf aus dem Gefängnis: Es ist die Sozialarbeiterin, Frau Müller. Sie erzählt mir von einem plötzlichen Todesfall: Ein siebenunddreißigjähriger

Gefangener aus Haus 6, sportlich und durchtrainiert, wurde bei der Lebendkontrolle am Morgen tot in seiner Zelle aufgefunden. Die anschließende Obduktion habe jedoch eine natürliche Todesursache ergeben, eine Blutung im Gehirn.

«Aber er war der engste Freund von Herrn Bender», erklärt sie mir, «und jetzt mache ich mir etwas Sorgen. Herr Bender war sehr schockiert und wirkt seitdem völlig verändert. Vielleicht könnten Sie bald mal nach ihm sehen oder ihn anrufen, über mein Büro?»

Ich muss das Gespräch beenden, da die Mittagspause vorüber ist und man mich zurück ans Set ruft. Ich verspreche, mich zu melden, und mache mich wieder auf zum Verhörraum, die nächste Vernehmung wartet.

Juli 2014. Heute beginnen für mich die Sommerferien: drei Wochen Drehpause! Das ist absoluter Luxus. Ich freue mich, endlich viel Zeit für meine Familie zu haben. Meine Söhne bekommen morgen ihre Zeugnisse, auch für sie beginnt dann die ersehnte Ferienzeit.

Außerdem hat mein mittlerer Sohn morgen Geburtstag, er wird zwölf. Nachmittags wollen wir noch gemeinsam feiern, und am darauffolgenden Morgen werden wir in aller Frühe mit dem Auto nach Kroatien aufbrechen. Wie das so ist bei solchen Vorhaben, besonders mit drei Kindern, sind noch jede Menge Dinge zu erledigen: Die Koffer sind nicht gepackt, unser Jüngster wünscht sich – lebensnotwendig – einen Schnorchel. Der Geburtstagskuchen muss gebacken, die Geschenke müssen eingepackt werden.

Und: Ich habe heute Nachmittag noch einen Besuchstermin im Knast. Am liebsten würde ich absagen, schließlich kostet es mich mit An- und Abreise einen halben Tag, aber das geht natürlich nicht, jetzt erst recht nicht, wo Michas Freund völlig unerwartet verstorben ist. Da muss ich ihn unterstützen, das ist klar. Mir rinnt der Schweiß, als ich nach mehr als anderthalbstündiger Fahrt – die Berliner S-Bahn hat mal wieder Probleme – endlich vor Tor 1 in Tegel angekommen bin.

Eigentlich könnte ich gerade selbst etwas Unterstützung gebrauchen, geht es mir durch den Kopf, während der Justizbeamte meine Hosentaschen filzt. Auch wenn meine Probleme im Vergleich zu Michas ein Witz sind. Ich fühle mich ziemlich erschöpft. In den letzten Wochen bin ich pausenlos zwischen Potsdam und Leipzig gependelt, um trotz des hohen Drehpensums meine Familie noch zu sehen, kurz: Ich bin urlaubsreif.

«Bei der Kirche warten. Den Weg kennen Sie ja», sagt der Beamte schließlich, als die hydraulische Panzerglastür zur Seite fährt. Beim roten Backsteinbau muss ich eine gefühlte Ewigkeit warten, bis mich ein ebenfalls durchgeschwitzter Beamter abholt. Wie es Micha wohl inzwischen gehen wird?, frage ich mich noch und hoffe, dass er nach diesem Schicksalsschlag nicht rückfällig geworden ist.

Die Sonne brennt vom Himmel. Im Freiganghof vor Haus 6, zu dem um diese Zeit nur die SVer Zugang haben, sind ungewöhnlich wenig Gefangene. Zwei, drei sitzen träge auf einer Bank im Schatten, ansonsten ist der Hof verwaist.

Micha erwartet mich schon. Bleich sieht er aus, unrasiert, und er hat abgenommen.

Wir nehmen Platz, Micha legt eine rote Mappe auf den Tisch.

«Frau Müller hat mich angerufen und mir gesagt, dass es dir schlechtgeht. Weil ein Freund von dir gestorben ist …?», beginne ich das Gespräch.

«Ein sehr enger Freund von mir», ergänzt er und atmet tief durch.

«Er lag einen Stock über mir. War meine Kontaktperson hier im Haus, die einzigste eigentlich.» Er räuspert sich.

«Wir haben halt nach der Arbeit immer zusammengesessen und gekocht. Ich hab dir mal von ihm erzählt.» Aus müden Augen blickt er mich kurz an.

Ich glaube, ich weiß, von wem er spricht.

«Der Bankräuber, der einen Vollzugshelfer gesucht hat … Rico?»

«Ja, Rico. Also, so hat er sich genannt, seit er nach Russland geflohen war. Eigentlich hieß er ja Dennis, aber er wollte Rico genannt werden, also war das sein Name hier drin.»

Er starrt wieder vor sich hin. An einem Aneurysma im Kopf, das nachts geplatzt ist, sei er gestorben, erzählt er schließlich stockend. Anscheinend versuchte Rico, der in seiner Zelle zusammengebrochen war, auf dem Boden liegend, noch stundenlang mit Klopfen auf seine Situation aufmerksam zu machen. Nachts um halb zwei. Ein Kollege aus der Zelle unter ihm, der von den ewigen Klopfgeräuschen erst genervt und irgendwann beunruhigt war, rief mehrmals den Notruf, aber offensichtlich seien die Beamten seiner Bitte, einmal nachzusehen, ob alles in Ordnung ist, nicht gefolgt. Erst bei der Lebendkontrolle am nächsten Morgen, die am Wochenende um neun Uhr stattfindet, fand man ihn auf dem Zellenboden. Da lebte er zwar noch, war aber bewusstlos. Man brachte ihn ins Krankenhaus und stellte dort fest, dass er bereits hirntot war. Wenig später wurden die Geräte abgeschaltet. Rico war ein scheinbar vollkommen gesunder, sportlicher Mann von siebenunddreißig Jahren.

«Anscheinend ein angeborener Hirnfehler», teilte der Gefängnisarzt Micha mit. Und dass man in solch einem Fall wohl nicht mehr viel hätte machen können, selbst wenn man ihn früher gefunden hätte.

«Das hat mich total aus den Fugen gerissen», sagt Micha, «weil er der Einzige war, den ich hier hatte, die ganzen letzten Jahre. Ich war relativ alleine, ich hab ja keinen Kontakt zu meiner Familie, nur er war da. Und das war ne ganze Menge für mich. Deswegen hab ick mir jetzt zur Aufgabe gemacht», er greift zu dem roten Hefter, «ihn zu beerdigen. Weil, das Bezirksamt will ihn anonym beerdigen, auf der grünen Wiese, ohne Grabstein und alles, und das kann ich nich zulassen.»

Ob Rico denn gar keine Verwandten gehabt hätte, frage ich.

«Doch», meint Micha, «aber die kümmern sich nicht um ihn. Er ist auch ein Heimkind, wir waren beide zufällig zur gleichen Zeit in Makarenko im Heim, aber wir sind uns damals nicht begegnet. Aber hier haben wir uns oft darüber unterhalten. Wir kannten dieselben Leute, dieselben Schwestern und so.»

Seine Freundschaft mit Rico begann vor ein paar Jahren an einem 20. November, am Todestag von Michas Bruder, zu dem er eine sehr enge Beziehung hatte. Das war zugleich der Geburtstag von Rico. Micha war an dem Tag sehr betrübt, dachte an seinen Bruder und wollte sich alleine in seine Zelle zurückziehen. Da quatschte Rico ihn an, machte Witze und schaffte es irgendwie, ihn aus seinem Gefühlstief zu holen. Schließlich überredete er ihn sogar dazu, mit ihm ein «bisschen Geburtstag zu feiern». Sie entdeckten Gemeinsamkeiten wie die Zeit im selben Kinderheim; und über die Jahre wurden sie immer vertrauter. Einmal erzählte Micha ihm, dass damals, als sein Bruder verstarb, sich niemand um dessen Bestattung kümmerte. Weder sein Vater noch die zahlreichen Geschwister, die Mutter war bereits tot. Micha selbst bekam von dem Ganzen wenig mit, da er zum einen im Knast saß und zum anderen zu der Zeit «voll auf Droge war». So wurde der Bruder vom Berliner Bezirksamt anonym beerdigt, irgendwo auf der grünen Wiese. Rico war darüber fassungslos. Er machte Micha schwere Vorwürfe, sprach zwei Tage lang kein Wort mit ihm.

«Hat er mir echt übelgenommen, wie ich meinen Bruder da hab hinschicken können. Und deshalb», er schaut mir tief in die Augen, «möcht ich ihn da jetzt auch nicht hinschicken. Ich hab hier ne kleine Kollekte gesammelt», fährt er fort, «um die tausend Euro kommen da schon zusammen!»

Geschäftig schlägt er die rote Mappe auf. Darin eine handgeschriebene Liste mit den Namen und Beträgen, kopierte Zettel und so weiter.

«Ich hab schon alles organisiert. Hab mit der Stadtmission gesprochen, die wollen mir helfen. Die Verbrennung kostet siebenhundertfünfzig Euro. Das Grab, in Stahnsdorf, weil da liegt auch meine Mutter, kostet fünfhundertfünfzig, ein kleiner Stein dreihundert. Die Trauerfeier würde die katholische Kirche machen. Und ick hab hier jesammelt: Die Gelder stehen, wir gehen ja alle arbeiten, und ab dem Ersten würden alle überweisen.»

Er schiebt mir die Liste über den Tisch. Allmählich ahne ich, worauf das hier hinauslaufen soll, und mir wird abwechselnd heiß und kalt.

«Ich brauch jetzt einfach jemanden, der mir hilft. Ab dem Ersten haben wir die Kohle, aber der Auftraggeber fehlt uns. Weil: Das Bestattungsinstitut macht mit uns keine Geschäfte.»

Ich höre nur zu, und mir stockt der Atem. Zum Glück musste ich in meinem Leben noch nie eine Bestattung organisieren. Ich weiß nur, dass diese Dinge nicht unkompliziert sind – dass ich übermorgen früh in den Urlaub aufbrechen will und der morgige Tag bereits so vollgestopft ist, dass ich jetzt schon nicht mehr weiß, wo mir der Kopf steht. Ich habe ja kaum Zeit für dieses Treffen.

Micha redet unbeirrt weiter: «Ich hab erst mal gar nicht rausgefunden, wo er jetzt ist, ich bin ja kein Verwandter. Deshalb hab ich das katholische Pfarramt auf die Suche nach seinem Leichnam geschickt. Die haben mich ans Bezirksamt verwiesen: Frau Zimlinsky, hier ist die Nummer.»

Er deutet auf ein Blatt Papier, schiebt mir einen Zettel nach dem anderen aus seiner roten Mappe über den Tisch.

«Bei der Frau muss man sich melden. Wenn da bis übermorgen keiner anruft, wird er anonym beerdigt. Auf der grünen Wiese.»

Zusätzlich legt er mir noch die Telefonnummern von Bestattungsinstituten vor, von der Stadtmission, vom Friedhof, vom Pfarrer.

Ich sehe mir die Zettel durch, schaue mir die kalkulierten Kosten an: eintausendsechshundert Euro, für die ich bürgen müsste, ohne zu wissen, ob ich jemals einen Cent davon wiedersehe.

«Ich brauch halt den Auftraggeber, der alles in die Wege leitet. Da müsste ein Konto eröffnet werden, für die Kollegen, die mitzahlen wollen.»

Er starrt mich erwartungsvoll an. Ich soll also morgen, an meinem letzten Tag vor der Abreise, schnell mal eben ein Konto bei der Bank eröffnen, mit Frau Zimlinsky vom Bezirksamt alles Weitere klären, mich auf die Suche nach Ricos Leichnam machen, ein Beerdigungsinstitut beauftragen, die Stadtmission anrufen und ein Grab auf dem Friedhof reservieren. Dazu noch sämtliche Kosten vorschießen, obwohl man als Vollzugshelfer einem Gefangenen eigentlich nicht finanziell unter die Arme greifen sollte. Ich erkläre ihm, dass ich das alles so kurzfristig morgen nicht schaffe, dass ich für meine Familie da sein muss – Kindergeburtstag, Urlaub, wie soll das alles gehen?

Aber er beharrt, die Stadtmission, der Pfarrer, alle würden sich einklinken, erklärt er mir. Und: «Stahnsdorf ist ja nicht so weit. Man fährt da hin, unterschreibt den Auftrag und düst wieder ab.» Und wegen des Geldes müsse ich mir auch keine Sorgen machen: «Das sind meine Jungs, da bin ich schon hinterher. Bis zum Ersten is dit Ding jebügelt.»

Ich bin immer noch ratlos.

«Ick kann dit nich aufgeben.» Wieder schaut er mir tief in die Augen. «Ich kann den doch nich anonym irgendwo verscharren lassen. Macht man nicht mit nem Freund. Bloß weil man mit mir keinen Vertrag haben will. Ich bin doch kein Unmensch. Bloß weil wir im Knast sind, heißt das noch lang nich, dass wir unser Wort nicht halten. Ich geb dir mein Wort. Dit is dit Einzige, wat ick hier drin noch habe. Mein Wort, dit steht.»

«Micha, ich weiß einfach nicht, wie ich das jetzt so kurzfristig schaffen soll. Ich hab keine Zeit, ich muss mich um meine Familie kümmern. Hättest du mich einfach mal angerufen, vor ein paar Tagen, dann hätte ich das eventuell noch einrichten können. Aber so, das geht jetzt nicht. Ich hab gerade einen Haufen anderer Sachen zu erledigen.»

Er schaut mich ruhig an.

«Ich hätt auch gern angerufen und dir das vorher gesagt, aber ick kann dit nich. Mir fehlen dafür am Telefon die Worte. Ich kann doch da nicht so eine Story bringen. So was macht man Auge in Auge.»

Er räuspert sich kurz.

«Ich bin kein Mensch, der gern um Hilfe fragt – war ich

noch nie gewesen. Aber jetzt muss ich fragen. Ich mach das auch nicht gern, glaub mir.»

Ich merke ihm an, welche Mühe ihn das kostet. Dazu die Not, seinem Freund einen letzten Dienst erweisen zu wollen. Wir schweigen beide eine Weile.

Schließlich sage ich: «Alles, was ich dir anbieten kann, ist Folgendes. Ich kann mir morgen eine Stunde Zeit nehmen, um das in die Wege zu leiten. Aber wenn ich merke, das reicht hinten und vorne nicht, dann muss ich aufhören. Mehr geht nicht.»

Damit gibt sich Micha erst einmal zufrieden. Er geht noch mal sämtliche Details mit mir durch. Am liebsten hätte er, dass ich der Anstalt nichts von unserem Gespräch sage. Das wundert mich, schließlich geht es hier um eine zutiefst menschliche Angelegenheit, ein Vorhaben, dass ihn eher ehrt, als schaden könnte. Aber ich merke schon, er ist auch in dieser Sache der Anstalt gegenüber misstrauisch. Er sagt, er habe keinerlei Unterstützung bekommen, nicht mal ein paar Informationen: in welchem Krankenhaus Rico gestorben sei, wo sein Leichnam jetzt sein könnte und so weiter. Meinen Einwand, das ginge vielleicht aus Datenschutzgründen nicht, lässt er nicht gelten.

«Die sollen doch alle mal n bisschen in ihr Herz reinkieken, ob sie das mit ihrer Familie auch so machen würden. Er war meine Familie hier drinne.»

Stattdessen habe er seit Ricos Tod bereits dreimal einen «UK», einen Urinkontrolltest, abgeben müssen, der jedes Mal sauber war. Offensichtlich rechnet die Anstalt damit, der Schicksalsschlag könne ihn rückfällig werden lassen. Erschwerend kommt außerdem hinzu, dass sein Therapeut vergangene Woche das allerletzte Gespräch mit ihm geführt hat. Jetzt ist er in Pension. Das stand zwar schon lange fest, bedeutet aber dennoch eine wichtige Unterstützung weniger in dieser schwierigen Situation. Ein weiteres Mal erklärt er mir die diversen Telefonnummern und Adressen, die er fein säuberlich auf seinen Zetteln notiert hat. Ich höre geduldig zu, und nachdem ich schließlich hoch und heilig versprochen habe, mich von der Anstalt nicht davon abbringen zu lassen, die Beerdigung zu organisieren, verabschieden wir uns.

«Wenn ick dit allet hinter mir hab, dann kann ick ma anfangen, traurig zu sein, und irgendwann werd ich wieder richtig schlafen», sagt er.

Und als ich in der Tür bin, fügt er hinzu: «Ick bin hier, wenn was ist», und mit einem kleinen Schmunzler, «ick renn ja nicht weg.»

Tags darauf. Manchmal laufen die Dinge anders, als man denkt. Nachdem ich gestern Abend noch zwei Kuchen gebacken habe und meine Frau damit beschäftigt war, unsere Koffer zusammenzupacken und anschließend den Geburtstagstisch zu schmücken, stehen wir früh am nächsten Morgen auf, um unsere traditionelle kleine Geburtstagszeremonie zu feiern. Wobei Zeremonie etwas übertrieben ist: Wir stehen gemeinsam um den mit Blumen geschmückten Gabentisch, singen verschlafen ein Lied, und auch unser Ältester krächzt trotz Stimmbruch wacker mit. Dann pustet das Geburtstagskind die Kerzen aus, und alle gucken gespannt zu, wie er seine Geschenke auspackt. Als sich die Kinder wenig später auf den Weg zur Schule gemacht haben, setze ich mich mit einer großen Tasse Kaffee an Telefon und Computer.

Ich erzähle Frau Zimlinsky vom Bezirksamt, die ich prompt persönlich erreiche, ganz offen von der Situation: dass ich Vollzugshelfer bin, die Beerdigung eines Häftlings organisieren möchte, die «Knastkollegen» bereits Geld gesammelt haben, und frage sie, wie wir jetzt vorgehen könnten. Die Dame ist überrascht, aber überaus freundlich und zuvorkommend. Zugleich macht sie mir aber auch klar, dass das Bezirksamt nur in letzter Instanz eingreift: wenn, wie in diesem Fall, keiner der Verwandten reagiert, leitet sie eine anonyme Bestattung in die Wege. Frau Zimlinsky hat bereits die Anschrift der Eltern ausfindig gemacht und würde wie üblich nach der Beerdigung versuchen, die Kosten auf dem Rechtsweg von ihnen einzuklagen, was oft erfolglos sei: «Weil, wo nichts ist, kann man auch nichts holen. Und nem nackten Mann kann man nicht in die Tasche fassen.»

In meinem Fall, wenn ich also keine anonyme Bestattung wünsche, könne ich diese selbst beauftragen. «Aber ob Sie das Geld jemals wiedersehn, werden Sie selber rausfinden müssen.» Sie lacht. Ich erkläre ihr, dass ich das Risiko eingehen möchte. Daraufhin gibt sie mir die Telefonnummer der Kriminalpolizistin, die mit dem Fall befasst war und weiß, wo sich der Leichnam befindet; sie wünscht mir noch viel Erfolg.

Auch bei der Kriminalpolizei komme ich sofort durch: Nachdem ich meine ungewöhnliche Geschichte erzählt habe, ist man auskunftsbereit. Der Leichnam sei inzwischen freigegeben, ich erhalte die Telefonnummer der Rechtsmedizin. Dort schildere ich einer weiteren Dame zum dritten Mal den Fall und die Hintergründe, sie hört aufmerksam zu und wird angesichts der komplizierten Lage erfinderisch: «Eigentlich fallen ab heute Liegegebühren an, da der Leichnam bereits seit einer Woche bei uns ist», meint sie und fügt zuvorkommend hinzu: «Aber in Ihrem Fall will ich eine Ausnahme machen. Wenn Sie beim Bestattungsinstitut dafür sorgen, dass er bis Montag abgeholt wird, dann mach ich das klar, dass keine Kosten anfallen. Mehr kann ich nicht für Sie tun: Viel Glück!»

Ich bedanke mich herzlich und suche anschließend im Internet nach günstigen Bestattungsunternehmen. Zu meiner Überraschung springen mir kuriose Firmennamen entgegen, von «Billig-Bestatter», «Sarg-Discounter» bis «Geiz-Bestattungen». Es klingt so direkt und würdelos, das könnte man auch dezenter zum Ausdruck bringen, denke ich. Aber offenbar gibt es Kunden, die sich davon angesprochen fühlen. Die eine Bestattung also nicht nur aufgrund beengter finanzieller Verhältnisse günstig halten müssen, sondern ganz offen nach einem billigen Weg suchen, weil sie etwa einen ungeliebten Verwandten zu bestatten haben; anders kann ich mir die pietätlosen Namen und Annoncen nicht erklären. Aber egal. Michas Lage ist anders, er muss sparen, es ist ein Freundschaftsdienst. Bald habe ich eine Firma gefunden, die statt der kalkulierten siebenhundertfünfzig nur vierhundertfünfundneunzig Euro für eine Feuerbestattung nimmt: «Alles inklusive!» Ich wähle die Nummer, eine schnoddrige, rauchige Frauenstimme meldet sich, hält sich nicht mit Kondolenzbekundungen oder dergleichen auf und kommt gleich zum Punkt: «Jünstig soll et sein, wa?», bellt sie durch den Hörer. Ich bestelle folgsam das «Basispaket», und sie will noch wissen, «wo solln wa n abholen?». Bis morgen Abend, verspricht sie, sei der Leichnam nicht mehr in der Rechtsmedizin. Sollte ich für die Trauerfeier einen Musikwunsch haben, meint sie noch, müsse ich die Musik schon selber mitbringen, «wir ham nur Trauermarsch auf Tasche! Und seien Sie bei der Bestattung pünktlich, Sie haben n Zeitfenster von fuffzehn Minuten!» Klick.

Wie vereinbart schicke ich den schriftlichen Auftrag per Fax hinterher. Anschließend rufe ich beim Stahnsdorfer Friedhof wegen des Grabes an. Auch hier ist man nach meinem nun eingeübten Anfangsmonolog sehr entgegenkommend. Ich bekomme unkompliziert die kostengünstigste Lösung angeboten, alles lässt sich per Telefon und E-Mail beauftragen. Nach weniger als zwei Stunden habe ich auch noch mit der Stadtmission und dem Gefängnispfarrer gesprochen – alle sind hilfsbereit und dankbar, dass ich mich dieser Sache annehme, und ich bin völlig überrascht, wie einfach es manchmal laufen kann. Anfangs hielt ich das ganze Vorhaben für ein Ding der Unmöglichkeit, nun fügt sich alles reibungslos und unkompliziert.

Binnen kurzem ist die Beerdigung organisiert. Der Termin steht, fünfter August. Der Pfarrer bietet mir sogar an, vorübergehend ein Kirchenkonto zur Verfügung zu stellen, auf dem die Spenden gesammelt werden können. Damit ist auch dieser Punkt erledigt. Erleichtert rufe ich im Gefängnis an und hinterlasse eine Nachricht für Micha, dass alles gut läuft, wann die Beerdigung stattfindet und dass wir weitersprechen, wenn ich zurück bin. Ich lege gerade auf, als es an der Tür klingelt und unsere Söhne mit ihren Zeugnissen nach Hause kommen.

Ende Juli 2014. Der Urlaub war schön. Aber im Gefängnis geht es genau dort weiter, wo ich vor zwei Wochen aufgehört habe. Zumindest, was die Neuigkeiten angeht. Als ich Micha wiedertreffe, erzählt er mir als Erstes frustriert, dass seine Sozialarbeiterin, die mir inzwischen vertraute Frau Müller, ihren Aufgabenbereich wechselt und die JVA Tegel bereits zum Monatsende verlässt. Ich bin überrascht, aber Micha trifft es ungleich härter. Für die meisten Langzeithäftlinge hat generell jede Veränderung schnell etwas Beängstigendes. Im Knast verläuft für sie alles in bis ins kleinste Detail geordneten Bahnen, sie können über kaum etwas selbst entscheiden, das ganze Leben wird von immer gleich bleibenden, monotonen Abläufen geprägt – da beunruhigt alles Neue. Dass Neues auch seinen

Reiz hat und Chancen bietet, sehen viele Gefangene nicht mehr. Der Sozialarbeiter, von dem sich jeder Gefangene Unterstützung erhofft, ist ein sehr wichtiger Begleiter auf dem langen Weg in ein Leben in Freiheit. Der Nachfolger von Frau Müller wird es naturgemäß erst einmal nicht leichthaben. «Is halt n Typ und soll sehr streng sein», meint Micha skeptisch – ob das nun stimmt oder nicht.

Ich versuche, ihn etwas zu beruhigen, auch wenn ich den Wechsel selbst bedaure. Er soll doch erst einmal abwarten, wie sich alles entwickelt. Etwas anderes bleibt ihm letzten Endes sowieso nicht übrig. Dann erzählt er etwas Positiveres: Das Gutachten wurde vom Senat bewilligt. Die zugeteilte Gutachterin will im August die ersten Gespräche mit ihm führen. Ihr Urteil wird für die nächsten Monate und Jahre ganz entscheidend sein, deshalb ist es wichtig, sich darauf zu konzentrieren.

Dann kommt Micha auf das bevorstehende, im Moment noch wichtigere Ereignis zu sprechen, Ricos Bestattung. Er bedankt sich sehr für meine Unterstützung und erzählt, seine Kollegen hätten die versprochenen Beiträge zum Großteil bereits auf das Kirchenkonto überwiesen, neunhundert Euro müssten inzwischen eingegangen sein. Und in wenigen Tagen, zum Monatsanfang, soll noch einiges dazukommen, sodass dann auch der Grabstein mit drin sei. Ich habe bereits recherchiert: Die Preise für eine ganz kleine Grabplatte, nur mit Namen, Geburts- und Todestag, beginnen bei hundertvierzig Euro. Aber, er winkt ab, denn seine Vorstellungen sind da sehr genau:

«Rico hat mir vor ner Weile mal ein Bild gegeben, so ne Maria, die wollte er eigentlich tätowiert haben. Das Bild möcht ich oben in die Ecke vom Stein. Dann natürlich seine Daten und ganz unten noch n frecher Spruch: ‹Hier ruhen meine Gebeine – ich wünschte, es wären deine!›»

Er sieht mich begeistert an. Der Spruch verschlägt mir kurz die Sprache, dann muss ich lachen: «Ist das nicht ein bisschen krass?»

Aber Micha verteidigt vehement: «Das war sein schwarzer Humor. Fand ich immer cool irgendwie, und diesen Spruch möcht ich bei ihm mit draufschmeißen. Ich hab oben nen Kollegen, der ist Grafiker, und dem hab ick jesagt, er soll mir mal n Grabstein entwerfen.»

Insgeheim befürchte ich gleich, dass so ein eigens gestalteter Stein mit Marienbild und «frechem Spruch» ziemlich teuer werden und den engen finanziellen Rahmen sprengen könnte. Aber ich merke, er hat sich da mal wieder was in den Kopf gesetzt, und sage erst mal nichts dazu.

Dann meint er noch, er würde gerne Ricos Bruder, den Einzigen aus der Familie, zu dem Rico noch einen Draht hatte, über dessen Tod informieren. Ich überlege laut, ob vielleicht Frau Zimlinsky die Adresse haben könnte; sie sagte ja, sie hätte die Anschriften der Eltern ausfindig gemacht, vielleicht ist sie da auch auf den Bruder gestoßen? Während wir darüber sprechen, kommt mir in den Sinn, dass ich vielleicht doch auch Ricos Eltern kontaktieren sollte:

«Nicht, dass da nachher jemand zu mir kommt und sagt: ‹Wie kommen Sie dazu, meinen Sohn verbrennen zu lassen? Der sollte eine Erdbestattung bekommen! Und überhaupt, was soll der in Stahnsdorf?›»

Aber Micha sieht das ganz anders: «Er hat wat auf die Familie jeschissen, die ham ihn mit elf ins Heim gegeben!»

Ich habe trotzdem so meine Bedenken.

«Jetzt warte mal», unterbricht er mich, «das ist ein zerstörtes Familienleben. Nicht die heile Welt, wie du das kennst, das ist ne komplett zerstörte Familie, genau wie meine, total kaputt.

Da kommt keiner und sagt, was hast du da mit meinem Sohn gemacht? Die werden auf sein Grab spucken! Die sind froh, wenn sie keinen Euro zahlen müssen!»

Er redet sich in Rage und starrt mich am Ende wütend an: «Das sind einfach Assis. Beide alkoholkrank. Die interessieren sich einen Scheiß für ihren Sohn. Glaub mir, ick kenne solche Leute!»

Ich sehe ihn an und verstehe, ja spüre auf einmal förmlich die Panik, die ihn da befällt: eine Panik, dass jetzt, wo alles geregelt scheint, durch meine Bedenken plötzlich etwas schieflaufen könnte und die Beerdigung nicht so stattfindet, wie er es sich für seinen Kumpel wünscht und mühsam geplant hat. Am Ende gebe ich ihm recht: Die Eltern hatten sich jahrzehntelang nicht um ihren Sohn gekümmert. Hier im Knast fand Rico eine Ersatzfamilie, die ihm viel bedeutete und die sogar bereit ist, für ein menschenwürdiges Begräbnis aufzukommen, obwohl keiner der Jungs richtig Geld hat. Dann soll es eben auch so sein, wie Ricos Jungs es sich vorstellen!

«Erzähl mir doch noch n bisschen was über Rico!» Nachdem ich mich so intensiv mit ihm beschäftige, würde ich gern etwas mehr über ihn wissen.

Und Micha erzählt.

Als Rico siebenundzwanzig war, kam er in den Maßregelvollzug in Berlin-Buch. Hier werden beispielsweise suchtkranke Straftäter untergebracht, wie Rico einer war; es gibt dort vielfältigere Therapiemöglichkeiten als in gewöhnlichen Gefängnissen. In Buch gelingt es Rico gemeinsam mit einem Mitgefangenen, an zwei Eisenstangen zu kommen, mit denen sie einen Ausbruch erzwingen wollen. Sie einigen sich darauf, keine Gewalt anzuwenden, sondern mit den Stangen nur Angst zu machen. Damit kommen sie sogar relativ weit, aber an der

Pforte geraten sie in eine Schleuse, die von beiden Seiten verriegelt wird. Der Ausbruchsversuch ist beendet. Daraufhin kommt Rico in Isolationshaft auf die Sicherheitsstation, lediglich einmal am Tag hat er eine Freistunde im Hof, allein und unter Aufsicht eines Beamten. Trotzdem gelingt es ihm – er war überaus athletisch –, unter den Augen des Beamten die Mauer zu erklimmen; er flieht über angrenzende Dächer, Zäune und Mauern. Eine meisterhaft sportliche Flucht, über die in Buch noch jahrelang gesprochen wird. Draußen organisiert Rico sich eine Pistole und überfällt insgesamt acht Banken in und um Berlin, wobei er jeweils nur relativ kleine Beträge erbeutet. Man fahndet intensiv nach ihm, sogar «Aktenzeichen XY … ungelöst» berichtet, aber plötzlich reißt die Bankraubserie ab, und von Rico fehlt jede Spur. Die Polizei kann sich keinen Reim darauf machen. Doch Rico ist in die Ukraine geflohen. Von dort zieht er weiter, Richtung Russland, arbeitet ein paar Wochen auf einem Bauernhof. Als er den Job verliert und Geld braucht, raubt er dort erneut Banken aus. Nach dem dritten Überfall wird er schließlich gefasst, gibt aber seinen wahren Namen nicht preis, sondern nennt sich Rico Marquard. Er wird zu vier Jahren Straflager verurteilt, eine Auslieferung nach Deutschland lehnt er ab in dem Wissen, dass ihn dort eine wesentlich längere Strafe erwarten würde. Die vier Jahre Lager waren aber dann doch «sehr heftig, kein Vergleich zu deutschen Gefängnissen», erzählt Micha. Zwei Tage vor seiner Entlassung kommen Beamte von Interpol, nehmen Fingerabdrücke und entdecken Ricos wahre Identität. Er wird nach Deutschland ausgeliefert und bekommt sieben Jahre Tegel, «mit Rucksack», wie es im Knastjargon heißt: mit anschließender Sicherungsverwahrung.

Sicherungsverwahrung droht nicht nur, wie oft angenommen, Kinderschändern und anderen Sexualstraftätern, sondern Serienstraftätern ganz allgemein. Wer öfter als dreimal mit einem schwerwiegenden Delikt straffällig wurde, dem droht die SV. Seine sieben Haftjahre nutzte Rico intensiv, um die auferlegte Sicherungsverwahrung zu revidieren, sämtliche Auflagen und Anforderungen der Anstalt erfüllte er aufs penibelste – und am Ende mit Erfolg: Nach mehreren Gerichtsterminen und Gutachten wurde die drohende SV schließlich zurückgenommen. Anfang September wäre er deshalb entlassen worden. Er war zwar Serientäter, gut siebzehn Banken hat er vermutlich ausgeraubt, aber einen Großteil der Taten konnte man ihm nicht nachweisen. Im Knast hatte Rico gleich zwei Ausbildungen erfolgreich abgeschlossen, Elektrotechniker und Gabelstaplerfahrer.

«Elektrotechniker?», hake ich nach. «Wär das nicht auch was für dich?»

«Ne», meint Micha, «ich hab Angst vor Strom. Ich dreh noch nicht mal ne Glühbirne raus.» Dann fährt er fort: «Rico war ein stiller Typ. Heimkind eben. Heimkinder vertrauen anderen nicht so schnell. Aber weil wir dieselbe Kindheit hinter uns hatten, haben wir uns irgendwann total vertraut. Das hat uns zusammengeschweißt. Ohne Vertrauen läuft nix. Ich hab ja keinen großen Freundeskreis hier. Ich kenn viele, mag auch viele, und mich mögen vielleicht auch viele, aber das ist kein großer Kontakt. Man raucht mal ne Zigarette oder trinkt n Kaffee, aber Gespräche, wie wir sie führen, die hab ich hier mit niemand. Dit jeht nich. Für solche Gespräche muss man Schwächen zeigen, und Gefühle. Und Gefühle sind hier im Knast völlig fehl am Platz. Wenn hier einer deine Schwächen kennt, dann biste verloren. Aber Rico kannte meine Schwächen, und ich seine.»

Er denkt nach.

«Im Januar, da war er noch auf Subotex.»

Auf meinen fragenden Blick hin: «Ne Modedroge hier im Knast. Kleine Pillen, sehr angesagt, weil sie lange Zeit im UK nicht nachweisbar waren. Inzwischen haben die nachgerüstet und finden es raus. Hätte er einen dreckigen UK gehabt, wär's mit seiner Entlassung vorbei gewesen. Also hab ich versucht, ihn clean zu kriegen. Wollte er ja selbst auch immer, aber wenn ihm wer was angeboten hat, wurde er schwach. Dreimal hab ich es versucht, und beim vierten Mal bin ich an seine Dealer ran und hab sie bedroht, damit sie ihm nichts mehr verkaufen. Daraufhin musste er clean werden. Als er vier Tage von dem Zeug runter war, hat ihm doch wieder einer was angeboten. Da hätte Rico denjenigen fast umgehauen. Seitdem war er durch.

Deswegen war ich mir auch ganz sicher, dass er nicht an ner Überdosis gestorben ist. Das munkeln sie natürlich immer als Erstes. Wenn er rückfällig geworden wäre, hätte er es mir erzählt. Ich hab ihm damals angeboten: Wenn du es schaffst, clean zu werden, dann geh ich jeden Monat einen Milliliter mit dem Methadon runter, damit du siehst, ich ändere auch an mir was. Ich hätte damals, als ich auf Heroin war, auch Hilfe gebraucht. Hab ich nicht bekommen, und deshalb hab ich nun ihm geholfen. Es war ne Freundschaft, wie man sie im Knast nie wieder findet, glaub ich.»

Er sieht mich traurig an.

«Anfangs hatt ich ihn ja gar nicht auf dem Schirm. Aber als wir hier zusammengesessen sind, an seinem Geburtstag, und uns unterhielten, da fanden wir das mit dem Heim raus, wo wie beide nen Teil unsrer Kindheit verbrachten. Ich hab ihm die Geschichte erzählt, dass da immer ne Schwester war, die mich tierisch an den Ohren gezogen und mir ständig Backpfeifen gegeben hat, und als ich den Namen sagte, meinte er: ‹Die? Na, die kenn ich gut!› Uns hat dieselbe Oberin zur Sau gemacht. Wir müssen sogar im selben Schlafsaal gewesen sein, aber bei fünfzig Kinder, da erkennt man sich nicht so leicht wieder.»

Dreimal war Micha im Heim, jeweils über Monate hinweg. Aus dem einzigen Grund, weil sein älterer Bruder mehrmals versuchte, aus der DDR zu fliehen.

«Wir ham ja im Grenzgebiet gewohnt, in Glienicke, wo man nur mit Passierschein reindurfte. Und jedes Mal nach nem Republikfluchtversuch meines Bruders sind die gekommen. Nicht am Tage, sondern immer nachts. Wir lagen im Bett, und dann flog da plötzlich so n Kommando ein und hat uns auseinandergerissen. Mich haben die als kleinen Bengel im Schlafanzug nachts hinten in den Barkas reingeschmissen, und dann ging's los auf die Reise. Einmal hab ick meine Eltern acht Monate nicht gesehen – ich wusste nich, wo die sind, und die wussten nichts von mir. Und so Spielchen haben sie dreimal gemacht.»

Die Worte sprudeln nur so aus ihm heraus. Gutachtern verschweigt er diese Dinge lieber, aus Angst, sie könnten ihm negativ ausgelegt werden und seine Prognose verschlechtern. Als er elf war, nach einem weiteren Fluchtversuch des Bruders, wurde er im Heim regelmäßig verhört. Nachts um zehn riss man ihn aus dem Schlaf und brachte ihn in einen kleinen, engen Raum: Er musste sich an einen Tisch setzen, der «ganz nett gedeckt» war, mit einem Teller Abendbrotstullen, Tomate und Gurke, einem Glas Cola und einer Schachtel Zigaretten.

«Ick hab als Kind nicht geraucht, aber da lag immer ne offene Schachtel Zigaretten aufm Tisch.»

Ihm gegenüber zwei Männer im grauen Anzug.

«Wusstest du, dass dein Bruder fliehen wollte?», fragt ihn der eine.

«Nein, das wusste ich nicht!», antwortet Micha wahrheitsgemäß.

Da bekam er auch schon die erste Backpfeife. Daraufhin sagte er gar nichts mehr. Was wiederum zur Folge hatte, dass dieses Verhör nun jeden Abend stattfand.

«Ich hab einfach auf stur geschaltet. Deswegen hab ich auch so ne Abneigung gegenüber Polizei und dieser ganzen Institution, ich hab da immer nur negative Erfahrungen gemacht.»

Ich bin schockiert und muss an meine Söhne denken: Die beiden jüngeren sind in dem Alter, in dem Micha damals war. Ich versuche, mir vorzustellen, wie es ihnen in dieser Situation gehen würde. Und wie es uns ginge, wenn sie nachts einfach abgeholt würden.

Micha fährt fort: «Ich versteh immer nich diese Menschen, die dit damals gemacht haben. Die müssen doch auch Kinder gehabt haben. Wie kann man ein Kind so behandeln?»

Er sieht mich fragend an, doch ich habe keine Antwort.

«Diese Heimgeschichte hat mich geprägt. Ich hab angefangen einzupullern, wurde zum Bettnässer. Die Schwestern haben dann nicht mich bestraft, sondern immer gleich den ganzen Saal. Und der Saal hat mich dann bestraft. Am Ende war ich das Prügelopfer: Der ganze Saal hat Strafarbeit gekriegt, musste sauber machen oder durfte kein Fernsehen gucken, weil ich eingepullert hab, und dann warn die natürlich sauer auf mich. Nachts haben sie ne Decke über mich geworfen und dann alle auf mich eingedroschen ...»

Er guckt gedankenverloren vor sich hin.

«Irgendwann hab ich dann nich mehr geschlafen. Ich hab versucht, nachts wach zu bleiben, wegen dem Pinkeln, so Schiss hatte ich. Hat auch an sich gut geklappt – bloß war ich dann halt immer müde.»

Er nimmt einen Schluck aus seinem Becher.

«Ist schon n Scheißsystem gewesen. Und genau dasselbe hatte Rico auch durchgemacht. Im Nachhinein konnten wir lachen. Das Schlechte kannten wir ja beide, und da haben wir uns halt immer das Gute erzählt.»

Er schmunzelt. Dann meint er nachdenklich: «Und wenn ich ihn beobachte – er hat genau meine Charakterzüge: Einzelgänger, zurückgezogen, vertraut niemandem. Und davon müssen noch Hunderte rumrennen, genau so was haben sie da erzogen. Im Heim, da wurdest du von deinem Bettnachbarn ausspioniert. Da vertraut man niemandem mehr.»

Ich frage mich, was das aus mir gemacht hätte, wenn ich das alles erlebt hätte.

Und als könnte er meine Gedanken lesen, meint er nach einer kleinen Pause: «Wenn man das so überlegt – vielleicht ist deswegen meine Jugend so verlaufen.»

«Ich glaube auf jeden Fall, dass das eine große Rolle gespielt hat», pflichte ich ihm bei. «Ich denke, dass solche traumatischen Erlebnisse viel mit einem machen. Da gibt es Dinge, die man vom Kopf her gar nicht so schnallt; aber später beginnt man, sich komisch zu verhalten. So wie sich bei mir irgendwann die ganze angestaute Wut gegen mich selbst gerichtet hat und ich angefangen habe, mich selbst zu verletzen.»

«Ick hab das immer abgewälzt auf andere», entgegnet Micha, «ich hab andere verletzt. Damit konnte ich n bisschen was von dem loswerden, was ich abbekommen hatte. Wenn ich jemand so richtig eine reingehauen habe, dann hab ick mich besser gefühlt.»

Wir schweigen beide eine ganze Weile.

«Sind schon schräge Sachen, die da passiert sind», sagt er nachdenklich, «seitdem hab ich n Knacks weggehabt. Wenn man von ner Nonne geschlagen wird, wem soll man da noch vertrauen? Aber da fühlt sich keiner mehr verantwortlich für das, was sie damals mit uns gemacht haben. Im Grunde hab ick noch Glück gehabt, dass ich nur im Heim gelandet bin und nich im Jugendwerkhof, wie Rico später. 1988 ist er aus dem Heim geflohen und wollte mit dem Zug in den Westen rübermachen. Sie haben ihn erwischt und nach Torgau geschickt.»

Er sieht mich düster an.

Vom Jugendwerkhof Torgau, dem einzigen «geschlossenen» Jugendwerkhof der DDR (abgekürzt GJWH), hatte ich noch nie gehört. Was mir Micha darüber erzählt und was ich selber recherchiere, finde ich zutiefst schockierend: Von 1964 bis November 1989 lebten über viertausend Jugendliche in dieser gefängnisartigen Heimeinrichtung. Hier wurden als schwer erziehbar geltende Mädchen und Jungen zwischen dreizehn und achtzehn Jahren eingewiesen, um im Sinne des Sozialismus «umerzogen» zu werden. Dazu bediente man sich einer sogenannten Schocktherapie: Eine «stark veränderte Lebensform» sollte zu einer «explosiven Veränderung» des Verhaltens führen. Die meisten jungen Menschen, die nach Torgau kamen, hatten bereits eine Heimkarriere hinter sich. Wer in anderen Heimen negativ auffiel, zu oft weglief oder systemkritische Äußerungen von sich gab, der landete in Torgau. Aber auch wer sich gegen «Organe der Jugendhilfe» auflehnte oder regelmäßig die Schule schwänzte, konnte eingewiesen werden, eine richterliche Anordnung war dafür nicht nötig.

Gleich zu Beginn versuchte man, die Jugendlichen zu brechen: Der Neuankömmling passierte eine Sicherheitsschleuse wie im Knast und musste stramme Haltung annehmen, bis der diensthabende Erzieher mit der Registrierung fertig war. Dann hieß es: «Nackt ausziehen!» Nach Kontrolle des Afters auf «Schmuggel-Gegenstände» wurde man kahlgeschoren, desinfiziert, bekam Anstaltskleidung und wurde erst einmal für drei bis sieben Tage in Isolationshaft gesteckt, den sogenannten «Zugangsarrest». Hier musste der Jugendliche in einer kargen Acht-Quadratmeter-Zelle, ausgestattet mit einem Holzhocker, einem Emaille-Eimer für die Notdurft und einer Holzpritsche, die tagsüber an die Wand geklappt war und nur nachts zum Schlafen benutzt werden durfte, ausharren. Ohne Bücher, geschweige denn Radio oder Fernsehen. Je nach Anweisung des «Erziehers» hatte der Insasse auf dem Hocker zu sitzen, mit Blick zur Tür, oder daneben zu stehen und bei Öffnung des Sichtfensters «Meldung zu machen». Horst Kretzschmar, der langjährige Leiter des Jugendwerkhofs, äußerte sich so: «In der Regel benötigen wir drei Tage, um die Jugendlichen auf unsere Forderungen einzustimmen.»

Viele ehemalige Insassen berichten übereinstimmend, sie hätten sich ein Konzentrationslager etwa so wie Torgau vorgestellt. Wenn es zum ersten Mal in die Gemeinschaftsduschen ging und der Erzieher den zentralen Hahn aufdrehte, glaubten einige sogar, sie würden nun vergast. Das beschreibt vielleicht am besten die Atmosphäre in diesem «Erziehungslager».

Selbst heute ist nicht sehr bekannt, dass es eine solche Einrichtung in der DDR gegeben hat. Nach langem Hin und Her hat sich die Bundesregierung vor kurzem zu einer minimalen Entschädigung für die Opfer entschlossen: Für jeden Tag Torgau erhalten ehemalige Insassen zwanzig Euro. Dieses geringe Schmerzensgeld hätte auch Rico zugestanden und sollte ihm als Grundstein für den Neustart dienen. Nun kam es nicht mehr dazu.

«Jedenfalls war Torgau das Härteste. Es war immer meine größte Angst, dass ich nach Torgau komme. Damit haben sie im Heim immer gedroht: ‹Wenn du hier nicht mitspielst, dann kommste nach Torgau. Weißt ja, was dann passiert.› Ich hatte Angst vor Torgau, aber: Ich hatte ja gar nichts gemacht, nichts verbrochen, ich war nur der kleine Bruder von einem, der Republikflucht versucht hatte.»

Er schaut nachdenklich vor sich hin. Seine Stecknadelpupillenaugen wirken leicht glasig. Manchmal sieht er trotz seines harten Äußeren aus wie ein trauriger, kleiner Junge, den man am liebsten in den Arm nehmen möchte.

«Trotzdem konnte ich meinen Bruder immer gut leiden», fährt er fort, «ich hab ihm das nie übel genommen. Einmal haben wir gemeinsam meinen Geburtstag gefeiert, und dafür kam er wieder in Knast, nur weil er unerlaubt bei uns im Grenzgebiet war. Er war auch mal wegen asozialen Verhaltens im Gefängnis, aber da konnte er nichts für.»

Ich frage, was er damit meint, und er erklärt: «Na ja, wenn er aus dem Knast kam, bekam er einen Job zugeteilt, den die sich für ihn ausgedacht haben. Da hatte er dann Arbeitsplatzbindung, musste hin, ob er wollte oder nicht. Die anderen auf Arbeit waren alle besonders linientreu und haben ihn immer gemobbt: Man wusste, dass er aus dem Knast kam, dass er nicht systemtreu war. Er wurde von den Vorgesetzten beschimpft, manchmal hieß es, er hätte was geklaut, was gar nicht stimmte. Wenn er irgendwann genug hatte und nicht mehr hinging, haben sie ihn wieder abgeholt und ins Gefängnis gesteckt, das hieß dann asoziales Verhalten – ein richtiger Kreislauf. Der wiederholte sich ein paarmal, Gefängnis, Mobben auf Arbeit, wieder Knast … Mein Bruder hat gelitten unter der Diktatur. Er hat auch alles getan, um vom Westen aufgekauft zu werden. Mal hatte er gehört, dass jemand, der ein Deutschland-«D» tätowiert hatte, vom Westen freigekauft worden sei, weil so etwas im Osten nicht zulässig war; also hat er das auch versucht. Am Schluss hatte er sogar das Gesicht tätowiert, aber der Westen hat ihm nicht geholfen. Der Knast hat ihn sehr verändert. Er wurde zum totalen Eigenbrötler. Nach dem Mauerfall, als er endlich frei war, war er n ziemlich komischer Typ. Er war zwar immer noch mein Bruder, aber irgendwie schräg. Insgesamt hat er über fünfzehn Jahre gesessen, aber seit West-Zeiten nicht ein einziges Mal. Dit lag wirklich nur an dem Regime.

Na, und jetzt ist er tot. Und Rico auch. Mensch, ich hab so viele Leute verloren, seit ich hier drin bin. Jetzt muss ich nur den Gutachter überzeugen, dass ich nicht mehr so der Böse bin. Ich hab nämlich keinen Bock mehr auf Knast.»

Frau Müller hatte ihm noch Hoffnungen gemacht, dass mit dem Gutachten alles gut wird. Schließlich hätte er doch eine ganze Menge geschafft.

Es ist spät geworden, als ich mich verabschiede. Wir sehen uns bereits in einer Woche bei der Beerdigung.

August 2014. Ich ziehe mir gerade einen schwarzen Anzug für das heute stattfindende Begräbnis an, als mir in den Sinn kommt, dass ich vielleicht der Einzige im Anzug sein könnte. Woher sollen Micha und der andere Knacki, der mitkommen wird, einen Anzug nehmen? Und ich kannte den Verstorbenen nicht persönlich, da möchte man nicht overdressed wirken oder gar den anderen das Gefühl geben, sie wären unpassend angezogen. Oder mache ich mir zu viele Gedanken?

Also wieder raus aus den Klamotten. Ich entscheide mich für dunkle Jeans, ein weißes Hemd und ein schwarzes Jackett;

springe verspätet auf mein Fahrrad, radle zum Bahnhof und erwische gerade noch den Bus nach Stahnsdorf.

Wann war ich das letzte Mal auf einer Beerdigung? Bei meiner Großmutter, vor Jahren. Das war etwas ganz anderes gewesen, weil ich mich von einem Menschen verabschieden musste, den ich geliebt und der mich die ganze Kindheit hindurch begleitet hatte. Den Anblick des Sarges konnte ich damals kaum ertragen. Besonders schrecklich war für mich, dass ich es nicht mehr geschafft hatte, mich von ihr zu verabschieden. Jetzt lag sie in einem hölzernen Monstrum mit eigenartigen Verzierungen, das gar nicht zu ihr passte, und ich meinte sie sagen zu hören: «Was ist denn das für ein aufwendiges, hässliches Ding? Kinder, was hat das nur gekostet?»

Während ich noch meinen Erinnerungen nachhänge, lese ich «Stahnsdorf, Bahnhofstr.» auf dem Display, und der Bus öffnet seine Türen. Ich springe auf, bin der Einzige, der hier aussteigt.

Ich stehe an der Landstraße, vor einem riesigen Sonnenblumenfeld. Wo soll denn hier ein Friedhof sein? Autos rasen vorbei. Mein Blick fällt auf das Haltestellenschild «Kienwerder». Seltsam. Ich sehe mich um, finde den Fahrplan und entnehme ihm, dass ich eine Station zu früh ausgestiegen bin.

Aber im Bus stand doch …? Ich fluche leise vor mich hin, der nächste Bus in zwanzig Minuten. Das wird knapp. Laufen? Die nächste Haltestelle bei diesem Überlandbus ist bestimmt eine Ewigkeit entfernt.

Ich starre auf das Sonnenblumenfeld: Die Blumen gucken alle in dieselbe Richtung, dem Bus hinterher. Vor dem Meer der gelben Blüten überlege ich, was ich tun soll. Laufen?, um dann völlig verschwitzt anzukommen, oder besser doch warten? Und jetzt fällt mir auf, dass ich gar keine Blumen dabeihabe. Ich sehe mich um, nur Autos rauschen vorbei. Ob es wohl angemessen ist, einen toten Bankräuber mit einer geklauten Blume zu beerdigen?

Für einen Moment meine ich Ricos Lächeln zu sehen, dann stehe ich schon im Feld, zwischen den gelben Riesen, Blütenstaub rieselt auf mein Jackett, hinter mir brausen die Autos, und ich hoffe, dass mich niemand sieht, während ich eine besonders schöne, nicht allzu große Sonnenblume abbreche. Und plötzlich, kaum bin ich mit meiner Beute in der Hand wieder aus dem Feld heraus, nähert sich der nächste Bus, verfrüht! Ist das höhere Fügung? Ich steige erleichtert ein.

Eine Station weiter ist der Weg zum Friedhof klar ausgeschildert. Am Eingang gibt es einen kleineren Blumenladen. Ich kaufe noch eine schöne rote Rose, unterschreibe anschließend im Verwaltungsgebäude ein letztes Formular und laufe die Hauptallee zur Kapelle hinunter, wo wir alle verabredet sind.

Der Stahnsdorfer Friedhof ist einer der schönsten, die ich je gesehen habe: sehr weitläufig, wunderbare alte Bäume, die Gräber teilweise uralt, manche Grabsteine völlig verwittert und ganze Grabanlagen verwildert, dazwischen wächst Heide, dann wieder sorgsam gepflegte neuere Gräber. Zwischen riesigen Tannen steht schließlich eine große Holzkapelle im nordischen Stil mit hohem Spitzturm. Das dunkle Holz macht einen düsteren, aber zum Ort passenden Eindruck. Davor wartet schon der Pfarrer, der mich gleich freundlich begrüßt, zusammen mit einem anderen Herrn, dem Ausbilder des Verstorbenen. Micha und sein Kollege sind noch nicht da; ich bin also nicht zu spät.

Während wir warten, macht der Ausbilder seinem Frust Luft, dass einer der wenigen, der «es hätte packen können», der alle Voraussetzungen für eine reibungslose Entlassung tadellos erbracht hatte, auch einen Job hätte er in Aussicht gehabt, nun ein paar Monate vor der Entlassung stirbt. Sogar ein kleines Startkapital von ein paar tausend Euro hätte er bekommen, die Entschädigung für seine Leidensjahre in Torgau. Während wir reden, kommt mehrmals der Bestatter aufgeregt angelaufen und weist uns darauf hin, dass wir beginnen müssten, die nächste Beerdigung stünde bereits in einer halben Stunde an. Aber der Pfarrer bleibt die Ruhe selbst: «Kein Problem», sagt er freundlich lächelnd, «dit kriegen wa hin.»

Dann klingelt mein Handy: Die Gruppe sitzt nun endlich in Stahnsdorf im Taxi, in wenigen Minuten sind sie da. Der Bestatter kommt noch einmal und meint, wir hätten jetzt nur noch Zeit für ein Musikstück.

«Den Trauermarsch oder die Böhsen Onkelz?», fragt er den Pfarrer.

«Dann nehmen wir die Onkelz», antwortet der bestimmt.

Endlich trifft das Taxi ein, alle steigen aus, die zwei Justizbeamten halten sich dezent im Hintergrund. Micha hat zu diesem Anlass seine neuen weißen Turnschuhe angezogen, dazu Jeans und ein weißes Oberteil. Abgekämpft meint er: «Ick hab noch nich mal jeschafft, ne Blume zu besorgen.»

Jetzt habe ich Verwendung für die Rose und drücke sie ihm in die Hand. Der andere Häftling, ein türkisch aussehender Mann, und Herr Heinrich von der Stadtmission begrüßen uns kurz, und gemeinsam folgen wir dem Bestatter in die dunkle Kapelle. Ich stelle mich mit Micha in die vorderste Reihe. Von Kerzen umrahmt steht eine kleine Urne vor uns.

«In dem kleenen Ding isser drin?», flüstert Micha gerührt.

Dann ertönen auch schon die Onkelz: «Nur die Besten sterben jung», donnert es aus den Boxen. Kaum ist das Lied verklungen, hält der Pfarrer eine verknappte Ansprache und verlegt dann die eigentliche Trauerfeier an den Ort der Bestattung. Wir erheben uns, Micha darf die Urne tragen, und der kleine Trauerzug marschiert durch das weitläufige Gelände zum Grab. Der Urnenfriedhof liegt unter großen Nadelbäumen; in der letzten Reihe, kurz vor der Waldgrenze, ist ein kleines Loch ausgehoben.

«Von der Erde bist du genommen, und zur Erde kehrst du zurück. Der Herr aber wird dich auferwecken», beginnt der Pfarrer seine Trauerrede.

«Dennis Mosickau, alias Rico, der Friede sei mit dir.»

Micha platziert die Urne behutsam im vorbereiteten Grab, und nach der Aufforderung des Pfarrers gibt jeder von uns eine Schaufel Erde hinein. Ein Flugzeug fliegt über uns hinweg.

«Wir sind hier zusammengekommen, weil Herr Bender sich dafür eingesetzt hat, dass Dennis eine würdige Bestattung erhält. Ich habe eine kleine Rede vorbereitet und möchte hiermit Dennis oder Rico, wie ihn viele nannten, gerne würdigen:

Viele haben ihn nicht verstanden. Er ist von Heim zu Heim gewandert und dann in den Knast. Gott, lass uns durch Menschen wie Dennis lernen, was Menschenseelen brauchen. Erhalte ihn in deiner Gegenwart, schenke uns die Kraft, Menschen, zum Beispiel in Tegel, zu begleiten und womöglich auch zu formen.»

Dann erzählt er, ohne Beschönigung und doch mitfühlend, Ricos Lebensgeschichte, den er als Anstaltspfarrer auch persönlich kannte. Abschließend wendet er sich an Micha:

«Mich hat es überrascht, dass ein ehemaliger ‹Heimmensch› und ‹Knacki› gesagt hat: ‹Ich möchte meinem Freund eine würdige Bestattung verschaffen.› Herr Bender, Sie haben mich angesprochen, und ich habe es nicht für möglich gehalten, dass es so einfach sein könnte, aber tatsächlich: Es war einfach. Und Ihr Vollzugshelfer, Ihre Bekannten, Ihre Freunde haben durch ihre Spenden und Vorkasse diese Beerdigung ermöglicht. Ich möchte da allen Beteiligten herzlich danken. Wir hier sind jetzt sozusagen die Ersatzfamilie von Rico: Ich bin das gerne, weil ein Mensch nicht nur das Recht auf Würde hat, sondern weil er Würde hat. Möchte noch jemand etwas sagen? Sonst würde ich jetzt mit einem kurzen Gebet diese Trauerfeier beenden.»

Ich blicke zu Micha, der eine Sonnenbrille aufgesetzt hat, dahinter sehe ich seine Lider zucken. Stille. Irgendwer müsste noch etwas sagen, denke ich. Der Pfarrer sieht sich nach der Schaufel um, reicht sie Micha, der schüttet zaghaft ein bisschen Erde ins Grab. Schweigend stehen wir in der Runde, Micha häuft Schippe für Schippe langsam in das Loch. Etwas betreten blickt er zu mir. Ich habe einen Kloß im Hals, würde Rico zwar gerne noch einmal würdigen, aber steht mir das zu? Ich kannte ihn gar nicht. Die Erde rieselt auf die Urne hinab. Micha schaufelt wie benommen, und ich merke ihm an, dass es ihm nicht möglich ist, jetzt etwas zu sagen.

«Rico», setze ich zögernd an, «ich habe dich nur aus der Ferne, vom Sehen gekannt. Und aus den Erzählungen von Micha. Mir tut es sehr leid, dass sich deine Verwandten nicht um dich gekümmert haben. Und: Ich möchte mich bei dir bedanken. Weil du es geschafft hast, über den Tod hinaus deine eigene Familie zu finden. Damit machst du uns Mut. Du hast es geschafft, dass viele von deinen Freunden im Gefängnis zusammengehalten und sich bereit erklärt haben, Geld zu geben. Dein Kumpel Micha hat mich überzeugt, ihm zu helfen, damit du auf würdige Art und Weise bestattet werden kannst. Du hast uns alle einander nähergebracht. Dafür danke ich dir.»

Nachdem wir noch eine Weile geschwiegen haben, sagt der Pfarrer leise:

«Es ist auch das Vermächtnis, nie wieder zurückzumüssen nach Tegel. Damit ist jetzt Schluss.»

Und lauter, fast ein wenig wütend, den Blick erst auf das Grab gerichtet und dann zum Himmel gewandt: «Schluss jetzt, ja?»

Alle werfen noch eine ordentliche Schaufel Erde auf das Grab, dann machen wir uns langsam auf den Weg zurück.

Eine Woche später. Micha erzählt mir, dass der Hausleiter ihn letztens sprechen wollte. Er war ganz beeindruckt davon, dass er die Beerdigung in die Hand genommen hatte, so etwas hätte er hier noch nicht erlebt, sagte er zu ihm. Er gab ihm noch einige DVDs von Rico zurück, auf denen Michas Name stand; Micha hatte sie ihm geliehen. Ricos eigene CDs und Fotos konnte er ihm aus rechtlichen Gründen nicht geben, schließlich handele es sich um seinen Nachlass. All diese Dinge kommen erst einmal unter Verschluss, und sollte sich kein Erbe melden, würden die privaten Sachen gespendet. Micha bat ihn um wenigstens ein Foto von Rico, als Erinnerung, aber sämtliche Fotos oder Passbilder, die die Anstalt gemacht hat, werden gleich nach dem Tod eines Häftlings vernichtet.

Micha bittet mich um Hilfe, aber ich sehe wenig Möglichkeiten, schließlich ist er im rechtlichen Sinne nicht mit ihm verwandt, Freundschaft und neue Familie hin oder her.

«Man müsste irgendeinen Verwandten ausfindig machen», überlege ich laut.

«Ich hab die ganze Zeit an die Geburtsurkunde gedacht», meint er, «vielleicht kann man über die Daten eventuell an Ricos jüngeren Bruder kommen, den würd ich überhaupt gern über seinen Tod informieren.»

Als ich die Beerdigung organisierte, musste ich beim Bestattungsinstitut zwar für die Ausstellung einer neuen Geburtsurkunde bezahlen, da diese vom Friedhof verlangt wurde, die Urkunde aber habe ich nie erhalten. Ich werde dort nachhaken.

«Von seinen Eltern wollt er nichts mehr wissen», erklärt Micha, «das mit dem Heim konnte er ihnen nicht verzeihen, aber seinem Bruder wollte er noch ne Chance geben, der war fünf Jahre jünger als er, und der hat von dem Ganzen nix mitgekriegt.» Deshalb will Micha ihn gerne kontaktieren.

«Die Mutter hatte damals n Neuen», erzählt er mir, «und der mochte Rico nicht. Er hat ihn immer geschlagen. Rico war ja noch klein, und er hat dann ständig Scheiße gebaut, um Aufmerksamkeit zu bekommen. Irgendwann hat der Typ ihm sogar n paar Zähne ausgeschlagen. War auch Alkohol im Spiel. Zum Schutz hat ihn die Mutter schließlich ins Heim gegeben. Von da an ging's bergab: Im Heim lernt man ja erst die richtig kriminellen Sachen. Ein Ost-Heim ist kein Kindervergnügen gewesen.»

«Hat er denn seine Mutter später noch einmal wiedergesehen?»

«Wollte er nie. Er hat sie, glaube ich, noch mal gesehen, als er nach der Wende aus Torgau entlassen wurde. Aber da hat sich keine Gelegenheit ergeben, wirklich zu reden.»

Dann kommt er noch einmal auf die Beerdigung zu sprechen, die er sehr schön fand. Wir sind uns einig, dass die Rede des Pfarrers sehr einfühlsam war.

«Ich fand das schön», er sieht mich an, «dass du noch was gesagt hast, weil, ich konnte nich. Ich hätte gerne noch was gesagt, aber es ging nicht – ich war so gerührt von der ganzen Sache. Ich hab echt die Sonnenbrille aufgesetzt, mir ham die Tränen in den Augen gestanden, als der Pfarrer von ihm erzählt hat.»

«Ja, es ist eigenartig, ich habe das Gefühl, ich habe eine Verbindung zu ihm, obwohl ich ihn nie kennengelernt habe.»

«Ja, das war echt gut, du hast mich irgendwie gerettet. Die haben bestimmt alle erwartet, dass man noch was sagt, und ich konnte es einfach nicht.»

Ich bin ganz gerührt.

«War doch auch schön», fahre ich fort, «dass dein Kollege noch da war, wie heißt er noch?»

«Osman. Der hat das Klopfen in der Nacht gehört, über eine Stunde lang.»

«Ich bin gespannt, was da noch rauskommt.»

«Ich hoffe, da kommt was raus! Manche behaupten, er hätte geschrien», er schiebt mir einen Zeitungsartikel über den Tisch.

Ich lese den Artikel, der den Vorwurf der unterlassenen Hilfeleistung enthält: Ein unter starken Kopfschmerzen leidender Häftling sei medizinisch nicht versorgt worden, werfen die Häftlinge den Anstaltsbediensteten vor. Dennis sei am Freitagnachmittag wegen Kopfschmerzen von seinem Arbeitsplatz in die Zelle gebracht worden, er habe Tabletten bekommen, ein Arzt sei jedoch trotz starker Schmerzen nicht gerufen worden. Die Sprecherin der Justizverwaltung weise wiederum jegliche Vorwürfe zurück.

«Woher hast du den Artikel?», frage ich Micha.

«Hat mir n Justizbeamter in die Hand gedrückt. Mir haben drei Leute, unabhängig voneinander, das Gleiche erzählt: Die waren alle mit ihm Freitagnachmittag beim Sani, da ist freitags immer um 16 Uhr 45 Medikamentenausgabe. Da isser hingegangen, ist in der Schlange auf einmal zusammengebrochen und hat sich den Kopf gehalten. Der Sani guckt aus seiner Klappe raus, sieht das und meint: ‹Watt is n dit schon wieder?› Einer sagt: ‹Der hat Kopfschmerzen, helfen Sie dem doch mal!›

Darauf der Sani: ‹Watt? Kopfschmerzen?›, und schmeißt ihm ein paar Tabletten hin, Paracetamol, oder so was. Das war alles. Er hat ihn nicht untersucht, hat ihm die Tabletten hingeworfen, und fertig. Alle drei haben das erzählt, war sogar Puppe dabei, ein Kinderschänder, und mit dem hat keiner von uns was zu tun, der hat kein Grund für die Geschichte, wenn's nicht wahr wäre.»

Ich notiere mir die Namen der drei Häftlinge.

«Und Osman ist dann auf die Fahne gegangen», ergänzt er.

«Auf die was?», frage ich.

«Na, der hat den Notruf gedrückt», klärt er mich auf. «Zweimal. Erst haben sie gesagt, sie kümmern sich drum, passierte nichts, dann haben sie ihn einfach weggedrückt.»

Ich verspreche, mal ein wenig nachzuforschen.

Dann verabschiede ich mich, ich muss heute Abend noch nach Leipzig.

«Wann genau geht denn nu deine Serie wieder los?», ruft mir Micha noch hinterher, als der Justizbeamte kommt, um mich zur Pforte zu begleiten. «Der Pfarrer hat gesagt, er will dich mal im Fernsehen sehen!»

Grabstein für einen fast Unbekannten

E nde August 2014. Haus der toten Augen. Heute habe ich an einer Besichtigung des neuen Haftgebäudes für die Sicherungsverwahrten teilgenommen, das nun, nach reichlich Verzögerung, endlich fertiggestellt wurde. Derzeit gibt es über fünfhundert Sicherungsverwahrte in Deutschland, knapp dreimal so viele wie vor zwanzig Jahren. Die Sicherungsverwahrung ist die schärfste Waffe des deutschen Strafrechts. Sie wird bei besonders gefährlichen Tätern verhängt, meist Wiederholungstätern, von denen etwa die Hälfte Sexualstraftäter sind. Die anderen Verurteilten sind nicht nur, wie häufig angenommen, Mörder und andere Gewaltverbrecher, sondern auch Räuber, Betrüger und Drogenhändler. Die SV beginnt erst, nachdem der Täter seine eigentliche Strafe abgesessen hat. Sie ist rein präventiv gedacht und soll die Allgemeinheit vor den auch zukünftig potenziell gefährlichen Straftätern schützen. Ursprünglich wurde die Sicherungsverwahrung von den Nazis für «gefährliche Gewohnheitsverbrecher» eingeführt, später hat man sie zeitlich auf zehn Jahre begrenzt, 1998 wurde diese Begrenzung gestrichen. Was auch bedeutet: Wer einmal in der Sicherungsverwahrung landet, kommt nur schwerlich jemals wieder frei. Dazu müsste ein Gutachter feststellen, dass vom Täter keine Gefahr mehr ausgeht, was in der Praxis sehr selten vorkommt.

2013 trat eine Reform der Sicherungsverwahrung in Kraft, zu der die deutsche Regierung vom Bundesverfassungsgericht zwei Jahre zuvor gezwungen wurde. Darin wurde unter anderem festgelegt, dass über den «unabdingbaren äußeren Entzug der Freiheit» hinaus sämtliche Belastungen vermieden werden müssen. Der Vollzug soll freiheits- und therapieorientiert sein und muss sich vom normalen Strafvollzug deutlich unterscheiden, schließlich haben die Verwahrten ihre Strafe ja bereits abgesessen.

Nun ist das neue Haus also fertig, und kurz vor dem Einzug seiner künftigen unfreiwilligen Bewohner wurden alle Vollzugshelfer, die Interesse hatten, durch den Neubau geführt.

Ich bin ziemlich überrascht: Das Gebäude macht einen sehr modernen, geradezu schicken Eindruck. Anstelle von Gitterstäben sind Stahlplatten mit großen, elliptischen Löchern vor den Fenstern angebracht, die den gleichen Zweck wie ihre Vorgänger erfüllen, aber nach moderner Architektur aussehen. Auch innen wirkt auf den ersten Blick alles eher wie ein modernes Hotel als wie ein Knast. Die geräumigen Zellen sind mit schlichtem, angenehm designtem Mobiliar ausgestattet, und jede hat ein eigenes kleines Bad.

Nach dem Rundgang besuche ich, da ich schon mal hier bin, Micha.

«Und? Wie findste dit Haus der toten Augen?»

«Das was?»

«Na, das neue. Das Haus der toten Augen.» So wird hier das Hafthaus der Sicherungsverwahrten genannt, erklärt er mir. «Ganz einfach: Wenn ein Mensch jede Hoffnung aufgegeben hat, dann sieht man das in den Augen. Wenn du in ein Haus voller Sicherungsverwahrter kommst, dann merkst du das. Die haben alle leere, tote Augen, weil sie wissen, es gibt keine Zukunft mehr für sie. Daher der Name.»

Während wir uns unterhalten, haben die Sicherungsverwahrten, die in ein paar Wochen in ihr neues Zuhause ziehen, vor dem vergitterten Fenster Hofgang. Ich schildere ihm meine

Eindrücke. Micha kennt das Haus, er hat als Maler einige Räume darin gestrichen; auch er findet es recht schick.

«Aber trotzdem, ich würd da nicht hinwollen. Die Leute sind da dann nur noch unter sich, die haben keinen Kontakt mehr zu uns, sind völlig isoliert. Nur diese Kerle, die schlimmsten Typen, die sitzen da nun wie im goldenen Käfig. Der ein oder andere arbeitet vielleicht noch mit uns. Aber wenn mal was ist und wir uns beschweren, sind die weg.»

«Wie meinst du das? Wohin denn?»

«Na, die haben ihre eigenen Betriebe, ne Korbflechterei, eine Fahrradwerkstatt. Die Sicherungsverwahrten verdienen generell das Doppelte, weil ihre Strafe ja zu Ende ist, das finden wir natürlich nicht so doll. Manche arbeiten bei uns, aber wenn's Ärger gibt, müssen die sofort aus den Betrieben raus, dann dürfen die nur noch in ihren eigenen Betrieben arbeiten und sind nur noch unter sich, fünfunddreißig Leute. Da sind richtig schlimme Typen bei, Sexualstraftäter und so, auch noch paar Bankräuber und Betrüger, das sind arme Schweine, die wirst du nie mit den Kinderschändern oder Vergewaltigern zusammen sehen. Und einige von denen wollen auch keine Therapie. Der da hinten zum Beispiel», er zeigt auf einen Mann, der im Hof alleine auf einer Bank sitzt, «der hat mehrere Frauen vergewaltigt, der sitzt immer alleine. Mit dem will keiner was zu tun haben.»

«Was ist das für ein Leben», sage ich, mit Blick auf den Mann, der wie ein Aussätziger seine Zeit absitzt.

«Ja, aber zu Recht», antwortet Micha, «ich will mit so was auch nichts zu tun haben. Auch viele Beamte nich. Wenn du selber Familie hast, packst du das nicht. Frau Meissner zum Beispiel hat mal bei denen gearbeitet. Die saß dann auch in der Gruppentherapie mit drin und musste sich ständig die Geschichten mit anhören: ‹Ich hab dann der Kleinen die Beine auseinandergedrückt ...›, und so ähnlich. Die hat sich versetzen lassen.» Dann fügt er hinzu: «Ich tu denen nichts mehr, wenn ich sie sehe. Früher hab ich die Typen gleich mal verhauen. Aber das ist jetzt vorbei, weil, ich will ja jetzt auch raus. Ich bin nicht ihr Richter.»

«Das sind doch auch oft Leute, die früher selber missbraucht worden sind. Die selber Opfer waren. Das rechtfertigt natürlich nichts, ich versuch mir nur vorzustellen, wie das sein muss, wenn man so eine schreckliche Neigung hat. Da müsste man natürlich mindestens zu einem Therapeuten gehen ...»

«Ich hab dir doch letztens von Puppe erzählt. Der wird hier so genannt, weil er früher immer mit Puppen rumgelaufen ist und damit kleine Mädchen angelockt hat. Der Typ hat zehn Kinder missbraucht. Er hat sie geschändet und dann laufenlassen. Vierzehn Jahre hat er bekommen, mit SV. Oder der Typ dahinten, der hat n Haufen Rentnerinnen vergewaltigt. Jetzt lässt er sich freiwillig chemisch kastrieren, nimmt jeden Tag Tabletten ein. Aber diese chemische Kastration halt ich für ein Lügenmärchen. Das findet ja nicht nur da unten statt, sondern auch im Kopf. Und die Gedanken, die wird er nicht los mit den Tabletten. Dann findet er eben andere Wege. Deswegen braucht er ne Therapie, aber so ne Kastration, das hilft nicht. Außerdem hat der Typ auf einmal einen Riesenkopf bekommen, der verformt sich total. Wegen der Nebenwirkungen. Er sieht jetzt noch hässlicher aus als vorher, hat ständig offene Stellen, und Augenringe – wie wenn er n blaues Auge hätte. Das kann doch nicht gesund sein.»

«Aber was willst du denn machen, wenn du so bist?», frage ich ratlos. «Ist doch gut, wenn er was ändern will. Stell dir doch mal vor, du hättest so eine Neigung, was tut man da?»

«So will ich gar nicht denken», antwortet Micha, «dass ich noch Verständnis für diese Leute kriege.»

«In Berlin», sage ich, «gibt es eine Anlaufstelle, wenn man eine pädophile Neigung hat. Das heißt, Männer, denen bewusst wird, dass sie sich zu Kindern sexuell hingezogen fühlen, und die Angst haben, eventuell zum Täter zu werden, bekommen dort Hilfe, Therapieangebote. Die Frage ist ja zunächst, wie man mit der Neigung umgeht. Das Unglaubliche jedoch ist, dass es nicht genügend Gelder für diese Institution gibt: Die Nachfrage ist weit größer als das Angebot, es gibt ewig lange Wartelisten. Ich finde, es gehört schon viel dazu, sich so eine Sache einzugestehen. Aber dann werden diese Männer auf Wartelisten gesetzt, müssen teilweise über ein Jahr warten, bis sie überhaupt einen Therapeuten sehen! Was ist denn, wenn in der Zeit was passiert?»

Micha stimmt mir voll zu, meint aber auch, dass einige der Sicherungsverwahrten hier gar kein Interesse an Therapie haben: «Guck mal. Der dahinten rumstromert», er zeigt auf einen etwas ungepflegt wirkenden Mann mittleren Alters, «das ist der tiefe Theo. Der hat den Weibern immer in der Tiefgarage aufgelauert. Der will keine Therapie. Der scheißt was drauf, und gut. Ganz einfach. Und davon rennen hier drin viele rum.» Er sieht mich an und zuckt mit den Schultern.

«Das ist n ganz kleiner Teil, der sich da freiwillig meldet, und vor denen zieh ich den Hut. Vor so viel Mut zieh ich den Hut.» Er lacht. «Ich hab mal ne Sendung gesehen, da haben sie das mit nem trockenen Alkoholiker verglichen: Du wirst so Menschen nie frei kriegen von den Gedanken. Aber manche holen sich dann Hilfe, und das respektier ich. Aber dann gibt's halt viele, die wollen das gar nicht. Gibt hier einige SVer, die die

Therapie abgelehnt haben, und mit denen sollte man kein Mitleid haben. Der tiefe Theo hat noch die alte SV. Die ist begrenzt auf zehn Jahre. In zwei Jahren hat er die rum und rennt dann raus, mit seinem Hass auf Frauen im Kopf. Dann schnappt er sich vielleicht wieder ne Frau, landet wieder hier und kriegt die SV unbegrenzt. Sind noch acht andere davon hier, die kommen alle in den nächsten Jahren raus. Das macht mir Angst. Ich stell mir vor, wenn da einer mein Kind anpacken würde – da würd ich nicht zur Polizei gehen, das sag ich dir, wie's ist – mit dem würd ich abrechnen.»

Wütend zeigt er nochmals auf den Mann draußen im Hof: «Ein brutales Schwein! Ich kenn seine Akten. Der kann nicht lesen und nicht schreiben, deshalb brauchte er jemanden, der seinen Papierkram macht. Hat n Kumpel von mir erledigt, der kannte jedes Gutachten, und der hat mir einiges erzählt, was der mit den Frauen gemacht hat …»

«Der kann weder lesen noch schreiben?», frage ich nach.

«Einige sind hier sehr ungebildet, ich weiß nicht, warum. Jedenfalls hab ich irgendwie ne Abneigung gegen die. Und ich bin froh, dass ich nur noch so reagiere, früher hab ich die zusammengeschlagen. Aber jetzt geh ich denen einfach aus dem Weg. Wenn sie jetzt in das schicke Haus kommen und dann die Therapie verweigern, dann bleiben sie da halt, in ihrem goldenen Käfig.»

Anschließend redet Micha über das Geld für die Beerdigung. Bisher habe ich alle Unkosten vorgeschossen. Er ist überzeugt, dass inzwischen bereits über tausend Euro an Spenden auf dem Kirchenkonto eingegangen sein müssen. Er hat seinen Zettel mit den Spendern dabei, und dass ich bisher nichts überwiesen bekommen habe, beunruhigt ihn zutiefst.

Er sieht eine Weile aus dem Fenster, dann beugt er sich über den Tisch zu mir, sieht mir tief in die Augen und sagt: «Ick hab dit Jefühl, die Kirche will uns abziehen.»

Im ersten Moment halte ich das für einen Witz und muss lachen, so absurd erscheint mir dieser Gedanke. Aber es ist kein Witz. Ich weiß ja, dass er generell ein Problem damit hat, Menschen zu vertrauen. Ich versuche, ihn zu beruhigen, es wird bestimmt alles mit rechten Dingen zugehen, und verspreche, bei der Kirche nachzufragen.

«Mir ist wichtig, dass du siehst, dass ick mich drum kümmer. Ick steh da in der Schuld bei dir, Steffen.» Er blickt mich an. «Wort ist Wort.»

Ende August 2014. Als ich mir heute Morgen einen Kontoauszug ziehe, sehe ich, dass eine Zahlung vom Spendenkonto für Ricos Begräbnis eingegangen ist: 1125 Euro. Das ist etwas mehr, als ich bisher ausgegeben habe. Die meisten Leute hatten mich mitleidig angesehen, als ich erzählte, dass ich die Unkosten für das Begräbnis eines Häftlings vorstrecke. Da ich heute freihabe, fahre ich nachmittags ins Gefängnis und berichte Micha, dass die Kirche uns doch nicht «abgezogen» hat.

Er ist ganz erleichtert. «Was übrig ist, nehmen wir für den Grabstein», meint er schließlich, zieht ein Marienbild aus seinem Kalender und schiebt es mir über den Tisch: «Davon hab ich dir erzählt. Das wollte er sich eigentlich von mir tätowieren lassen.»

«Wie, du wolltest ihm das tätowieren?», frage ich irritiert nach.

«Na ja, ick kann dit janz gut», meint er schulterzuckend.

«Wie machst du das?»

«Mit ner Maschine. Alles ganz normal.»

«Wer hat denn hier so was?», frage ich ungläubig.

«Na icke!», meint er und lächelt stolz: «Das baut man sich. Man braucht einen Motor von nem Walkman oder CD-Player, nen guten Fineliner, nen kleinen Löffel. Das baut man zusammen, und dann geht's los!» Er lacht.

«Bitten dich dann die Kollegen, dass du ihnen was stichst?»

«Ja, genau», sagt er, «ich mach da kein großes Geschäft draus, ist nur für meine Kumpels: Einer hat zum Beispiel n Hakenkreuz und will das weghaben, dann verändere ich das, oder jemand will n kleines Bild haben, so wie Rico.

Zurzeit stehen viele auf Fantasy, wollen nen Drachen oder Teufel. Oder Koi-Karpfen.»

«Koi-Karpfen?», frage ich erstaunt.

«Ja, so ne Goldfische, sag ich immer, ist jetzt in, so japanischer Kram.»

Ich kann mir ein Lachen nicht verkneifen.

«Ich käme ja nie drauf, mir nen Koi-Karpfen tätowieren zu lassen.»

«Gibt schon schöne», verteidigt Micha, «Koi-Karpfen, Kirschblüten und Wasser – also Wellen oder Strudel, alles so japanisch, dit wollen se gerade.»

«Und die Knast-Träne ist nicht mehr in?»

«Nee», sagt er kopfschüttelnd, «einige haben die schon noch, aber in ist das nicht mehr. Früher musstest du dir die im Knast erst verdienen: Ab zehn Jahre konntest du dir so ne Träne machen.»

«Das heißt also, in den meisten Fällen musstest du schon so halbwegs jemanden umgebracht haben?»

«Ja, eigentlich schon. Aber hier drin ist gar nicht mehr so viel mit Tätowieren. Ich bin eigentlich der Einzige, der richtig bunt ist.»

«Und wo hast du deine Tätowiermaschine? Das ist ja nicht

erlaubt, oder? Ist doch riskant, wenn die bei dir gefunden wird, gibt ja oft genug unangekündigte Zellendurchsuchungen, nicht?»

«So was lässt man natürlich nicht auf Zelle. So was gibt man jemandem mit, damit er die auf Arbeit versteckt. Oder im Hof», er deutet Richtung Fenster, «unter nem Busch. Und da holt man sie raus, wenn man sie braucht. Und falls die Beamten sie finden, baut man sich halt ne neue. Die wissen dann zumindest nicht, von wem die war.»

Er guckt auf den Fineliner, der in meinem Kalender steckt. «Genau so n Ding braucht man als Führung: Man nimmt die Mine raus, vorne kommt ne Nadel rein, und es kann losgehen!»

«Und woher nimmst du die Farbe?»

«Früher hat man die selber gemacht, aus dem Ruß abgebrannter Schuhsohle, in Urin gelöst – nicht so lecker. Heute kann man Farbe bestellen. Muss man natürlich beantragen, und man braucht ne sogenannte Mal- und Bastelgenehmigung. Ich krieg die zwar nicht, weil ich vorbelastet bin. Obwohl ich gern zeichne, also auf Papier, ganz normal. Man bestellt Rotring Zeichentusche, das ist die beste Tätowierfarbe für hier. Schöne, kräftige Farben, und die kosten nicht viel: draußen acht Euro, hier drin halt fünfzig, wenn man sie nicht offiziell kriegt. Ist schon schade: Als ich noch im Knast Schwarze Pumpe saß, war Tätowieren erlaubt. Da konnte man gut Geld mit verdienen. Hier darfste nicht, aus hygienischen Gründen. Manche achten da ja nicht drauf, aber ich desinfizier immer alles sauber. Und Tinte, in die ich schon die Nadel eingetunkt hab, gieß ich hinterher nicht mehr zurück in die Flasche – so wie das andere machen, um Geld zu sparen.»

«Wirst du denn noch oft gefragt, ob du anderen was tätowierst?»

«Zurzeit wieder öfter. Wenn man so bunt ist wie ich, dann fragen die Kollegen natürlich, ob man selber auch sticht. Ich könnte bestimmt zweihundert Euro die Woche verdienen, aber ist mir zu riskant. Ick hab keine Lust mehr, in den Keller zu wandern.»

Drei Tag später. Heute Morgen rufe ich die Dame von der Kriminalpolizei an, die mir bei der Organisation des Begräbnisses geholfen hat, Ricos Leichnam in der Rechtsmedizin ausfindig zu machen. Ich erzähle ihr von den Aussagen der Häftlinge, die ich über Ricos Tod gehört habe, und meinem Verdacht auf unterlassene Hilfeleistung: Denn schließlich wurde er zunächst vom anstaltsinternen Sanitäter nicht für voll genommen, und später reagierte keiner der Justizbeamten auf den wiederholten Alarmruf, sodass er die letzten Stunden seines Todeskampfes ohne jede Hilfe durchstehen musste. Die Frau gibt mir die Telefonnummer des zuständigen Kriminalkommissars für Tötungsdelikte.

Nach mehreren Versuchen habe ich den Herrn endlich an der Strippe. Er hört mir aufmerksam zu, dann meint er etwas müde: «Schreiben Sie mir das doch alles noch mal per E-Mail, ich leite das dann an den zuständigen Staatsanwalt weiter. Der entscheidet dann, ob Ermittlungen aufgenommen werden.»

«Dauert das lange? Bleibt so viel Zeit?», frage ich.

«Der Mann ist doch tot», antwortet er trocken.

Kurz darauf ist das Gespräch beendet. Ich schildere alles wie gewünscht noch einmal schriftlich. Wenige Wochen später werde ich eine knapp gehaltene Antwort der Staatsanwaltschaft erhalten: Da Dennis' Tod auch mit medizinischer Hilfe wohl nicht vermeidbar gewesen wäre, werden die Ermittlungen eingestellt. Dass man ihn fünf Stunden lang in einem tödlichen

Anfall sich selbst überließ, scheint keine Rolle zu spielen. Ich bin ernüchtert. Nach all den Aussagen, die ich inzwischen zusammengetragen, auch kritisch hinterfragt und nun mitsamt den Namen der Zeugen weitergegeben habe, hatte ich mir mehr erhofft. Wenn man Herrn Hoeneß eines Morgens tot in seiner Zelle der JVA Landsberg gefunden hätte – gäbe es dann auch so wenig Engagement?

Eine Woche später. Heute ist es fast noch sommerlich warm, auch wenn die Kraft der Sonne bereits nachgelassen hat. Ich stehe vor der eisernen Pforte der Gefängniskirche und gucke in den blauen Himmel. Ich warte darauf, dass jemand kommt und mich abholt. Nach einer Viertelstunde öffnet mir schließlich eine Justizbeamtin das Tor und dann die folgenden Türen, bis wir den Hof von Haus 6 erreichen.

Dort wird Micha ausgerufen, während ich im Kommunikationsraum warte. Wenig später begrüßt er mich, packt Becher und Tee aus. Ich habe Micha eine Kopie von Ricos Geburtsurkunde mitgebracht, die ich vom Beerdigungsinstitut erhalten habe. Anhand der Namen seiner Eltern wollen wir Ricos Bruder ausfindig machen.

«Ick hab hier n ziemliches Problem» meint er dann und wirft mir einen verschwörerischen Blick zu: «Pass ma uff, irjendwat läuft hier völlig schief!»

Wie in regelmäßigen Abständen üblich, hatte er letztens eine Urinkontrolle, erzählt er mir. Da er nach dem Todesfall und der Beerdigung Beruhigungstabletten verschrieben bekommen hatte, in denen der Wirkstoff Benzodiazepin war, der längere Zeit nachweisbar ist, wies er die Schwester gleich darauf hin. Sie bestätigte ihm kurz darauf, dass der UK auf Benzodiazepin positiv, aber sonst alles negativ und somit okay sei.

Zwei Wochen später wird er zum neuen Sozialarbeiter, Herrn Behrendt, zitiert, der ihm mitteilt, der UK sei beim Labor eingereicht worden, mit dem Ergebnis: Benzodiazepin negativ, aber THC positiv. Micha kann das gar nicht glauben: Er schwört, er habe nichts geraucht! Und überhaupt, das passe doch alles nicht zusammen, wieso sei denn das Medikament plötzlich nicht mehr nachweisbar, stattdessen aber angeblich Cannabis? Kurze Zeit später gab er dann freiwillig eine weitere Probe bei der Schwester ab, um zu beweisen, dass er keine Drogen genommen hatte. Ein paar Tage verstreichen, er hört nichts vom neuen Ergebnis. Schließlich hakt er nach und erfährt, dass die Urinprobe «verschwunden» sei. Damit war die letzte Möglichkeit, seine Unschuld zu beweisen, vertan. Denn inzwischen ist so viel Zeit verstrichen, dass das THC so oder so nicht mehr feststellbar wäre.

Micha funkelt mich aufgeregt an: «Komisch, wa? Und das alles, kurz nachdem ich denen von der Arztgeschäftsstelle deutlich gemacht habe, dass die meinen Kumpel auf dem Gewissen haben. Mein Gutachten kann ich mir an den Hut stecken.»

Ich kann das alles nicht ganz glauben. «Konntest du denn nicht mit dem neuen Sozialarbeiter reden, dass da was nicht stimmen kann?»

«Kannste vergessen», meint er verächtlich. «Herr Meineke glaubt mir, Frau Müller auch, aber dem Neuen ist das egal. Der hat mir als Disziplinarmaßnahme gleich die nächste Ausführung gestrichen. Ich habe ihm gesagt, ich werde mich beim Hausleiter über ihn beschweren. So lass ich nicht mit mir umgehen.»

«Warte mal, da muss man diplomatisch vorgehen», versuche ich, ihn einzubremsen.

«Ich kann doch nicht etwas eingestehen, was ich überhaupt nicht getan habe», unterbricht er empört.

«Das meine ich auch nicht. Aber wir sind auf die Zusammenarbeit mit deinem neuen Sozialarbeiter angewiesen. Und dem muss man auch eine Chance geben.» Schließlich einigen wir uns darauf, dass ich den Arzt, der Micha und sein Substitutionsprogramm begleitet und der ihm in der Angelegenheit Glauben schenkt, kontaktieren und ihn bitten werde, mit dem Leiter der Teilanstalt zu reden; schließlich ist die ganze Geschichte wirklich seltsam verlaufen. Es sind nur wenige Wochen bis zu dem großen Gutachten, auf das Micha sehnlich wartet und das im besten Fall Vollzugslockerungen bewirken könnte. Vorher sollte diese Angelegenheit geklärt sein, denn ein Rückfall, noch dazu einer, den der Häftling nicht eingesteht, könnte ihn deutlich zurückwerfen. Dass es sich hierbei «nur» um Cannabis handelt, macht die Sache nicht unkomplizierter.

In den kommenden Wochen drehe ich sehr intensiv, der Drehplan ist allerdings noch nicht erstellt, deshalb verbleiben wir so, dass ich ihm meinen nächsten Besuch per Brief kurzfristig mitteile. Kurz darauf verabschieden wir uns; auf meinem Weg zur U-Bahn kommt mir der Häftling entgegen, der erfolglos Ricos Klopfgeräusche gemeldet hatte. Er hatte gerade Freigang und ist auf dem Weg zurück in den Knast. Zuletzt habe ich ihn bei der Beerdigung gesehen.

«Wie geht's?», fragt er freundlich und schüttelt mir die Hand. Ich berichte ihm kurz, dass ich die Kriminalpolizei kontaktiert habe.

«Zweimal bin ich auf die Fahne gegangen, das zweite Mal haben die mich einfach weggedrückt», erzählt er, was ich schon weiß, und fügt schuldbewusst hinzu: «Ich kann hier drin nichts machen. Ich hab Angst, dass die mir sonst Steine in den Weg legen. In Kürze komm ich in den offenen Vollzug, das kann ich mir nicht leisten.»

Ich sage ihm, dass ich seine Aussage der Kriminalpolizei mitgeteilt habe, der Staatsanwalt das Verfahren aber einstellen will.

Er meint nur: «Wenn die was wollen, ich hab nur die Wahrheit gesagt.»

Vier Tage später. Heute ist eine gute Gelegenheit, um nach Dennis' Bruder zu forschen. Ich bin zwar in Leipzig, aber es werden ein paar Bilder ohne mich gedreht, sodass ich wartend in der Garderobe sitze. Ich wähle die Nummer des Bezirksamts, Frau Zimlinsky ist gleich am Apparat.

Sie erinnert sich sofort: «Haben Sie denn Ihr Geld zurückgekriegt?», fragt sie.

«Stellen Sie sich vor, es ist alles auf meinem Konto. Wir haben sogar noch ein paar Euro für einen kleinen Grabstein übrig», antworte ich stolz.

«Na, das is ja mal ne schöne Nachricht!», meint sie, ehrlich erfreut.

Dann berichte ich ihr, dass ich inzwischen die Geburtsurkunde von Herrn Mosickau erhalten habe, auf der zwar Namen und damalige Anschrift der Eltern stehen – dass ich aber gerne seinem Bruder mitteilen würde, dass Dennis verstorben ist und wo er begraben wurde.

Frau Zimlinsky zeigt sofort Verständnis: «Ich war da ja schon tätig, Moment, ich such die Akte raus.» Geknister und Geknarze am anderen Ende der Leitung. Dann meldet sich Frau Zimlinsky aus den Tiefen ihrer Karteikästen zurück: «So», sie räuspert sich, «eigentlich darf ich das natürlich nicht. Also, damit das zwischen uns beiden klar ist: Von mir haben Sie das nicht. Das hat ihnen jemand anders geflüstert.»

Ein Kichern am anderen Ende. Dann nennt sie mir die

Namen und aktuellen Anschriften der inzwischen getrennt lebenden Eltern, die immerhin noch in der gleichen brandenburgischen Kleinstadt wohnen. Über den Bruder weiß sie nichts.

Ich bedanke mich. «Vielleicht hab ich ja Glück und bekomme durch einen der beiden die Adresse des Bruders.»

Frau Zimlinsky macht mir aber nicht viel Hoffnungen: «Wer weiß, ob die Eltern zum anderen Sohn noch Kontakt haben. Meistens ist das nicht der Fall. Ich erleb hier manchmal Schicksale, das glauben Sie nicht. Ich hatte eine Familie mit elf Kindern – und zu keinem der Kinder gab's mehr Kontakt. Schon traurig.»

Ich verabschiede mich und begebe mich auf die Suche: Wie schon befürchtet, haben beide Eltern keinen Eintrag im Telefonbuch, auch googeln liefert keinerlei brauchbare Ergebnisse. Ich finde allerdings drei andere Personen in der Stadt, die immerhin den gleichen Nachnamen haben. Bei jedem rufe ich an, erreiche auch immer wen, aber keiner kennt die beiden.

Da kommt mir die Idee, es über einen Nachbarn zu versuchen. Ich google die Adresse der Mutter und finde unter der gleichen Anschrift die Telefonnummer einer Margret Richter. Ich wähle ihre Nummer. Unwohl fühle ich mich dabei, ich komme mir vor wie in einer «Aktenzeichen XY … ungelöst»-Sendung, in der die Leute vor irgendwelchen Räuberpistolen-Anrufen gewarnt werden. Wie erklärt man so etwas denn? Und was soll diese fremde Frau von meinem Anruf halten? Eine ältere Dame nimmt ab. Ich stelle mich vor und sage ihr, dass ich auf der Suche nach einer Frau bin, die in ihrem Haus wohnen soll oder einmal gewohnt hat und Claudia Mosickau heißt.

Stille.

«Warum?», krächzt es aus dem Hörer.

«Weil … weil ich ihr mitteilen muss, dass ihr Sohn Dennis gestorben ist.»

«O Gott, das ist ja furchtbar. Das Schlimmste, was einer Mutter passieren kann.»

Ich erkläre ihr beschwichtigend, dass Mutter und Sohn schon seit vielen Jahren keinen Kontakt mehr hatten.

«Hier wohnen achtzehn Leute im Haus, ich kenn nicht jeden, ich bin ja dreiundachtzig», schreit sie in den Hörer. «Aber versuchen Sie es bei der Gebäudewirtschaft, ich geb Ihnen die Nummer.»

Dann dauert es eine Weile. Schließlich diktiert sie mir schnaufend eine Telefonnummer, bei der ich nun mein Glück versuche. Am anderen Ende meldet sich die Volkssolidarität, nicht etwa die Gebäudewirtschaft, sondern der Pflegedienst der Dame, wie sich herausstellt. Ich schildere mein Problem, man ist zuvorkommend, aber die von mir gesuchte Claudia Mosickau gehört nicht zu den Kunden der Volkssolidarität, wie zu erwarten. Ob man mir denn zumindest die Hausverwaltung nennen könne? Das immerhin bekomme ich nach kurzer Zeit mitgeteilt – da klopft es an meiner Garderobentür, und der Aufnahmeleiter ruft mich zur nächsten Szene: Ich muss eine Mordverdächtige verhören.

Als ich am nächsten Tag eine kleine Drehpause habe, mache ich mit meiner Suche weiter. Ich wähle die Nummer der Wohnungsbaugenossenschaft. Dort bestätigt man mir indirekt, dass die Frau, die ich suche, noch immer in dem Haus wohnt. Weitere Auskünfte bekomme ich natürlich nicht, auch das zuständige Bürgeramt gibt mir keine Telefonnummer. Die Kleinstadt liegt gute zwei Stunden entfernt, sagt mein Routenplaner. Nicht gerade um die Ecke.

Wissen die Eltern denn überhaupt schon, dass ihr Sohn nicht mehr am Leben ist? Auch wenn es seit Jahren keinen Kontakt mehr gab, kann einen so eine Nachricht schon aus dem Sattel heben. Ich frage noch einmal bei meiner nun schon guten Bekannten beim Berliner Bezirksamt nach, ob man denn von dort die Eltern über den Tod ihres Sohnes informiert hat.

«Nee, so weit kam es ja nicht», erklärt sie mir. «Ich hatte die schon ermittelt, aber dann haben Sie ja die Bestattung bezahlt, damit war der Fall für uns erledigt.»

«Ist es in Deutschland denn nicht üblich, dass Eltern informiert werden, wenn ihr Kind gestorben ist?», frage ich erstaunt.

«Das ist nicht unsre Aufgabe. Wenn da kein Kontakt mehr ist … Von uns erfahren die nichts.»

Ich bin sehr erstaunt, und es rutscht mir heraus, dass ich überlege, selbst hinzufahren und mit der Mutter zu sprechen.

«Also, da kann ich Ihnen nur abraten. Ganz ehrlich, so ein Aufwand – und wer weiß, was Sie da erwartet, in solchen Verhältnissen. Ich erlebe das ja häufig und bin immer wieder schockiert. Sie glauben nicht, was ich da teilweise zu hören kriege: ‹Mir doch egal, wo Sie den bestatten, den können Sie von mir aus auf den Kompost werfen.› Solche Sachen.»

Dann rät sie mir, einen Brief zu schreiben und es dabei zu belassen, falls keine Antwort kommt. «Dann haben Sie mehr als Ihre Schuldigkeit getan.»

Etwa vierzehn Tage später setze ich ein Schreiben auf, in zwei Versionen: eins an Ricos Mutter, das andere an seinen Vater. Ein nüchterner Brief, in dem ich mich kurz als Vollzugshelfer vorstelle und bedaure, ihnen den Tod ihres Sohnes mitteilen zu müssen. Ich bitte sie um die Anschrift des jüngeren Bruders, lege je einen frankierten Rückumschlag bei und bringe alles zur Post. Zu meinem Erstaunen finde ich schon zwei Tage später eine Antwort in meinem Briefkasten: Ricos Mutter schreibt mir in zittriger Handschrift, dass sie «sehr bestürzt» über den Tod ihres Sohnes sei. Zu dem von uns gesuchten zweiten Sohn habe sie aber keinen Kontakt mehr, auch keine Anschrift. «Ich bin inzwischen schwer behindert. Mein jüngster Sohn, Thomas, ebenfalls schwer behindert, lebt bei mir.»

Anfang Oktober 2014. Als ich nach einem verlängerten Wochenende spätabends nach Leipzig zurückkehre und die Tür meiner kleinen Arbeitswohnung aufsperre, kommt mir etwas komisch vor. Kaum habe ich aufgeschlossen, schwingt der linke Türflügel zur Seite, als sei er gar nicht verriegelt gewesen. Während ich mich noch wundere, fällt mein Blick auf die herausgerissene Schublade der Garderobe, die vor mir am Boden liegt. Alle Türen in der Wohnung stehen offen. Im Wohnzimmer sind sämtliche Schranktüren und Schubladen aufgerissen, Dinge liegen durcheinander auf dem Boden, mein Bett im Schlafzimmer ist zerwühlt. Wieder an der Eingangstür bemerke ich schließlich die Einbruchsspuren. Die Tür wurde aufgehebelt.

Viel zu holen gibt es in der Wohnung nicht. Meinen Laptop hatte ich glücklicherweise mitgenommen, Musikanlage, Filme, Bücher und Klamotten haben den Einbrecher offensichtlich nicht interessiert. Schließlich greife ich genervt zum Telefon und rufe die Polizei, die mir freundlich erklärt, dass es eine Weile dauern könnte. Umso überraschter bin ich, als keine zehn Minuten später zwei Streifenbeamte klingeln. Man erkennt mich und ist amüsiert.

«Ah, der Kollege aus dem Fernsehen!», meint einer der beiden erfreut. «Sie haben Glück, wir waren gerade um die Ecke.»

Sie werfen einen Blick auf die Tür, nicken sich fachmännisch zu und erklären mir, dass solche Einbrüche hier in dieser Gegend gerade häufig vorkommen. Dann rufen sie die Spurensicherung und bitten mich, die Wohnung nicht mehr zu betreten.

Gemeinsam warten wir im Treppenhaus. Ich beantworte brav Fragen zum Fernsehalltag. Der jüngere Beamte macht sich ans Protokoll, während mir der ältere von seinen Fernsehvorlieben berichtet und welche Leipziger Schauspieler ihm beruflich bereits begegnet sind. Ich kämpfe mit der Müdigkeit. Morgen muss ich sehr früh raus, geht es mir durch den Kopf, während ich verstohlen auf meine Uhr schiele.

«Ja, da ist man auch als Promi nicht vor gefeit», meint der Polizist lächelnd und erzählt mir zur Beruhigung von einem Schauspielkollegen, den ich nicht kenne und dem mal komplett die Bude ausgeräumt wurde. Nach einer halben Stunde erscheinen schließlich zwei Kriminalbeamte in Zivil.

«Sie kenne ich doch aus dem Fernsehen», meint der eine, und darauf grinsend der andere: «Jetzt kommen die richtigen Kommissare.» Sie sichern Fingerabdrücke am Türrahmen, nehmen eine DNA-Probe am aufgehebelten Riegel. Ob ich zu einer Vergleichsprobe bereit wäre? Ich stimme zu, schon fährt man mir mit einem Wattestäbchen in den Mund. Sie sehen sich die Wohnung an, im Schein der starken Taschenlampen sieht mein Fußboden doch sehr staubig aus, fällt mir auf. Mein Wohnzimmertisch wird auf Fingerabdrücke untersucht, begleitet von lockeren Sprüchen. Dann ein paar Unterschriften, und die Sache ist endlich erledigt. Nachdem der Spuk vorüber ist, wische ich die schwarzen Pulverreste der Spurensicherung weg, beziehe mein Bett frisch und gehe schlafen. Vorher biege ich noch den Riegel der Tür gerade, damit sie sich wieder verschließen lässt. Genug Besuch für heute.

Oktober 2014. Die Bahn streikt. Eigentlich dachte ich, ich hätte alle Zeit der Welt für meinen heutigen Besuch bei Micha, bevor ich mich danach auf den Weg nach Leipzig mache. Aber nun fällt ein Großteil der Züge aus, sodass mir nur eine knappe Stunde mit ihm bleibt, wenn ich einen der wenigen angeblich fahrenden Züge erwischen will. Als Micha das hört, kommt er sofort zur Sache: Es geht um den Grabstein für Rico. Zusammen mit ein paar Kollegen hat er ein Muster entworfen, das ein Häftling, der in der Buchbinderei arbeitet, heimlich in einen Computer eingegeben hat; ein wohlgesinnter Sozialarbeiter hat es dann netterweise auf einem großen Bogen Papier ausgedruckt.

Und das legt er mir nun stolz vor: Auf der kleinen Grabplatte soll neben Name, Geburts- und Sterbedatum auch noch sein Wahlname Rico stehen, darunter ein Tribal, eine geschwungene, Tattoo-artige Verzierung, und in der rechten Ecke eine Maria mit gefalteten Händen, jenes Bild, das er ursprünglich von Micha tätowiert haben wollte; schließlich darunter die Buchstaben RiP – Rest in Peace. Von dem «frechen Spruch» ist keine Rede mehr; keine Ahnung, ob die Kollegen ihm den ausgeredet haben, aber so oder so ist angesichts der Tatsache, dass unser Stein mit seinen vierzig Zentimetern eher ein Steinchen ist, darauf ohnehin kein Platz mehr. Das Ganze sieht wirklich gut aus – aber eben auch sehr individuell und aufwendig. Ob unsere begrenzten finanziellen Möglichkeiten dafür wohl ausreichen? Momentan sind noch ungefähr hundertfünfzig Euro in der Sammelkasse. Micha denkt, es müsste mehr sein, er wird sofort wieder skeptisch, ob die Kirche uns nicht doch «bescheißen» will. Ich versuche, ihm das vorsichtig auszureden.

«Kannst ja mal beim Friedhof in Stahnsdorf gucken», meint

er anschließend, «da warn einige so Grabstein-Buden, kannst ja mal nachfragen, was das kostet. Vielleicht machen die uns n guten Preis. Kannst ja sagen ‹für n paar Jungs aus dem Knast!› oder vielleicht wieder handeln, das geht doch inzwischen.»

Er sieht mich hoffnungsfroh an und schiebt mir den Entwurf rüber. Ich habe gerade viel zu tun, den freien Nachmittag heute zu Micha zu kommen, war kein Problem. Aber ich kann nicht die wenigen drehfreien Tage der nächsten Zeit damit verbringen, «Grabstein-Buden» abzuklappern und zu feilschen, bis mir jemand für hundertfünfzig Euro eine Steinplatte dekoriert, was mir ohnehin reichlich unrealistisch scheint. In meiner knappen Freizeit muss ich mich meiner Familie widmen, sonst habe ich ein Problem. Das erkläre ich Micha und schlage vorsichtig ein paar Vereinfachungen vor. Aber er lässt nichts davon gelten.

«Mensch, das ist mein bester Freund! Da muss das schon n schmucker Stein sein, verstehste das nicht? Dann muss ich mich halt von hier drinnen aus kümmern!», meint er trotzig und nimmt den Entwurf wieder an sich.

Ich bin hin und her gerissen. Immer wieder stelle ich fest, dass es für einen Menschen, der seit Jahren im Gefängnis sitzt, nicht mehr nachzuvollziehen ist, warum man denn nicht mal eben ein paar Stunden für eine Sache opfern kann, die ihm so wichtig ist. Für ihn ist Zeit etwas, das es abzusitzen, ja totzuschlagen gilt, und nicht etwa ein wertvolles Gut, um das man ständig kämpfen muss und das einem nie ausreichend zur Verfügung steht.

«Pass auf. Ich kann ja vielleicht ein paar Mails schreiben – wenn ich den Entwurf eingescannt kriege, mein Scanner ist dafür nämlich zu klein», lenke ich zögernd ein.

«Ja, genau, frag doch in dem Internet! Da kann man doch alles machen. Da ist doch auch alles billiger, sagen sie immer.»

Ich verspreche, mein Glück zu versuchen. Noch einmal schiebt er mir den Entwurf rüber, ich falte den großen Bogen behutsam und stecke ihn in meine Tasche. Er beobachtet mich dabei sehr aufmerksam, und mir wird noch einmal klar, was für einen Aufwand, vielleicht auch Bestechungskosten es bedeutet haben muss, heimlich diesen an sich nicht erlaubten Entwurf herzustellen.

«Was ist denn mit der Gutachterin?», wechsle ich nach einer Weile das Thema. «Gibt's da schon was Neues?»

«Ja, eigentlich müsste die jetzt mal hier aufschlagen. Also, bald, bisher war sie noch nicht hier», erklärt er schulterzuckend. Aber er findet das nicht so schlimm: «Falls das Gutachten scheiße ausfällt, krieg ich drei Monate Sperre.» Das heißt übersetzt: Ein negatives Gutachten bedeutet automatisch drei Monate Ausführungssperre für den Häftling, wegen «Anreiz zur Flucht» – weil er aus Frustration die nächste Ausführung zum Ausbüxen nutzen könnte. Da Micha dieses Jahr gerne noch einmal raus will, ist es ihm also ganz recht, wenn sich die Begutachtung bis ins neue Jahr zieht. Der Strafvollzug hat immer wieder seine eigene Logik, denke ich.

«Ich geh ja nicht davon aus, dass es negativ ausfällt», ergänzt er. «Das Einzige ist: Ich würd gern das PTB weiterführen, das sind die psychologischen Gespräche. Seit dem Tod von Rico hab ich das nicht mehr gehabt, weil mein Psychologe in Pension gegangen ist. Das fehlt mir. Jetzt warte ich auf die Lockerung, damit ich ne externe Therapie beantragen kann, mit nem Psychologen von außerhalb. Anfangs kommt der für die Gespräche zwar hier rein, aber später, wenn ich gelockert bin, könnt ich draußen weitermachen. Ich hab jetzt zwei Jahre hier drin Therapie gehabt, und das hat mir geholfen. Aber wenn ich jetzt wüsste, dass ich nicht gelockert werde, würde ich mir natürlich wieder jemand hier drin suchen.»

Mir bleibt nicht mehr viel Zeit. Ich frage ihn, ob es Neuigkeiten bei der Ausbildung gibt, doch er schüttelt den Kopf. Nach wie vor ist unklar, ob im kommenden Frühjahr eine neue Malerlehre angeboten wird oder nicht.

Micha läuft mit mir die paar Meter bis zum Pförtner der Teilanstalt. Währenddessen erzähle ich ihm noch, dass bei mir eingebrochen wurde, dass sämtliche Schubladen, Küche, Bett, alles durchwühlt war. Er hört aufmerksam zu und meint dann: «Is n Scheißgefühl so was. Kannste dir vielleicht vorstellen, wie dit bei uns is, wenn se Haftraumdurchsuchung machen. Die fassen alles an, wühlen alles durch. Manchmal holen sie dein ganzes Zeug aus dem Schrank raus, wühlen drin rum und lassen dann alles einfach so liegen. Da fühl ick mich auch immer doof. Dit is och wie so n Einbruch.»

Wir verabschieden uns, und ich mache mich auf den Weg nach Leipzig.

Ein paar Tage später warte ich am Set auf meinen nächsten Auftritt. Gestern habe ich im Copyshop Michas Entwurf eingescannt und an ein paar Steinmetze geschickt. Erwartungsgemäß liegen die Angebote, die jetzt eintrudeln, zwischen achthundertfünfzig und elfhundert Euro. Es sind zwar noch ein paar kleine Spenden auf dem Konto eingegangen, knapp zweihundert Euro liegen nun bereit, mehr wird es aber wohl kaum werden.

Dass ich selbst einen größeren Betrag dazugebe, möchte Micha nicht. Ohnehin wurde ich ganz am Anfang meiner Zeit als Vollzugshelfer ausdrücklich darauf hingewiesen, dass finanzielle Zuwendungen für den Häftling weder erwünscht noch ratsam sind. Denn dadurch würde neben der ohnehin entstehenden, nicht unkomplizierten psychischen Bindung auch noch eine zusätzliche, finanzielle Abhängigkeit entstehen.

Während ich überlege, wie ich ihm vielleicht doch eine unaufwendigere und billigere Lösung schmackhaft machen könnte, kommt mir seine Idee mit dem Internet wieder in den Sinn. Ich gebe «Grabstein» bei eBay ein und bin erstaunt, was sich sogar zu diesem Thema hier an Angeboten findet. Ich kontaktiere einen Anbieter, der neben Stein mit Schrift und Verzierung auch noch eine Fotoplakette für das Marienbild im Angebot hat, und ein paar Stunden später habe ich das Angebot in der Tasche: zweihundertfünfzig Euro alles inklusive; nur aufstellen müssen wir den Stein selber, was bei der Größe kein Problem sein sollte.

Obwohl Micha eigentlich keine Ahnung vom Internet hat, obwohl er kein Gefühl dafür hat, wie voll meine Tage sind, behält er wieder einmal recht: All meine Befürchtungen über die Unlösbarkeit der Aufgabe, all meine Ängste, mir ein weiteres großes Problem aufzuhalsen, waren umsonst. Es ist fast ein Phänomen: Was auch immer mit Rico zu tun hat, läuft leicht und unkompliziert. Manchmal habe ich das Gefühl, er beobachtet uns, wo auch immer er jetzt ist, und hilft uns. Viele Monate später fahre ich mit meinen Söhnen zufällig in der Nähe des Friedhofs vorbei. Rico kommt mir in den Sinn, und ich sage zu den Jungs: «Wir müssen einen kurzen Zwischenstopp einlegen, ich möchte nach Ricos Grab sehen.»

Wir parken und laufen den langen Weg durch den riesigen Park. Obwohl ich keinen guten Orientierungssinn habe und der Friedhof kompliziert angelegt ist, finde ich das Grab immer sofort. Wir machen gemeinsam die Grabstätte sauber, räumen die heruntergefallenen Zweige und Tannenzapfen weg. Dummerweise habe ich vergessen, bei der kleinen Blumenhandlung am Friedhofseingang ein paar Pflanzen zu kaufen, aber während ich mich noch über mich selber ärgere, denn jetzt bleibt dazu keine Zeit mehr, ruft mein Ältester: «Papa, hier sind Blumen!»

Er steht beim Komposthaufen, ein paar Meter weiter. Irgendwer hat haufenweise Pflanzen, die noch schön blühen, vorzeitig entsorgt. Mein zweiter Sohn entdeckt eine Schaufel, der jüngste befüllt Vasen mit Gießwasser. In kürzester Zeit verwandelt sich das Grab in ein kleines Blütenmeer. Wir sehen uns stolz an.

Da ist etwas, das von Rico bleibt. Etwas, das er mir gezeigt hat: Manchmal braucht es nicht viel.

Mitte Oktober 2014. Heute habe ich einen kurzen Drehtag. Nach den ersten beiden Bildern kommen nur noch Szenen ohne mich, schon um halb zwölf habe ich frei. Ich will den restlichen Tag nutzen, um ins ländliche Brandenburg zu fahren und Claudia Mosickau, Ricos Mutter, zu besuchen. Mit der Bahn sind es über drei Stunden, am Nachmittag kann ich also dort sein. Ich hoffe, dass ich so unangekündigt jemanden antreffen werde.

Seit ich den Brief der Mutter erhalten habe, beschäftigt mich die ganze Geschichte von neuem: Es tut mir sehr leid, dass sie solch eine Schreckensnachricht – der Tod ihres eigenen Kindes – durch einen förmlichen, nüchternen Brief von mir erfahren musste. Aber wie hätte ich es ihr anders sagen sollen? Nach allem, was ich zuvor gehört hatte, konnte ich nicht damit rechnen, dass sie sich noch groß für ihren Sohn interessiert.

Eigenartigerweise drehen wir seit ein paar Tagen auch noch eine Krimifolge, in der die Episodenhauptfigur von ihrer Kindheit in einem DDR-Kinderheim erzählt. Das Thema ist also auf seltsame Art allgegenwärtig für mich.

Ich laufe vom heutigen Drehort, dem neuen Leipziger Rathaus, zum Hauptbahnhof. Der Regionalexpress steht schon zur Abfahrt bereit. Als ich einsteige, fällt mein Blick auf die Anzeigetafel – der Zug hält zufällig auch in Torgau. Ich bin also auf Ricos Spuren, denke ich, als wir uns in Bewegung setzen. Während der Fahrt sehe ich die meiste Zeit aus dem Fenster. Schöne Landschaften ziehen an mir vorbei, ab und zu auch ein paar Industriebrachen, und als wir in Torgau halten, halte ich Ausschau, ob ich vielleicht den Jugendwerkhof irgendwo erspähe. Aber nichts. Ich überlege kurz, ob ich nicht aussteigen soll, aber entscheide mich dann dagegen, es könnte sonst zeitlich knapp werden. Ich will später ein wenig Puffer haben, falls niemand zu Hause ist, damit die Reise nicht umsonst war.

Einige Stationen weiter muss ich umsteigen. Inzwischen ist es drei Uhr, ich habe tierisch Hunger, aber nur zehn Minuten Zeit. Ich renne also zur Haupthalle, hole mir einen Döner, den ich dann im ziemlich vollen Zug nicht essen will; zudem sehen mich ein paar Leute prüfend an. Entweder grübeln sie noch, oder sie wissen bereits, woher sie mich kennen. Ich schaue wieder aus dem Fenster. Sämtliche Stationen tragen seit einer Weile nicht nur deutsche, sondern zusätzlich sorbische Ortsnamen. Ringsum schöne Natur, und in den Vororten stehen noch originale Plattenbauten, ohne zeitgemäße Aufhübschungen in Form von bunten Balkonen und pastellfarbenen Anstrichen, wie man sie aus Potsdam und Berlin kennt. Es wirkt wie frisch aus der DDR, wobei mir das Original besser gefällt als die verwestlichte Variante. Schließlich fährt der Zug im Bahnhof der kleinen Provinzstadt ein. Zu der Adresse, die ich suche, sind es nur fünfhundert Meter. Gerne hätte ich einen kleinen Blumenstrauß als Mitbringsel gekauft, aber am Bahnhof gibt es so etwas nicht, und die einzigen Blumenläden vor Ort, sagt mein Smartphone, sind weit entfernt.

Das Haus ist schnell gefunden, eine große, graue Mietskaserne. Meinen kalten Döner essend, laufe ich erst mal vorbei – irgendwo muss es hier doch wenigstens einen Supermarkt geben, wo ich zumindest ein paar Rosen oder Tulpen kriege, denke ich. Weitere große Wohnhäuser, ein Parkplatz, an der Ecke ein Polizeirevier, aber nirgends ein Mensch auf der Straße. Dann kommt mir ein vielleicht sechzehnjähriger Junge auf dem Fahrrad entgegen.

«Entschuldige, gibt's hier irgendwo einen Supermarkt?»

Er sieht mich erstaunt an. «Nee», antwortet er, «hier gibt's keinen Supermarkt», und fährt weiter.

Ich wundere mich und gehe also mit leeren Händen zum Haus zurück. Zwei Fotos von Dennis' Grab habe ich immerhin dabei, und wer weiß, vielleicht ist ohnehin niemand zu Hause. Schließlich stehe ich vor dem großen Klingelbrett am Eingang und drücke den Knopf: Nichts passiert.

Während ich warte, nähert sich ein Mann, klingelt ebenfalls, und wenig später summt der Türöffner. Wir treten beide ein, er biegt im Erdgeschoss ab. Ich frage ihn noch, ob er wisse, wo Frau Mosickau wohne?

«Nee, tut mir leid», meint er mit schwerer Zunge, wendet seinen glasigen Blick von mir ab und verschwindet hinter einer Tür.

Ich suche also die Klingeln an den einzelnen Wohnungstüren ab und werde im dritten Stock fündig: «C. Mosickau» steht da mit krakeliger Handschrift auf einem Stück Heftpflaster geschrieben.

Etwas aufgeregt drücke ich den Knopf und frage mich, was wohl passieren wird, wenn man mich hinter dem Türspion entdeckt. Gar nichts passiert. Ich klingle nochmals. Dann läute ich an der Nachbartür, in der Hoffnung, dass man sich kennt und mir jemand Auskunft gibt, wann ich wen antreffen könnte. Aber auch hier keine Reaktion. Ich klingle abermals an beiden Türen – und kann nicht ganz glauben, dass ich den ganzen Weg umsonst hierhergekommen sein soll.

Ich wundere mich, denn wenn Mutter und Sohn schwer behindert sind, dann müsste doch zumindest einer von beiden zu Hause sein? Schließlich lege ich mein Ohr an die Tür, und tatsächlich: Deutlich hört man in der Wohnung einen Fernseher laufen. Das gibt mir neuen Mut. Ich renne die Treppe runter, um von außen zu klingeln. Vielleicht hat man ja Angst vor dem unbekannten, unangemeldeten Besucher, und es ist besser, wenn ich mich erst mal durch die Gegensprechanlage erkläre. Den Fuß in der Tür läute ich dreimal – ohne Erfolg. Also haste ich wieder hoch, langsam ist mir alles egal, klingle mehrmals und lange, schließlich klopfe ich gegen die Tür.

Hinter dem Spion wird es kurz dunkel.

«Frau Mosickau, hier ist Steffen Schroeder. Ich hatte Ihnen einen Brief geschrieben, es geht um Dennis», rufe ich aufgeregt. Aber der Schatten hinter der Tür ist schon wieder verschwunden. Ich lausche nochmals: Drinnen schimpft eine Frau, auch eine Männerstimme ist zu hören.

Wieder klingle ich Sturm, klopfe. Allmählich wird mir aber auch etwas mulmig. Ob diese Aktion wirklich eine schlaue Idee war? Wer weiß, was mich hier erwartet? Obwohl ich etwas Schiss habe, klingle und klopfe ich weiter, wieder etwas ruhiger. Ich will die ganze Reise nicht umsonst gemacht haben.

Und plötzlich öffnet sich die Tür. Vor mir steht eine verhärmte, dünne Frau mit dunklen, langen Haaren, locker zum Pferdeschwanz gebunden, und sieht mich verwundert an. Durch die halb offene Tür schlägt mir ein eigenartiger Geruch nach kaltem Rauch und verbrauchter Luft entgegen.

Aus Angst, die Tür könnte sich gleich wieder schließen, fange ich an zu plappern wie ein Wasserfall: «Hallo, Frau Mosickau, entschuldigen Sie, dass ich Sie hier einfach so überfalle. Mein Name ist Steffen Schroeder. Ich hatte Ihnen geschrieben, wegen Dennis. Es tut mir sehr leid, dass Sie das alles durch einen blöden Brief erfahren mussten. Deswegen bin ich hergekommen. Ich wollte Ihnen zumindest sagen, wo Ihr Sohn begraben wurde.»

Die Frau sieht mich aus großen Augen an, ihr Blick wirkt gebrochen, aber man ahnt noch – irgendwann muss sie eine hübsche Frau gewesen sein. Überhaupt wirkt sie jünger, als ich sie mir vorgestellt hatte, wobei ich das Alter schwer schätzen könnte. Das Leben hat seine Spuren in ihrem Gesicht hinterlassen.

Dann endlich spricht sie, sehr langsam und mit einem eigenartigen Nuscheln; vielleicht hat sie etwas getrunken, oder ein paar Zähne fehlen ihr, vielleicht beides.

«Ach, Sie sind det. Wir ham gedacht, das wär Markus, und mit dem wollen wir nix mehr zu tun haben.»

«Sie meinen Dennis' Bruder?»

«Ja, weil, mit dem haben wir nix mehr zu tun. Ick bin hier ja nur noch mit Thomas.»

Im Hintergrund läuft weiter der Fernseher. Der dritte Sohn, dunkelhaarig, Mitte zwanzig, nähert sich mit einem scheuen, neugierigen Blick.

Als ich «hallo» sage, guckt er mich nur kurz an, oder eher an mir vorbei, und verschwindet gleich wieder Richtung Fernseher. Dann geht plötzlich das Treppenhauslicht aus, und einen Moment lang stehen wir komplett im Dunkeln. Ich drücke schnell den Schalter und denke, das wäre nun eine gute Gelegenheit, um mich freundlich hineinzubitten – aber nichts da.

Also rede ich vor der Tür weiter, erkläre, dass ich keine Telefonnummer von ihr hatte, ihr aber auch sagen möchte, dass die privaten Dinge ihres Sohnes demnächst einer wohltätigen Organisation gespendet werden, wenn sich kein Verwandter beim Gefängnis meldet. Die Vorstellung, dass alles, was dieser Mensch hinterlässt, anonym verschwindet, während es eine Mutter, einen Vater und zwei Brüder gibt, von denen zumindest einer sich noch einen Hauch für Dennis interessieren könnte, hatte mir keine Ruhe gelassen.

«Gibt es irgendeine Möglichkeit, dass ich Sie telefonisch erreichen kann?»

Sie starrt mich an. Jede Antwort kommt leicht zeitversetzt.

«Ja», sagt sie, «wo hab ich die denn gleich?», und verschwindet in der dunklen Wohnung. Ich sehe sie im Flur kramen, bis sie eine alte Telekomrechnung findet, von der ich die Rufnummer abschreibe.

Ich frage, ob sie noch Kontakt zu Dennis' Vater habe, dem ich auch geschrieben hätte.

«Wir sind geschieden», antwortet sie, «der hat sich um die Kinder auch nie gekümmert.»

Wieder geht das Licht aus. Ich drücke routiniert den Schalter.

«Wenn ich Sie noch was fragen darf … Wie war das denn, warum ist Dennis damals ins Heim gekommen?»

«Na, damals, zu DDR-Zeiten. Die haben mir den weggenommen.»

«Und warum?», hake ich nach. «Aus politischen Gründen?»

«Nein», sagt sie, «die Schule und das Jugendamt. Und dagegen konnte man ja damals auch nichts machen.»

Ich stimme ihr zu. Bei meinen Recherchen habe ich erfahren, dass in der DDR insgesamt fünfhunderttausend Kinder zeitweise in Heime gesteckt wurden. Und zwar in der Regel nicht, weil die Eltern aus Gründen von Krankheit, Tod oder anderem nicht für sie sorgen konnten, sondern weil diese Eltern nach Auffassung des Staates ihrer Erziehungspflicht nicht nachkamen. Das hatte meist nichts mit Verwahrlosung zu tun, häufig reichte schon der Verdacht, dass die Kinder nicht im sozialistischen Sinne erzogen wurden. Also konnten Westverwandtschaft, ein Ausreiseantrag oder, wie in Michas Fall, die versuchte Republikflucht seines Bruders zum Anlass genommen werden, um ein Kind ins Heim einzuweisen – gegen den Willen der Eltern.

«Es war nicht meine Schuld», rechtfertigt sie sich, als hätte ich ihr Vorhaltungen gemacht, «es war die Schuld vom Vater. Der hat sich um die Kinder nicht richtig gekümmert.»

«Das tut mir leid», sage ich nur.

«Ich hab auch jahrelang nichts von Dennis gehört. Als Thomas noch im Kinderwagen lag, da war er noch mal kurz da. Und dann nie wieder.»

«Wann war das?»

«So 89, 90, nach der Wende.» Schweigen.

«Das muss etwa gewesen sein, nachdem er aus Torgau entlassen wurde», versuche ich, das Gespräch aufrechtzuhalten. «War ja sicher auch nicht einfach damals, nach so langer Zeit. In Torgau wurden die Jugendlichen ja auch schlimm misshandelt.»

Sie nickt nur müde, starrt vor sich hin. Um irgendetwas Positives zu sagen, erzähle ich ihr, dass Dennis im Gefängnis sehr beliebt war und dass seine Mithäftlinge deshalb alle Geld für seine Beerdigung und einen schönen Grabstein gespendet haben. Ich reiche ihr die beiden Fotos, die sie lange betrachtet. «Auch sein Ausbilder war zufrieden mit ihm und hat ihm gute Chancen draußen gegeben.» Sie hört mir schweigend, aber aufmerksam zu. «Eigentlich wäre er bald entlassen worden», schließe ich meine kleine Erzählung ab.

Sie starrt vor sich hin.

Das Licht geht wieder aus. Etwas wütend klatsche ich auf den Schalter. Gern würde ich mit ihr in Ruhe reden, aber auf die Idee, mich hereinzubitten, kommt sie nicht.

«Ich dachte, ich könnte dem Markus noch Bescheid geben. Wie ist das, hatte der denn noch Kontakt zu seinem Bruder, in den letzten Jahren?»

«Och, damals, 89, ja. Ich weiß aber nicht, ob der später noch Kontakt hatte.»

«Und Ihr Mann? Macht das Sinn, bei ihm vorbeizuschauen?»

«Ach wo. Hat keinen Sinn. Den haben die Kinder nie interessiert.»

«Und zu Markus haben Sie auch keinen Kontakt mehr?», hake ich nochmals nach.

«Der hat nach Frankfurt-Oder gemacht. Hat seine Lehre abgebrochen, ist nicht mehr nach Hause gekommen. Ich hab kein Kontakt mehr zu ihm, will ich auch nicht mehr. Der hat mir nur Probleme gemacht.»

Schweigen.

«Ja, ich habe auch drei Söhne», sage ich hilflos.

Sie lächelt mich unsicher an.

«Wie alt war denn Dennis, als er Ihnen weggenommen wurde?», springe ich noch mal zurück.

«So neune», sagt sie. «Ich bin dann jahrelang immer nach Dresden, weil er erst da ins Heim gesteckt wurde. Dann in Weißwasser, dann in Makarenko. Einmal ist er auch kurz noch mal zu Hause gewesen, in den Ferien. Nachher ist er wieder hin, aber die haben ihn nicht behalten. Dann ist er nach Finsterwalde gekommen, und seitdem hab ich nichts mehr gehört von ihm.»

Was für eine Laufbahn, denke ich nur, wie kann man das mit einem Kind machen?

«Mit welcher Begründung kam er denn überhaupt da hin?»

«Na ja, weil er in der Schule nicht gehört hat. Und geschwänzt. Die haben ihn mir regelrecht weggenommen. Dann haben sie es bei Markus versucht, und bei Thomas auch noch. Und da hab ich gesagt: Jetzt ist Schluss! Also, die Jugendhilfe ist für mich ein rotes Tuch. Aber wir konnten damals nichts machen.» Sie spricht nach wie vor zaghaft, aber jetzt kommt sie etwas in Fahrt. Eines ihrer Probleme ist offensichtlich, und ich frage mich, was zuerst da war: die Alkoholsucht, wegen der ihr die Kinder weggenommen wurden – oder wurde sie durch den Verlust des Sohnes zur Trinkerin?

«Ich war völlig am Ende. Meine Depression geht sowieso nicht mehr weg.» Es klingt wie ein Abschluss, und in diesem Moment sieht sie aus wie ein kleines Mädchen.

«Meine Eltern», setzt sie nochmals an, «haben mir ja damals auch nicht geholfen. Die haben nur gesagt, ich hab Verbrecher auf die Welt gebracht.»

«Aber das ist doch Quatsch, da waren doch die Kinder noch ganz klein.»

«Ich weiß. Ach, das kommt jetzt alles wieder hoch», sagt sie und wendet sich kurz ab. «Ich hab auch keine gute Kindheit gehabt.»

Das nervige Licht geht wieder aus, ich schalte es an. «Ich bin froh, dass der Thomas noch da ist. Ist auch das Einzige, was ich noch hab.»

Ich schreibe ihr meine Telefonnummer auf und schlage ihr vor, ich könne mal beim Gefängnis nachfragen, ob es eine Möglichkeit gäbe, wie sie an die Hinterlassenschaft ihres Sohnes kommen könnte.

«Danke», sagt sie und lächelt, «danke für Ihre Bemühungen.»

Ich wünsche ihr alles Gute und drehe mich gerade um, als sie mich zaghaft am Ärmel festhält: «Einen kleinen Moment», sagt sie nuschelnd, «ich will Ihnen noch was zeigen», und verschwindet in der Wohnung. Sie kommt zurück mit ihrem Portemonnaie und zieht behutsam ein kleines Passbild hervor: «Das einzige Bild, das ich von ihm habe. Das hat er mir damals gegeben.»

Ich nehme das Foto vorsichtig in die Hand. Der Junge darauf ist etwa so alt wie mein ältester Sohn. Ein ganz normaler Junge, der bald zum Mann werden wird. Erwartungsvoll blickt er in die Kamera. Obwohl er zu dieser Zeit schon viel durchgemacht haben muss, sieht er durchaus stolz, stark und zuversichtlich aus.

Das Foto rührt mich. Es ist das erste Bild von Dennis, das ich sehe. Obwohl er mir seit einiger Zeit auf eigenartige Weise nah ist, obwohl ich mich schon so viel mit ihm beschäftigt habe. Vor ein paar Wochen habe ich ihn gegoogelt: Man findet ein paar Artikel im Zusammenhang mit seinen Straftaten, aber keine Bilder.

Ich gucke immer noch auf das kleine Passbild.

«Wie alt ist er da? So sechzehn, siebzehn?», frage ich seine Mutter.

«Ja, so ungefähr.»

«Sieht Ihnen ähnlich», sage ich, «das sieht man.»

«Das Einzige, was ich von ihm habe», antwortet sie nur.

Wir schweigen beide.

«Vielleicht gibt es in seinen Sachen noch ein paar Fotos, ich frage da mal nach.»

«Ja», meint sie und lächelt schüchtern, «ne Kleinigkeit von ihm hätt ich schon gern.»

Ich verabschiede mich, wieder geht das Licht aus, aber diesmal macht es niemand wieder an. Ich laufe den dunklen Flur runter, Richtung Treppenhaus.

Zwei Tage später. Als ich abends vom Dreh in meine Wohnung komme, laufe ich erst am Briefkasten vorbei. Ich öffne ihn nicht jeden Tag, denn hierher bekomme ich selten Post; außer der Filmfirma hat kaum jemand die Adresse, und die schicken alles in der Regel direkt ans Set. Dann kehre ich doch noch einmal um. Ich habe das Gefühl, heute sollte ich mal reinsehen, und tatsächlich: Eine einsame Paketkarte liegt im Kasten. Sie ist von heute. Wer schickt mir hierher ein Paket?

Am nächsten Morgen gehe ich am Postamt vorbei, dort händigt man mir ein kleines Päckchen aus. Eine dünne Pappschachtel, in bunte Papierservietten eingeschlagen, das alles noch mal umwickelt mit reichlich braunem Klebeband. Absender: Claudia Mosickau.

Mein Herz klopft, als ich das Bündel in meine Wohnung hochtrage. Vorsichtig schneide ich durch die mit Schneeglöckchen bedruckten Servietten und finde einen Brief:

15. Oktober 2014

Werter Herr S. Schroeder!
Ich habe eine große Bitte, an Sie.
Bringen Sie das, was ich Ihnen geschickt habe, an Dennis Grab, ich bitte Sie sehr darum.
Mit freundl. Grüßen
Claudia Mosickau

Vorsichtig öffne ich die Schachtel, darin, in weitere Servietten gewickelt, liegt eine kleine weiße Porzellanvase mit einer blauen Schleife. In der Vase stecken zwei Plastik-Ringelblumen, eine gelbe und eine orange, und ein kleiner Brief an den verstorbenen Sohn. Daneben noch eine weiße Kerze, ebenfalls sorgsam in eine Serviette gewickelt.

Nur wenige Tage später finde ich erneut einen Brief von Ricos Mutter in meinem Briefkasten. In zittriger Handschrift bedankt sie sich nochmals für meine Hilfe und fragt, ob es nicht eine Möglichkeit gäbe, an Ricos persönliche Sachen zu kommen. Zumindest ein Foto wünscht sie sich.

Aber die Anstalt ist, was derlei Dinge angeht, sehr genau: Alle offiziellen Fotos eines Inhaftierten werden «nach dessen Ableben» aus datenschutzrechtlichen Gründen umgehend gelöscht. Die persönliche Habe dagegen wird in der Hauskammer eingelagert und kann vom gesetzlichen Erben abgeholt werden; was nicht abgeholt wird, wird nach einigen Monaten vernichtet, brauchbare Kleidung und Wertgegenstände werden an Hilfsorganisationen gegeben.

Ich rufe also Ricos Mutter an und sage ihr, sie könne die Sachen in Tegel abholen. Aber sie meint, ich hatte es bereits geahnt, dass ihr das aus gesundheitlichen Gründen nicht möglich sei. Da kommt mir eine Idee: Wenn sie mir eine Vollmacht schreiben könnte, würde man mir die Sachen eventuell aushändigen. Dann könnte ich Micha geben, was er sich wünscht, und ihr den Rest schicken. Ein Sozialarbeiter bestätigt mir, dass das in Ordnung ginge; ich setze also ein kleines Schreiben auf und finde es zwei Tage später unterschrieben in meinem Briefkasten.

Beim nächsten Besuch präsentiere ich es stolz Micha. Doch nachdem ich meinen kleinen Bericht beendet habe, wird er noch bleicher, als er sowieso schon ist.

«WATT HAST DU JEMACHT?» Er ist fassungslos, wütend starrt er mich an. «Sag ma, SPINNST DU?»

Ich bin mir keiner Schuld bewusst. «Wir hatten doch oft darüber geredet, dass wir Ricos Bruder über seinen Tod informieren möchten, und da …»

«Ja, den Bruder! Weil der ihm was bedeutet hat. Aber nicht die Mutter. Er hat seine Eltern gehasst! Für das, was die ihm angetan haben. GEHASST, verstehst du?»

Er ist laut. Seine Unterlippe zittert.

Das finde ich ungerecht. Ich hatte ihm eine Freude machen wollen, stattdessen schreit er mich an. Auch ich werde lauter.

«Findest du nicht, dass eine Mutter ein Recht hat zu erfahren, dass ihr Sohn gestorben ist?»

«Mann, die Olle hat sich jahrelang nicht für ihn interessiert! Hat ihr eigenes Kind ins Heim gegeben! Die ist ne Alkoholikerin! Hat sich nie um den gekümmert!»

«Ob jetzt Alkoholikerin oder Junkie …»

«Watt?»

Er haut mit der flachen Hand auf den Tisch, funkelt mich wutentbrannt an. Es gibt keinen Alarmknopf, erinnert mich eine ferne Stimme in meinem Kopf. Aber jetzt bin auch ich wütend, und wenn ich wütend bin, denke ich nicht nach. Ich dachte, ich hätte einen Weg gefunden, ihm ein paar persönliche Andenken an Rico zu beschaffen, Fotos, eine CD, was weiß ich. Und außerdem, natürlich, wollte ich mein schlechtes Gewissen beruhigen: Ich habe einen Menschen beerdigt, nach den Vorstellungen einiger befreundeter Knackis, aber ohne Kontakt oder irgendeine Rücksprache mit seinen Eltern.

«Ich bin selber Vater von drei Kindern, was weiß ich, was in meinem Leben noch passiert? Vielleicht will einer meiner Söhne aus irgendeinem Grund eines Tages von mir nichts mehr wissen? Oder ich baue irgendeine unverzeihliche Scheiße, meine Söhne wenden sich von mir ab, oder umgekehrt. Aber wenn eins meiner Kinder irgendwann sterben sollte, was auch immer passiert sein könnte – dann habe ich als Vater ein Recht, davon zu erfahren!»

Ich bin laut.

«Steffen», sein Gesicht kommt näher, er schiebt sich langsam über den Tisch zu mir und ist auf einmal bedrohlich ruhig: «Du hättest es mir sagen müssen, bevor du so ne bekloppte Aktion machst!»

«Ach ja?», halte ich ihm stand. «Dafür brauch ich jetzt deine Erlaubnis? Ich bin derjenige, dessen Unterschrift auf den Verträgen steht – beim Beerdigungsinstitut, beim Friedhof. Ich trage die Verantwortung dafür, dass er eingeäschert wurde, wo er begraben wurde, da steht überall mein Scheißname drauf!»

Allmählich wird es brenzlig. ‹Herr Bender war bis vor kurzem noch als extrem gefährlich eingestuft›, hallt die Stimme aus den hinteren Windungen meines Hirns. Aber weiter vorne sitzt meine Wut und gibt nicht nach.

«Du hast doch keine Ahnung, wie das hier ist!», sagt Micha. «Was es bedeutet, wenn man jahrelang in so ner kleinen Zelle wohnt! Wenn man mit kaum jemand sprechen kann, weil man hier niemand vertrauen kann! Wenn man mit allen Problemen allein ist! Man hat hier drin nichts mehr! Nicht nur keine Freiheit! Das Einzige, was dir bleibt, das Einzige, was Rico geblieben ist, was ihm keiner nehmen konnte, in all den Jahren, das waren seine Gedanken! Und die hat er regelmäßig in ein Buch geschrieben. Und dieses Buch, das willst du ihm jetzt nehmen? Das Innerste von ihm, das soll jetzt seine Mutter bekommen, die sich fünfundzwanzig Jahre nicht für ihn interessiert hat? Oder ich? Ich will das nicht, das steht mir nicht zu.»

Plötzlich hat die Situation sich verändert. Ich sehe auf einmal nicht mehr die Wut, sondern nur noch die Verzweiflung in seinen Augen. Die fast schon panische Verzweiflung, dass seinem besten Freund das letzte bisschen Selbst, das letzte bisschen Würde genommen wird. Und auf einmal ist meine Wut verraucht, komplett. Ich kann ihn verstehen.

In den folgenden Minuten erklärt mir Micha, wieder ganz ruhig, dass Rico viel geschrieben hat, Tagebuch, manchmal Gedichte. «Hin und wieder hat er mir eins vorgelesen.» Er erzählt mir, dass auch er eine kleine Kiste hat, wie viele hier. Darin sind persönliche Briefe, Tagebuchaufzeichnungen, «was man sich so von der Seele schreibt, dem Papier erzählt, weil's sonst niemand gibt». Und diese Kiste ist ihm heilig, «darin einjesperrt is mein Leben».

In den folgenden Tagen arbeite ich viel. Und überlege, wie ich Ricos Mutter am besten mitteile, dass ich seine privaten Sachen, sein Vermächtnis, doch nicht wie besprochen abholen und ihr bringen kann. Dann regelt sich die Angelegenheit von alleine, durch einen weiteren Brief von Ricos Mutter. Sie wurde als seine rechtmäßige Erbin angeschrieben: Sie möge die Schulden ihres Sohnes aus einem Raubüberfall begleichen, immerhin ein fünfstelliger Betrag. Das kann sie nicht, deshalb fragt sie mich um Rat. Am nächsten Tag nehme ich Kontakt zu einem Notar auf und schildere die Angelegenheit. Der Mann ist verständnisvoll, erklärt, wie man ein Erbe ausschlägt, und regelt alles schnell und unkompliziert. Ricos Mutter muss keine Schulden bezahlen, hat aber gleichzeitig auch keinerlei Anspruch mehr auf Ricos private Dinge. In ein paar Monaten wird alles vernichtet werden.

Ende November 2014. Der heutige Drehtag beginnt mit einem Bild in der Pathologie, anschließend steht eine nächtliche Autoexplosion auf offener Straße an; in der folgenden Szene werde ich erfolglos versuchen, eine durch die Explosion tödlich verletzte Frau wiederzubeleben.

Wie immer drehen wir in der echten Pathologie. Es riecht noch etwas streng, als wir am späten Nachmittag anrücken. Es ist immer interessant zu beobachten, wie unterschiedlich die Menschen, seien es Schauspieler oder neue Teammitglieder, reagieren, wenn sie diesen Ort betreten. Manche ekeln sich, bei dem oft noch in den Räumen hängenden Verwesungsgeruch durchaus nachvollziehbar. Andere ziehen Einweghandschuhe über, die im Vorraum in zahlreichen Größen für die Pathologen bereitliegen, viele bemühen sich, ob mit oder ohne Handschuhe, möglichst nichts anzufassen, aus Angst vor Infektionen. Wieder andere – das sind oft die Schauspieler – überspielen Unwohlsein und Ängste mit Witzen, albern herum oder quasseln ununterbrochen. Ich verhalte mich eher still oder unterhalte mich leise mit Ronny, dem Präparator.

Ronny sieht aus, wie ich mir als Kind einen Seeräuber vorgestellt habe: lange schwarze Haare, immer zu einem Pferdeschwanz zusammengebunden, im Ohr ein dicker goldener Ring; seine Augen funkeln lustig und geheimnisvoll, seine gegerbte Haut hat ein paar eindrucksvolle Furchen, ob von den Weltmeeren oder vom Hades. Er ist der Herrscher über das Totenreich. Irgendwie gelingt es ihm, in seinen Holzpantoffeln lautlos über den gefliesten Boden zu laufen, ohne zu klappern bewegt er sich zwischen den Seziertischen und Knochensägen. Wenn wir im Keller mit den großen silbernen Kühlschränken drehen, in denen seine Kunden auf ihre Sektion warten, lehnt er plötzlich irgendwo unerwartet an einer Ecke und beobachtet die Szenerie. Er wirkt auf seine ruhige Art immer gut gelaunt, scheint seiner Kundschaft stets mit Respekt und Würde gegenüberzutreten.

In seiner Freizeit seziert er privat weiter: Er präpariert kleine, feine Rattenskelette, die er mit viel Liebe zum Detail in menschlichen Alltagssituationen anordnet, wie ein kleines Mädchen seine Puppenfamilie. Kleine Bühnenbilder, in denen Rattenskelettmutter strickt, während Rattenskelettvater sich eine Pfeife stopft. Die filigranen Knochen leuchten hell, der Rest ist Puppenhaus. Oder war Puppenhaus, wie man's nimmt.

Nach einer Stellprobe bleibt mir noch etwas Zeit, und ich gehe zu Ronny, der das Treiben ruhig betrachtet.

«Und, was gibt's Neues?», frage ich ihn leise.

Er guckt vor sich hin. Letztens hatte er eine skurrile Leiche, meint er dann: Der große Mann, der auf seinem Seziertisch lag, war von oben bis unten tätowiert. Auf dem linken Fußrücken stand eintätowiert: «Ich schlafe», auf dem rechten «Ich auch».

Er sieht mich an, als suche er nach einer Antwort. Aber die kann ich ihm nicht liefern.

Dann zeigt er mir noch die neuesten Prunkstücke seiner Gallensteinsammlung. Ich bin immer wieder beeindruckt, was der menschliche Körper so produzieren kann. Dann drehen wir unser Bild, eine kurze Befragung der Gerichtsmedizinerin, die schnell im Kasten ist; anschließend zieht das Filmteam um, auf einen Parkplatz vor dem Leipziger Stadion, wo die Pyrotechniker schon mit der Präparation des Jeeps beschäftigt sind, der abgefackelt werden soll.

Als der Wagen später brennt wie ein großer Feuerball, entdecke ich im Dunkeln noch einmal Ronny, der sich unter die Schaulustigen gemischt hat.

«Na, Ronny, wenn's morbide wird, bist du dabei?»

«Ja klar», meint er, «vielleicht bekomm ich ja noch was zu tun», und grinst diabolisch.

Nachts um eins sind wir fertig, das Auto ist ausgebrannt, die Frau erfolglos beatmet, ihr Leichnam abtransportiert.

Unser Oberbeleuchter, der auch in Potsdam wohnt, fährt noch nach Hause und nimmt mich mit. Als ich um drei Uhr morgens durchs dunkle Haus schleiche, um niemanden zu wecken, stolpere ich fast über ein großes, schweres Paket, das im Flur liegt. Es ist an mich adressiert. Neugierig öffne ich es leise. Aus mehreren Schichten Noppenfolie enthülle ich schließlich Ricos kleinen Grabstein. Er ist sehr schön geworden.

Mitte Dezember 2014. Es ist kurz vor zwölf, als ich den Karton mit dem Grabstein in den Kofferraum packe, dazu ein paar Ziegel als Unterbau, ein Grablicht und die kleine Vase mit der Kerze von Ricos Mutter. Heute ist Ausführung, eine ganz besondere, und sie wird anders verlaufen als sonst.

Ich stelle das Auto ab. Es beginnt zu regnen. Erfahrungsgemäß kann es dauern, bis Micha und seine Begleiter herauskommen, also klingle ich an der Pforte, die Schleusentür öffnet sich, und ich frage, ob es in Ordnung sei, wenn ich im Vorraum warte. «Näh!», blökt mich ein muffiger Justizbeamter an, ich habe keine Lust auf Diskussionen und stelle mich wieder in den Regen. Bald aber öffnet sich das große Tor, und die kleine Gruppe kommt auf mich zu. Micha sieht sehr blass aus, in der Haft bekommt man wenig natürliches Licht ab. Aber er ist offensichtlich gut drauf und begrüßt mich freudig. Er hat inzwischen recht lange Haare, die er mit Gel nach hinten kämmt, was ihn weniger heftig aussehen lässt. Er trägt seine weißen Turnschuhe, sie strahlen noch immer makellos. Zusammen mit den beiden Beamten gehen wir schnell durch den Regen zu meinem Auto; normalerweise ist es nicht erlaubt, dass wir mit dem Auto fahren. Nur weil der Friedhof öffentlich so schwer zu erreichen ist, gibt es eine Ausnahme.

Während der Fahrt begutachtet Micha neugierig mein Auto, sieht immer wieder auf das Navi, fährt mit der Hand über das Armaturenbrett. «Schöner Wagen», meint er. Bei einem Besuch im Frühjahr hatte ich ihm erzählt, dass ich mir ein neues Auto zugelegt hatte, nachdem uns unser zwanzig Jahre alter Benz immer öfter im Stich ließ. Der «Neue», drei Jahre alte Mittelklassekombi, ist alles andere als ungewöhnlich, aber für Micha, der schon lange in keinem Auto mehr saß, etwas ganz Besonderes. «Wo kommt denn hier der Airbag raus?», will er wissen.

«Ich habe keine Ahnung.»

«Is gar nichts zu sehen hier. Früher war doch da immer so n Feld, wo der Airbag rauskommt. Aber so – das wird ja dann teuer, wenn der hochgeht und da gleich das ganze Armaturenbrett im Eimer is.»

«Ja, ich glaub, so was ist teuer.»

«Wir ham da ja früher immer gegen getreten, vorne gegen die Stoßstangen, und uns über die aufgehenden Ballons gefreut», sagt Micha.

«Wie viele Autos haben Sie denn auf dem Gewissen?», fragt der Justizbeamte interessiert von hinten.

«Keine Ahnung. Aber werden schon einige sein. So Quatsch eben, den man sich früher geleistet hat. Weil man sich kein Kopp gemacht hat.»

Dann entdeckt er die Airbag-Beschriftungen für Kopf, Nacken und was noch alles. «Hier is ja alles voller Airbags», meint er beeindruckt.

«Ja, da hättest du ganz schön was zu treten», antworte ich.

Er lacht. «Nee, so n Scheiß mach ich nich mehr.»

«Weißt du schon was Neues zum Gutachten?», wechsele ich das Thema.

Weiß er nicht. Die Gespräche fanden kürzlich statt, die Gutachterin habe sich verabschiedet und gemeint, bei Fragen würde sie sich noch mal melden. Aber das hätte sie nicht getan.

«Sie wollte wissen, ob ich schon ne Prognose will. Aber dit is mir nischt. Ich hab gesagt, ich lass mich lieber überraschen.» Er hatte Sorge, dass ihm bei negativer Prognose die heutige Ausführung gestrichen worden wäre, bekanntermaßen wegen Fluchtgefahr.

«Ich finde, das klingt doch positiv. Wenn sie dir eher eine negative Prognose stellen würde, wird sie dir das doch kaum im persönlichen Gespräch ankündigen wollen. Das wäre doch unangenehm für sie.»

Aber Micha bleibt skeptisch, was als Selbstschutz vor Enttäuschung bestimmt nicht verkehrt ist.

«Wenn das negativ ausfällt, denn weiß ich nicht, was dann mit mir passiert», raunt er mir zu, «jetzt hab ich mich so lang bemüht. Wenn das alles nichts bringt, ob ich dann wieder komplett abstürze – keine Ahnung.»

Er starrt auf die Straße. Die Justizbeamten hinter uns unterhalten sich über ihren Arbeitsalltag.

Er sei jetzt runter auf sechs Milliliter Methadon pro Tag, sagt Micha, nicht ohne Stolz. Angefangen hatte er die Substitutionstherapie mit achtzehn Millilitern. Das hat natürlich Folgen, er empfindet jetzt noch mehr, im Positiven wie im Negativen, sei es Freude, Wut und Trauer. Der neue Sozialarbeiter hat ihm eine Emotionstherapie vorgeschlagen. Ein spezielles Angebot für Menschen, die lange Zeit auf harten Drogen waren und es nicht mehr gewohnt sind, mit ihren Gefühlen umzugehen. Micha würde dem Rat gerne folgen, aber zurzeit wird so etwas nur außerhalb des Knasts angeboten.

Wir sind am Friedhof angekommen. Ich öffne den Kofferraum und präsentiere Micha nun endlich stolz den Grabstein. Er streicht mit der Hand über den Stein und ist begeistert. Auch die beiden Beamten, die Rico ebenfalls kannten, sind angetan. Beim Blumenladen am Eingang begutachtet Micha alles sorgfältig und stellt ein paar Pflanzen zusammen, die farblich zueinanderpassen. Während ich bezahle, sucht Micha noch ein Grablicht und einen kleinen Blumenstrauß für das Grab seiner Eltern aus, das ebenfalls hier auf dem Friedhof liegt.

An der Kasse fragt er die Verkäuferin: «Werden hier eigentlich viele Grabsteine geklaut?»

Sie sieht ihn verständnislos an. Er hält ihr den Grabstein, den er die ganze Zeit im Arm hat, unter die Nase: «Na, hier – der is doch schön handlich. Ich will nicht, dass irgend so n Grufti den mit nach Hause nimmt. Wie macht man so was fest, wissen Sie das?»

Die Verkäuferin guckt noch immer irritiert und meint, da kenne sie sich nicht aus, aber in den fünfzehn Jahren, die sie hier arbeitet, habe sie noch nie von einem Grabsteinklau gehört. Das beruhigt Micha ein wenig.

Am Urnengrab angekommen, graben wir ein kleines Loch, legen die Ziegelsteine als Stütze unter und die Grabplatte leicht angeschrägt darauf. Zu Michas Erleichterung sind die anderen Grabsteine alle nicht weiter befestigt, die Angst vor den Gruftis also eher unbegründet.

Gemeinsam setzen wir die Pflanzen ein, und ich stelle die

kleine Vase mit den Plastikblumen und die Kerze von Ricos Mutter dazu.

Aber Micha sagt: «Das geht nich. Das hätte Rico nicht gewollt, das weiß ich.»

Ich will widersprechen, aber ich sehe ihm an, dass er darüber nicht diskutieren will, und ich möchte hier nicht mit ihm streiten. Ich nehme also beides wieder vom Grab. Was soll ich nun damit tun? Das Urnengrab daneben ist verwildert, kein Grabstein oder Schild, also stelle ich die Sachen dort ab, so sind sie zumindest in der Nähe.

Abschließend soll ich noch ein paar Fotos vom Grab machen, die ich Micha später in die Anstalt schicken werde. Jeder, der Geld gespendet hat, soll ein Bild mit dem Ergebnis bekommen.

Dann machen wir uns auf zum Grab von Michas Eltern, es liegt am anderen Ende des Friedhofs. Micha erzählt mir von seiner allerersten Ausführung vor vielen Jahren, zur Beerdigung seiner Mutter. Damals noch mit großen Sicherheitsvorkehrungen: An Händen und Füßen gefesselt, von mehreren uniformierten und bewaffneten Beamten begleitet, musste er sich von seiner Mutter verabschieden.

Wir erreichen das Grab. Es ist recht groß, sehr gepflegt, mehrere frische Blumensträuße sind vor einem großen, hellen Grabstein aufgebaut. Darauf die Namen der Eltern, allerdings fehlt beim Vater das Sterbedatum.

«Weil der nicht hier liegt, der liegt woanders», antwortet Micha knapp auf die Frage des Beamten, dem das ebenfalls auffällt.

Und dann, etwas abseits, flüstert er mir zu: «Mein Vater lebt eigentlich noch, aber für mich ist er gestorben – das brauchen die aber nicht wissen. Erklär ick dir mal in Ruhe.»

Micha legt seinen Blumenstrauß ab, verharrt einen Moment stumm, dann machen wir uns auf den Rückweg.

So kurz vor Weihnachten hat Micha noch ein paar Einkaufswünsche. Wir halten im Einkaufscenter nicht weit vom Gefängnis. Er braucht ein paar Weihnachtskarten, Parfüm und neue Filme, um über die Feiertage zu kommen.

«Mensch, dit riecht hier vielleicht, wa?» In der Parfümerie fächelt er sich Luft zu. Micha will einen ganz bestimmten Duft, dessen Namen ich noch nie gehört habe, ganz sicher ist er selber nicht, «aber so unjefähr». Er will eine Flasche für sich und eine weitere für einen Kollegen, als Weihnachtsgeschenk. Ratlos stehen wir vor den riesigen Regalen, Micha spritzt mit einem Testflakon und rümpft die Nase: «So will man och nich riechen.»

Ich spreche eine ältere Verkäuferin an, die erst sehr zuvorkommend ist, dann aber zu Micha blickt und etwas befremdet wirkt. Sie sucht nach dem Parfüm, führt uns schließlich zu einem Regal, lächelt gekünstelt freundlich und lässt uns nicht mehr aus den Augen. Auch der Security-Mann neben dem Eingang beobachtet uns aufmerksam. Micha hat Glück: Der Duft, den er sucht, ist laut Schild gerade im Angebot, zum halben Preis.

«Denn nehm ich doch gleich drei», und fröhlich greift er zu. Die Verkäuferin mit der künstlichen Lachspange nimmt ihm die Flaschen schnell wieder aus der Hand:

«Den Preis muss ich erst einmal überprüfen», flötet sie und eilt zum Scanner. Der bestätigt das Angebot. Trotzdem will sie uns die Flaschen nicht aushändigen, sondern selbst zur Kasse bringen. «Ich regle das für Sie», meint sie, schon leicht panisch, legt die Schachteln vor die Kassiererin, deutet mit ihren rot lackierten Fingernägeln auf uns; die Kassiererin nickt vielsagend, und wir stellen uns an. Micha scheint der kleine Aufruhr nicht groß zu stören, oder er bemerkt es gar nicht. Mir fällt nur auf: Sonst läuft das anders.

Unsere beiden Beamten lassen Micha das Parfüm diesmal mit in die Anstalt nehmen. Einmal wurde ihm schon ein Fläschchen abgenommen, Begründung: der Alkohol darin. Die Regeln im Knast sind teilweise absurd: Eine große Flasche Mundwasser mit Alkohol darf man haben, ein Dreißig-Milliliter-Parfüm kann zum Problem werden.

«Das wär n teurer Schnaps», scherzt Micha.

Als ich Monate später auf dem Friedhof nach dem Rechten sehe, weil Micha wieder Sorge hatte, der Grabstein könnte geklaut worden sein, stelle ich fest: Nicht nur der Grabstein ist an seinem Platz, auch die Vase von Ricos Mutter steht direkt davor. Wie sie dahin gekommen ist, weiß ich nicht.

Last Exit Tegel

Januar 2015. Nachts träume ich. Ich sitze als Häftling in meiner kargen Zelle. Alles ist in eigenartigen Grautönen gehalten – die Zelle, ich selbst, alles andere. Ich fühle mich unglaublich leer und stumpf. Abgeschnitten von meiner Familie, meiner Frau, meinen Kindern. Und auf einmal ist es, als öffnet sich eine Tür in meiner Brust: Ich steige aus meinem Körper, fliege, blicke nach unten und sehe mich selbst dort sitzen, in der Zelle. Einsam und verloren.

Micha taucht neben mir auf. Er klopft mir auf die Schulter, kumpelhaft-verständnisvoll, aber gleichzeitig lächelt er wissend, auf eine eigenartige Weise, die mich beängstigt. Und plötzlich erkenne ich, dass um uns herum ganz viele Gefangene sitzen – einige kenne ich vom Sehen. Sie hocken da und blicken mich erwartungsvoll an. Einer beginnt zu lachen. Ein Zweiter lacht mit, erst zaghaft, dann immer lauter. Das Lachen steckt an, einer nach dem anderen stimmt ein. Sie lachen und lachen immer lauter, kriegen sich gar nicht mehr ein: Einige bekommen schon einen roten Kopf, anderen laufen Tränen über das Gesicht.

Aber es ist kein freundliches Lachen, es hat etwas Bedrohliches. Sie lachen nicht aus Freude, sie lachen über mich. Sie lachen mich aus. «Na? Jetzt sitzt du hier bei uns?», scheint ihr Lachen zu sagen. «Da hast du jahrelang den Guten, den Gesetzestreuen gespielt, und am Ende landest du doch nur hier bei uns.» Ihr schallendes, schadenfrohes Gelächter hallt von Zellenwand zu Zellenwand. Der Lärm schwillt an, es dröhnt beängstigend in meinen Ohren.

Davon wache ich auf. Und noch im Aufwachen hänge ich schlaftrunken in meinem Traum fest. Wie harte Filmschnitte sehe ich kurz ein Messer blitzen, Blut spritzt, und plötzlich ahne ich, was der Grund für meine Inhaftierung war: Ich habe jemanden erstochen, jemanden, auf den ich mal wütend war, den ich hasste.

Erschöpft reibe ich mir die Augen und gehe ins Bad, unter die Dusche. Ich versuche, den ganzen Scheiß von mir abzuwaschen.

Ende Januar 2015. Nasskalt ist es heute, man möchte am liebsten zu Hause bleiben. Ich steige aus der U-Bahn und laufe die Seidelstraße an der Knastmauer entlang bis zum Tor 1. Als ich dort ankomme, bin ich klatschnass. Vor mir steht eine Gruppe türkischer Frauen am Schalter. Mit Babys und Kleinkindern auf dem Arm warten sie auf den monatlichen Besuch bei ihren Ehemännern. Es dauert, bis ich passieren kann. In Haus 6 empfängt mich Micha stehend in der Tür. Mit seinen längeren Haaren sieht er viel «normaler» aus, deutlich weniger angsteinflößend. Die tätowierten Flammen sieht man erst auf den zweiten Blick. Wir setzen uns. Micha hat bereits zwei Becher mit Früchtetee gefüllt.

«Scheißwetter!», fluche ich und ziehe meine nasse Jacke aus.

«Ick bin ja hier drinne», entgegnet er schmunzelnd.

Ich schlürfe den heißen Tee und frage, wie es ihm geht.

«Noch gut.»

Nach wie vor wartet er auf das Ergebnis des Gutachtens. Überraschenderweise war die Gutachterin kürzlich doch noch einmal da, weil sie ein paar Fragen hatte, blieb dann aber drei Stunden. Das irritiert ihn reichlich, was ich verstehen kann.

«Sie war zwar nett und sachlich, aber irgendwie auch seltsam. Sie hat so getan, als ob ich gleich entlassen werde: ‹Wenn Sie jetzt rauskommen und arbeiten wollen, Sie wissen schon, dass das schwer wird?›, hat sie gefragt. Und sie hätte Bedenken, wie ich mit Rückschlägen umgehe. Irgendwie hab ich n seltsames Gefühl bei der Frau.»

Was sie denn noch für Fragen gehabt hätte, will ich wissen.

«Vergangenheit, Kindheit.»

Es gibt da einige Details, die er ihr anvertraut hat, die er bei seinen anderen Gutachten aber noch nie erzählt hatte: «Die Sachen aus meiner Kindheit. Das mit der Gewalt, mit meinem Vater und allem. Vielleicht denkt die jetzt, ich hab n Knall, wat weiß ich. Aber das ist meine Vergangenheit, da kann ich auch nichts für.»

«Ich finde es gut, wenn jemand offen über seine Vergangenheit redet.»

«Aber man weiß ja nicht, was die da mit ihrem Psychologiekram ruminterpretiert. Ist ja so einiges, was ich erlebt habe, und da zieh ich selber Konsequenzen: Ich hasse Gewalt gegen Frauen, und Gewalt gegen Kinder erst recht.»

«Dein Vater war auch gewalttätig gegenüber deiner Mutter?», frage ich.

«Ja, natürlich. Der war n richtiges Arschloch gewesen, ne ganze Zeitlang.»

«Und gegenüber euch auch?»

«Na, wenn ick da in den Streit rinjeplatzt bin, dann war ick och gleich in Mode. Anfangs bin ich ja dazwischengegangen, weil ich nicht wollte, dass er Mutter schlägt. Dann hab ich gleich in die Fresse gekriegt, vom Alten.»

Ich versuche, mir Micha vorzustellen, als kleinen Jungen in dieser Situation. Dann sage ich im Hinblick auf sein Gutachten:

«Aber gerade das kann man doch als positiv bewerten. Und die Gewalt, die du erlebt hast, die hat schon auch etwas mit dir gemacht, oder?»

«Natürlich, wär ich normal aufgewachsen, wär ich vielleicht n anderer, klar. Scheiße. Aber ich will jetzt endlich n Ergebnis, was Sache ist und wie's weitergeht. Dit macht mich langsam mürbe.»

Er sieht mich an.

«Das verstehe ich. Hat dir die Gutachterin denn gesagt, wie lang es dauert?»

«So bis Februar, März wird sie fertig.»

Als Erstes wird wohl der Sozialarbeiter vom Ausgang des Gutachtens erfahren. Im negativen Fall will Micha erst gar nicht zur Ergebnisverkündung in der Vollzugsplankonferenz dazugeholt werden.

«Ich hab keine Lust, mir anzuhören, wie scheiße ich bin. Wenn sie mir sagen, dass ich keine Lockerung bekomme, was soll ich dann in der Konferenz?»

«Jetzt warten wir erst einmal ab», versuche ich, ihn zu beruhigen, «du hast in den letzten Monaten sämtliche Erwartungen erfüllt, überall habe ich nur gehört, wie die Beamten und Sozialarbeiter sagen: ‹Herr Bender ist auf einem guten Weg. Bei dem hat sich viel getan.› Trotzdem ist es natürlich wichtig, sich Gedanken zu machen, für den Fall, dass es nicht so läuft wie erwartet. Man müsste versuchen, ihnen zu zeigen, dass du auch mit einem Rückschlag umgehen kannst. Was natürlich schwer ist.»

Er sieht mich eine Zeitlang an und meint schließlich schulterzuckend: «Irgendwie muss es ja weitergehen.»

Plötzlich platzt ein Justizbeamter zur Tür herein: «Wir haben gerade Zählung. Sie sind hier mit Herrn Bender?», fragt er und ist im nächsten Moment auch schon wieder verschwunden.

«Hat die Gutachterin denn nicht irgendeine Andeutung gemacht?», bohre ich nach.

«Nee. Aber ich hab auch nich gefragt. Ich bin nich so der Typ für schlechte Nachrichten. Ick bin da n gebranntes Kind. Ich hab immer nur schlechte Nachrichten gekriegt, seit 2011 in eigentlich jedem Gutachten.»

Er zündet sich eine Zigarette an und öffnet das Fenster. Kalte, feuchte Luft zieht herein.

«Du wolltest mir noch von deinem Vater erzählen?»

Er zieht nachdenklich an seiner Zigarette.

«Er war ja nicht nur n Arschloch, ich konnte ihn oft gut leiden, aber gerade das hat die Sache so schlimm gemacht: dass er auf eine Art in Ordnung war und dann wieder n Arschloch. Dann ist man gespalten, man sieht gar nicht das Schlimme, man will immer das Gute sehen.»

Er hält inne und räuspert sich kurz. «Er war manchmal wie n Schreckgespenst. Man hat gehört, der Alte kommt, und dann ist man schnell hoch ins Zimmer, nur weg. Man musste immer aufpassen, wie der Alte gerade druff ist. Mutter hat mich oft aufs Zimmer geschickt, wollte erst mal gucken, was da los ist.»

«Weil er getrunken hatte?»

«Wenn er angetrunken heimkam, gab's Stress, ja. Manchmal hat's gereicht, dass das Licht zu hell war. Irgendwas hat er immer gefunden, irgendwas hat ihn immer angenervt. Für mich ist der gestorben. Ich fühl mich zwar auch nicht wohl, das Ding so eingekorkt zu haben, also, dass er tot ist, aber das ist jetzt halt so.»

Seine Augen werden ein wenig glasig. Ich kann nicht sagen,

ob ihm fast die Tränen kommen oder ob es eine Nebenwirkung des Methadons ist, wie die winzigen Pupillen.

«Nach der Ausführung zum Grab, da hab ich mir ewig Gedanken gemacht – weil ich dir erzählt hab, dass er noch lebt. Tagelang hab ich drüber nachgedacht, warum ich ihn verleugne. Die Gutachterin hat es auch gleich gemerkt: ‹Sie sind nicht mehr so aufgebracht, wenn Sie von Ihrem Vater reden›, hat sie gesagt. Also hab ich ihr erklärt, dass ich versuche, auch die guten Seiten im Menschen zu sehen. Und die gab es ja. Wenn wir zum Beispiel gemeinsam LKW gefahren sind, das war toll, nur zu Hause eben … Meine Brüder waren viel älter als ich, die haben ihn auch zur Rede gestellt, wenn Mutter wieder n blaues Auge hatte. Die waren da so achtzehn, neunzehn Jahre alt, und die hatten viele Schlägereien mit ihm, denn Vater hat sofort angegriffen. Mir hat das Angst gemacht. Manchmal hab ich mich gar nicht runtergetraut. Schrecklich war dit.» Er atmet laut aus.

«Deine Brüder waren dann doch sicher stärker als dein Vater?», frage ich.

«Nee, irgendwie nicht. Vater war n Kämpfer, der hat Kraft gehabt wie Sau. Der hat die jedes Mal vermöbelt, auch wenn sie zu zweit kamen. War n guter Hauer, der wusste sich schon zu verteidigen, Kriegskind eben. Er war n tierischer Brecher, der hat bei der Stadtreinigung gearbeitet, war Kohlenträger, der hat sein ganzes Leben hart gearbeitet. Ich geb dem Alkohol die Schuld bei ihm. Wenn er nach der Arbeit mit den anderen noch einen jehoben hatte, dann gab's Ärger. Wahrscheinlich hatte er schon Stress auf Arbeit gehabt, und dann hat Mutter das abgekriegt. Und wenn er mich erwischt hat, gab's gleich – zack – eine vorn Kopf. Da hab ick ihn jehasst. Oben war mein Zimmer, und unten die Toilette. Ich hab mich manchmal nicht mal runter aufs Klo getraut.»

Schweigend höre ich ihm zu.

Sein glasiger Blick schweift ab, schließlich fährt er fort: «Einmal hat Mutter mich oben ins Bett gebracht. Da kam mein Vater heim, kam hoch, sie haben angefangen zu streiten, vor meiner Zimmertür, richtig laut, und auf einmal hör ich es poltern: bumbumbumbum. Er hatte Mutter die Treppe runtergestoßen. Sie lag unten, so komisch verdreht, den Kopf aufgeschlagen. Ich dachte, sie wär tot. Er ist dann abgehauen, war auf einmal weg. Ich glaube, in ne Kneipe, jedenfalls kam er erst am nächsten Morgen wieder. Ick war völlig überfordert, alles war voller Blut. Da war ich vielleicht sieben Jahre alt, und außer mir keiner zu Hause. Ich wollte n Krankenwagen rufen, aber wir hatten ja kein Telefon, im Osten. Ich musste erst mal n paar Häuser abklappern, bis ich telefonieren konnte. Meine Mutter kam dann ins Krankenhaus, sie hatte einen Schädelbasisbruch. Nach zwei oder drei Wochen war sie wieder da, und plötzlich war er auch ganz anders zu ihr. Das ging ne Weile, und dann war er wieder n Arschloch.»

Er nimmt einen Schluck aus seiner Tasse, sieht mich an und fügt hinzu: «Ja, war schon n schräger Typ. Da kriegt man natürlich Angst vor seinem Vater.»

«Haben sie ihn dafür drangekriegt?», frage ich ihn.

«Na ja, Mutter hat schon ne Anzeige gemacht. Aber die hat sie dann wieder zurückgezogen.» Er blickt mich an. «War ne andere Generation. Die sind im Krieg groß geworden, da hatte der Mann das Sagen, und ne Ohrfeige in der Ehe hat halt mit dazugehört.»

«Vermutlich gab es keine Alternative? Man will ja auch nicht, dass der Vater der eigenen Kinder in den Bau wandert.»

«Er war der Ernährer», bestätigt er. «Sie hat nicht viel verdient, das war schon ne Abhängigkeitssituation. Mit dem Umzug nach Steglitz ging das aber zu Ende. Da war ich dann so weit, da hätte ich ihn angegriffen, wenn was vorgefallen wäre. Irgendwann fing er an, mir Vorschriften zu machen: ‹Du bist erst fünfzehn, du hast um zehn zu Hause zu sein.› Da hab ich zu ihm gesagt: ‹Ach – jetzt willste Papa spielen? Auf einmal? Du bist gar nicht mein Vater, du bist nur mein Erzeuger. Ein Vater nimmt einen auch mal in den Arm. Du hast mir immer nur den Gürtel gegeben. Jetzt sag mir nicht, was ich zu tun habe, sondern hau ab.› Die Worte müssen irgendwie gewirkt haben: Er stand da, auf einmal sind ihm Tränen in die Augen geschossen, und dann war er weg. Das hatte ich überhaupt nicht erwartet. Ich hab gedacht, jetzt gibt's richtig Krawall – war aber nicht. Am nächsten Tag kam meine Mutter zu mir: ‹Mensch, was is n da passiert bei euch?› Ich sage: ‹Gab nen kleinen Streit. Is wohl das Beste, ich zieh aus. Ich schaff dit hier nich mehr.› Und ab da war er ein anderer Mensch: Er hat nicht mehr getrunken, alles war anders, war jetzt so was wie n Vater-Sohn-Verhältnis zwischen uns.

Kurze Zeit später bin ich das erste Mal ins Gefängnis gekommen, und er war meine Bezugsperson. Alle zwei Wochen kam er mich besuchen. Ab da hatten wir wirklich ne gute Beziehung, bis er diese Frau kennengelernt hat, nach dem Tod meiner Mutter: Die wollte uns auseinandertreiben, und auf die hat er gehört. Die wollte keinen Kriminellen in ihrer Familie, und da hat er sich für die Frau entschieden. Was ich nie verstehen werde. Und das kann ich ihm auch nie verzeihen.»

Er blickt düster vor sich hin. Müde hebt er den Kopf und fragt mich ratlos: «Was ist das für ne Frau, die sagt: ‹deine Familie oder meine›? Mir war es bis dato egal, dass er sich neu verliebt hatte, im Gegensatz zu meinen anderen Geschwistern. Ich hab's akzeptiert. Ich meine, Mutter is tot, soll er jetzt ewig Single bleiben? Irgendwann braucht man ja auch mal jemanden, der einen in den Arm nimmt. Das hab ich ihm alles gesagt, ich stand voll hinter ihm. Aber die Frau hat das nicht gut gefunden, dass er mich im Knast besuchen kommt. Und dann ging das schleichend: Es fing damit an, dass sein Telefon abgemeldet war, ich konnte ihn nicht mehr erreichen. Sein Handy war auch ständig aus. Er kam noch n paarmal zu Besuch, und irgendwann: keine Briefe mehr, kein Ton von ihm, gar nichts.»

«Und deine Geschwister haben auch alle keinen Kontakt mehr zu ihm?», frage ich ihn.

«Schon vorher nicht mehr. Die haben mitgekriegt, dass die Frau ihn immer mehr im Griff hatte, wie er sich verändert hat. Die haben dagegen gewettert, und irgendwann war Funkstille. Ich war der Letzte, der noch Kontakt zu ihm hatte, und den hat er selbst beendet. Und seitdem ist er für mich gestorben.»

«Meinst du, dass das alles auch was damit zu tun hat, dass du später selbst so gewalttätig warst?»

«Gewalt war für mich immer normal gewesen», antwortet er ohne Zögern. «Immer. Klar, hinterher hab ich manchmal gedacht, das war jetzt scheiße, aber wenn ich zugeschlagen hab, war alles normal für mich. Ich hätte Hilfe bekommen müssen. Aber damals waren alle überfordert. Heutzutage kriegste vielleicht in so ner Situation nen Sozialarbeiter an die Seite.»

Er schaut aus dem Fenster und wiederholt nachdenklich: «Gewalt war immer schon normal für mich. Ich musste für alles kämpfen, was ich habe. Man hätte irgendwie anders rangehen sollen: Nich gleich in n Jugendknast stecken, sondern irgendwie anders helfen. Im Jugendknast wurde ich erst richtig schlimm. Da musste ich kämpfen – für alles. Da wurd ich erst so richtig geformt. Und dann kam noch die rechtsradikale

Szene dazu im Knast – da wurd ick dann politisch ‹gebildet›, hab Bücher gelesen, wurde aktiv – dit hat mich eigentlich geformt: der Knast. Weil: Ohne Gruppe warste da aufgeschmissen, du brauchtest da ne Gruppe, um irgendwie geschützt zu sein. Weil, alleine war man da niemand, aber hatteste fünf, sechs Jungs, dann sah's anders aus. Und da ick immer der Jüngste war, musst ick mich irgendwo anschließen. Und – irgendwann sieht man dit nicht mehr – die Gewalt. Irgendwann is die Gewalt alltäglich, is die in einem drin, und man wees gar nich mehr anders zu reagieren als mit Gewalt. Weil man's auch nie anders gelernt hat.

Meine Zeit im Heim war auch nicht ohne. Nach den Prügelattacken von Vater dachte ich, schlimmer kann's nicht werden. Aber dann war ich im Heim vollkommen auf mich allein gestellt. Ich war neun oder so. Als mein Bruder wieder versucht hatte zu fliehen, der zweite Versuch, wollten sie mich auf den rechten Weg bringen, glaub ich. Und das ist komplett nach hinten losgegangen. Da war ich allein und musste kämpfen, richtig kämpfen! Im Schlafsaal waren fünfzig Jungs, die haben dir alles weggenommen, was du hattest! Da hab ich meinen ersten richtigen Kampf geführt, als Neunjähriger!»

Er grübelt lange vor sich hin. «Manchmal überleg ich auch», setzt er schließlich an, «was wohl aus mir geworden wär, wenn ich in ner anderen Familie aufgewachsen wär. Aber gut, ist halt so. N richtiges Arschloch bin ich ja auch nicht geworden, eigentlich. Hab halt bloß nicht anders gewusst, wie ich's machen soll.»

Diebe im Gesetz oder: Welche Mafia darf es sein? Beim nächsten Treffen sitze ich erst eine ganze Weile in dem kleinen Konversationsraum, oder vielmehr der «Konversationszelle», bis die Tür aufgeht. Als Micha endlich kommt, hat er noch eine dicke Backe. Vor drei Tagen wurden ihm zwei Weisheitszähne gezogen. Doch damit nicht genug: Heute Morgen wachte er auf und hatte ein ganz «zujeschwollnet Jesicht». Daraufhin ging er noch mal zum Gefängniszahnarzt, der ihm nun auch noch einen komplett vereiterten Backenzahn zog.

«Hat aber nicht weh getan. Ist n guter Zahnarzt. Kommt ne Brücke drüber und gut. Die Weisheitszähne hat er auch beide gezogen. Der eine ging ratzfatz, der andere ist abgebrochen, dann musste er mir drei Teile einzeln rausholen. Aber ging komplett schmerzfrei. Sind schon jute Zahnärzte zurzeit, da geh ich jetzt auch regelmäßig hin.»

Er packt seine Becher aus, schenkt Teewasser ein. Er sei ganz überrascht gewesen, als sie mich vorhin gemeldet haben; offensichtlich hat der Sozialarbeiter meinen Anruf, dass ich vorbeikomme, nicht ausgerichtet. «Kein Wunder, der ist grad völlig überfordert. Am Freitag gab's ne fette Schlägerei, und da muss er jetzt alles aufarbeiten: Meldungen schreiben, Leute verhören, so was eben. Zwei, drei Figuren sind durchgedreht, sind im Sportraum mit Hanteln aufeinander losgegangen, gab n paar Verletzte. Einer hat versucht, mit der Langhantel, das sind siebzig Kilo, die Tür aufzuknallen. Dann hat der Typ noch ne Hantel ins Fenster geworfen, der hat sich richtig ausgetobt, bis ihn die Beamten endlich ruhiggestellt haben. Zwei sind ins Krankenhaus gekommen. Und Donnerstag war noch drüben in Haus 2 ne Schlägerei zwischen Hells Angels und den Bandidos. Die hauen sich ständig. Und jetzt haben sie sich aber richtig mit Schlösser gehabt.»

«Mit Schlössern?»

«Ja, jeder von uns hat doch n Vorhängeschloss, damit er seine Zelle tagsüber abschließen kann, wenn er auf Arbeit ist.

Das stecken die in ne Socke rein, dann kannste das Ding schleudern wie ne Keule. Wenn du so was in die Fresse kriegst … Da waren zwei übel verletzt, die sind im Krankenhaus, und zwei andere sind in n Keller gekommen.

Sind einfach zu viele Cliquen hier. Man kann Hells Angels und Bandidos nicht im selben Haus einsperren. Ist doch klar, dass das früher oder später Ärger gibt. Die stecken sich hier ihre Gebiete ab, wer wo dealt und so weiter, und wenn da einer wildert … Unser Haus hier ist zum Glück recht ruhig.»

Die unterschiedlichen Mafiagruppen spielen im Knast eine große Rolle. Noch vor zehn Jahren hatten die «Diebe im Gesetz», hierzulande besser bekannt als «Russenmafia», den Großteil der deutschen Knastlandschaft fest in ihrer Hand. Ursprünglich entstanden sie in Stalins Straf- und Arbeitslagern, in deren interner Hierarchie Diebe den höchsten Stand hatten. Von dort aus entwickelte sich eine kriminelle Organisation, die immer mehr Einfluss gewann und längst weltweit agiert. Es gibt zahlreiche Regeln, denen alle Mitglieder streng unterworfen sind. Das sogenannte Diebesgesetz verbietet es, in irgendeiner Form mit Behörden zusammenzuarbeiten, eine Aussage gegen andere Mitglieder wird strengstens geahndet. Jede Gruppe verfügt über einen «Abtschak», eine Art Gemeinschaftskasse, in den sämtliche Mitglieder einzahlen und in den auch die Einnahmen aus Schutzgelderpressungen fließen. Gerät jemand in Schwierigkeiten, werden aus dem Abtschak Anwälte und Gerichtskosten bezahlt sowie die Familie des Betroffenen versorgt. Auch der aufwendige Lebensstil der höherrangigen Mitglieder wird aus diesen Einnahmen bestritten.

Eine große Rolle spielen die markanten Tätowierungen der Mitglieder, an denen sich der Status des «Diebes» ablesen lässt.

Wer die geheime Bedeutung der Tattoos nicht kennt, hält sie für eine willkürliche Zusammenstellung von Symbolen und Bildern. In Wirklichkeit sind sie alles andere als das: Der tätowierte Körper eines Mitglieds ist wie eine Ganzkörper-Uniform, bedeckt mit Insignien, Auszeichnungen, Errungenschaften, genauso wie Misserfolgen oder Degradierungen.

«Die Diebe im Gesetz», erzählt Micha, «haben auf den Fingern und auf den Kniescheiben Sterne tätowiert, die sind wie Auszeichnungen für die. Daran kann man sehen, wer ein Captain, ein Anführer ist. Und: Die Diebe im Gesetz würden nie vor dem Gesetz in die Knie gehen. Wenn einer von denen ein Problem hat, sind die anderen in der Pflicht, ihm zu helfen.»

«Weißt du, wofür die verschiedenen Tattoos stehen?», frage ich ihn neugierig.

Er überlegt eine ganze Weile, bevor er mir antwortet: «Ich weiß schon einiges, aber sei mir nicht böse: Das behalt ich lieber für mich, das könnte sonst Probleme geben.»

Das sehe ich ein, denn eines ist klar: Mit diesen Jungs ist nicht zu spaßen.

Einige Monate später erfahre ich von einem russischstämmigen Beleuchter mit bunter Vergangenheit aber dann doch noch einige Details: Die Bedeutung der zahlreichen Symbole und auch, wie man sie zu lesen hat, wird nur mündlich weitergegeben. Tattoos wie Teufel, Drache, Schlange oder eine nackte Frau haben eine gewisse Bedeutung – die sich aber je nachdem, auf welchen Körperteil sie tätowiert sind, schnell in ihr Gegenteil verwandeln kann. Eine Spinne, die zum Beispiel ihr Netz hochkrabbelt, bedeutet: ‹Ich bin offen für neue kriminelle Aufgaben.› Krabbelt sie aber von oben nach unten, hat ihr Träger dem Verbrechen den Rücken zugekehrt. Eine mit Stacheldraht umwickelte Rose auf dem Oberarm bedeutet, dass der Betreffende seinen achtzehnten Geburtstag im Knast verbracht hat, die Anzahl der Dornen zeigt an, wie viele Jahre er einsaß. Ein Hakenkreuz wiederum, erfahre ich, hat in der Regel nichts mit Nazis zu tun, sondern steht für Anarchie. Sein Träger verachtet die Regierung, verweigert sich den Regeln im Gefängnis und lehnt es ab zu arbeiten. Auftätowierte Schulterklappen, sogenannte Epauletten, zeigen an, dass es sich um einen hochrangigen Dieb handelt. Bei Degradierung wird man hingegen mit einer Ratte oder einem Schweinekopf versehen.

Damit die wichtigsten Details einer Person, sozusagen die Highlights seiner Vita (positiver wie negativer Natur), auf den ersten Blick, also auch im bekleideten Zustand, sichtbar sind, «trägt» jeder Dieb zusätzlich tätowierte Ringe mit entsprechender Bedeutung. Ein Ring mit Krone zeigt an, dass es sich um eine Autorität handelt, wohingegen ein Ring mit sechs kleinen Punkten seinen Träger als «Sechser» outet, einen Dieb von niedrigstem Rang. Seine Aufgabe wird es in der Regel sein, als Bediensteter für Kochen und Servieren, Waschen der Kleidung und Schuhputzen zuständig zu sein. Jede Autorität hat in der Regel mehrere solcher Sechser, die für ihr Wohl sorgen.

Manche Ringe zeigen an, dass einer in Leningrads berüchtigstem Gefängnis einsaß, andere stehen für Aufenthalte im Arbeits- oder Erziehungslager, wieder andere verraten, dass ihr Träger Vollwaise ist, oder entlarven ihn als Drogensüchtigen. Während man Ringe für ehrenhafte Delikte wie Diebstahl, Einbruch oder Raub gern trägt, werden andere unter Zwang auf die Haut tätowiert. Sie brandmarken die Niedrigsten in diesem System, die Unberührbaren: Bei den Männern sind das die Sexualstraftäter und Kinderschänder, bei den Frauen Mütter, die ihr Kind ermordet haben. Sie alle sind für jeden Eingeweihten auf den ersten Blick erkennbar.

«Momentan treten die Araber mit ihren Clans aber viel mehr in den Vordergrund als die Russen», erzählt Micha. «Die sind ja alle verwandt: verbrüdert, verschwägert, Cousins dritten Grades, was auch immer. Das sind die Härteren hier drin, die haben das so richtig in der Hand. Die Russen fallen immer bloß auf, weil die so aggressiv sind, Schutzgeld erpressen, und wenn mal einer Schulden hat, wird mindestens gleich der Finger gebrochen. Wenn du neu im Knast bist, auch als Deutscher, kommt irgendwann ein Russe zu dir und fragt dich, ob du was brauchst, Sachen, damit man erst mal klarkommt: Tabak, Kaffee, was zum Anziehen. Und wenn du was annimmst, dann bist du denen auf jeden Fall schon mal was schuldig. Das wird aus dem Abtschak, der Gemeinschaftskasse, bezahlt, und daran wirst du dich dann auch beteiligen müssen. Wenn du jetzt beispielsweise Tätowierer bist, dann wollen die zehn Prozent haben, wenn du wen tätowierst. Und wenn du einzahlst, bist du Mitglied. Wenn es mal Probleme gibt, kannst du natürlich auch sagen: Hört mal, die Araber machen mir Schwierigkeiten, zum Beispiel, und dann kommen die Russen und helfen. Du kriegst auch sofort Geld, wenn du was brauchst – aber das musste dreifach zurückzahlen. Und das ist ganz gefährlich. Denn Leute, die nicht zurückzahlen können, die haben die Hölle hier: Die müssen sauber machen, bei andern Geld eintreiben, Drogen dealen, alles. Die Russen können richtig Action machen. Also, hört sich anfangs nett an, aber die haben nur das Geschäft im Kopf. Wenn mir n Russe auch nur ne Zigarette anbietet, nehm ich die nicht an. Das wissen die bei mir schon. Die Araber machen das Ganze auf ruhig. Mit denen macht Geschäftemachen mehr Spaß.»

«Kommen die Araber auch zu dir und bieten dir einen Abtschak an?»

«Nee, da gehst du hin. Da sagst du, dass du n Problem hast oder dass dir langweilig ist und du n bisschen Drogen verdealen willst. Mit den Russen ist es jetzt nicht mehr so schlimm. Vor zehn Jahren war's anders, da waren dreißig Russen im Haus; alles Typen, die bis zum Äußersten gegangen sind. Die haben sich dann Leute rausgepickt, die alleine waren und Geld hatten, zum Beispiel n Bankräuber, der was versteckt hat, oder wer mit reichen Eltern. Haben die dann ausgepresst bis aufs übelste. Wenn du ein Einzelgänger warst, von der Gemeinschaft keinen Schutz hattest, dann warst du das ideale Opfer. Die haben sogar die Familie draußen erpresst: ‹Hört mal, euer Sohn ist hier, wir wollen unser Geld. Sollen wir euch mal n Teil von ihm schicken, bevor ihr zahlt, oder wie machen wir das?› War ne üble Zeit. Aber so vor zehn Jahren hat die Anstalt das zersprengt.»

«Wie das?»

«Härtere Kontrollen. Und teilweise haben sie die Leute verlegt, nie mehr als drei Russen auf eine Station und so weiter. In Haus 2 war es ganz schlimm, da haben sie den großen Freistundenhof umgebaut, wo die sich trafen. Jetzt hat da jeder Flügel seinen eigenen kleinen Freistundenhof. Denn damals hatten die Russen alles in der Hand – Tabak, Alkohol, Drogen, Schutzgelderpressung.»

«Und die Araber?»

«Die kommen schon auch, wenn's sich rentiert. Ich würd lieber n Geschäft mit nem Araber machen als mit nem Russen; sag ich dir, wie es is. Die Araber sind einfach menschlicher: Die sehen nicht nur die Beute, die du jetzt in der Tasche hast. Die tausend Euro, die du jetzt hast, die würden dir die Russen sofort wegnehmen, und alles andere wäre scheißegal. Die Araber sehen die tausend Euro, aber vielleicht haste nächsten Monat noch mal tausend? Die denken weiter. Die Russen quetschen dich nur aus, und wenn du nix mehr hast, biste uninteressant. Dann kannste niedrige Arbeiten machen. Die Araber haben mehr Geschäftssinn, die sind lieber dran beteiligt, wenn du verdienst. Ist draußen ja auch so: Jedes Tattoostudio bezahlt an irgendeinen Bikerclub Schutzgeld. Einige sagen zwar, sie machen's nicht, aber jedes Tattoostudio zahlt, zehn Prozent. Es gibt nicht eines in Berlin, das nicht zahlt. Ist von Bezirk zu Bezirk unterschiedlich, mal die Angels, mal die Bandidos. Aber dafür schicken die Angels dann auch Kunden, das ist ein Geben und Nehmen. Genauso ist es mit den Türen, egal, welcher Club: Jede Tür zahlt. Die versuchen immer, eigene Leute an die Tür zu stellen. Der Türsteher entscheidet ja, wer dealt. Die lassen das Zeug rein oder halten es draußen. Wenn du mit den Türstehern zusammenarbeitest, dann gehste rein und kannst dealen. Deswegen ist die Tür im Club immer das Wichtigste. Jeder große Club zahlt oder hat einen Türsteher von nem Rockerclub oder von ner Araberfamilie. Heutzutage machen ja die Araber mit den Rockern zusammen. Die Angels, die Bandidos, das sind ja in Berlin fast alles Araber.»

«Und wenn jetzt jemand einfach so in einen Club geht und Drogen verdealt, kriegt das der Türsteher mit?»

«Wenn er's mitkriegt, dann haste ein Problem. Und früher oder später wird er's mitkriegen. Irgendwer wird kommen und sagen: ‹Hey, da is n Typ, der versaut uns dit Jeschäft. Hol den ma raus!› Dann holt er dich raus, verhaut dich, und kommste noch mal, dann tut's richtig weh. Hier drin sind ja viele von den Angels, ich unterhalt mich ja auch mit denen. Die Tür ist n Wahnsinnsgeschäft. Oder auch Freiluftkonzerte, Musikfestivals im Sommer. Und das meiste Geld machen die vermutlich in den Puffs. Die gehören denen ja in der Regel. Aber das Schlimme ist: Diese ganzen Rockertypen, die kommen jetzt alle hierher!»

«Wie das denn?», frage ich irritiert.

«Na, die haben doch einige ausgehoben in den letzten Monaten, bei ihren Razzien. Und die sitzen jetzt in Moabit in U-Haft und kommen dann zu uns! Über dreißig Leute!»

Ich erinnere mich, in den letzten Wochen gab es Zeitungsberichte von diversen Razzien und Festnahmen in der Rockerszene. Einer der größten Puffs von Berlin, von Hells Angels geführt, wurde zeitweilig sogar geschlossen.

«Aber warum kommen die alle nach Tegel?», frage ich weiter. «Wieso werden die nicht auf unterschiedliche Gefängnisse verteilt?»

«Ach woher», winkt er ab, «das andere sind doch alles Kurzstraferknäste, da kommst du bis fünf Jahre hin. Der Langstraferknast ist Tegel. Hier trifft sich alles, früher oder später. Andere Bundesländer nehmen ungern welche auf, schon gar nicht so ne Kaliber. Momentan haben wir bei uns im Haus sechs Angels und drei Bandidos, das läuft ruhig, aber wenn jetzt mehr hier einfliegen, kann sich das schnell ändern. Im Knast gibt's ein ungeschriebenes Gesetz: In Gefangenschaft hat man Frieden. Aber so richtig klappt das auch nicht immer.»

Februar 2015. Noch immer wartet Micha auf das Ergebnis des Gutachtens, wie er mir als Erstes erzählt. Noch immer ist er dabei, das Methadon auszuschleichen, wobei der Suchtdruck weiter wächst, klagt er. Dazu trägt die Unsicherheit über seine Zukunft das ihrige bei. Deshalb würde Micha gerne einen Aussteiger aus der Naziszene kennenlernen, möchte mit Leuten reden, die dasselbe durchgemacht haben wie er. Er erhofft sich Rat und Tipps, wie man zum Beispiel mit ehemaligen Kameraden umgeht.

Im Verlauf unseres Gesprächs scheint er mir zunehmend dünnhäutiger zu werden. Immer wieder klagt er über zu wenig Unterstützung, setzt alle Hoffnung auf die Aussicht auf Lockerung, damit er zumindest stundenweise rauskann, vorerst zweckgebunden, sprich, um an einer Drogentherapie teilzunehmen oder Termine beim Aussteigerprogramm EXIT wahrnehmen zu können.

«Dann wäre ich hier nicht immer mit allem allein. Die fragen mich zu meiner Kindheit, dann kommt der ganze Scheiß wieder hoch, und anschließend sitz ich allein auf der Zelle, mit meinen Erinnerungen. Die Anstalt will, dass ich vom Methadon runterkomme, aber keiner hilft mir dabei. Keiner sagt mir, wie ich mich verhalten soll, wenn ich Suchtdruck habe. Ich kann mit keinem reden, der das selber schon mal durchgemacht hat.»

«Aber hier gibt es doch Gruppen zur Drogenberatung?», frage ich ihn.

«Klar, gibt hier so Pseudogruppen», winkt er verächtlich ab, «aber da sind die Leute drin, weil sie reinmüssen, weil sie auf Ausgang wollen. Da ist keiner freiwillig. Ich bräuchte Leute, die mir was sagen können, wenn ich wirklich Probleme krieg. Hier werd ich unter Druck gesetzt, aber Hilfe bekomm ich keine.»

Er wird immer wütender, und ich bemühe mich, ihn zu beschwichtigen: «Kannst du mit dem Runterdosieren nicht einen kleinen Gang zurückschalten?», frage ich ihn.

«Ich möchte das doch selber», insistiert er, «ich will da raus. Ich möchte zum Beispiel am Wochenende auch mal ausschlafen, aber jetzt muss ich jeden Morgen um acht Uhr früh zum

Sani, mir meine Ration abholen. Ick hatte jetzt noch mal n Rückfall. War zwar nur Haschisch, aber trotzdem. Nach dem Gespräch mit der Gutachterin war ich völlig fertig und hab n Joint geraucht. Und dann war mein UK dreckig. Ick hab mich selbst angezeigt. Der Arzt hat jesagt, dit is keen Ding: ‹Ick versteh Ihre Situation›, hat er gemeint, ‹dit is n Einzelfall bei Ihnen, wolln wir mal nicht größer machen, als es ist.› Die Anstalt verlangt das von mir, aber wie soll ich's machen? Ist doch kein Spaß, sich von Methadon runterzudosieren. Ich bin seit fünfzehn Jahren drogenabhängig, da sagste dir doch nicht einfach, das war's jetzt. Ohne jede Hilfe? Wie denken die sich dit?»

Er sorgt sich, was passiert, wenn der Sozialarbeiter vom Rückfall erfährt. Ein Joint scheint mir bei einem lange Zeit Heroinabhängigen kein wirklicher Rückfall, aber der Sozialarbeiter könnte das anders beurteilen, erklärt er mir: «Am Ende haut der mir ne sechsmonatige Sperre rein, dann ist mit Lockerung erst mal gar nichts. Ich kann nur hoffen, dass er dit nich erfährt.»

«Und wenn du's ihm selbst erzählst, ist er dann vielleicht milder gestimmt?»

«Keine Ahnung. Ist mir zu riskant. Wenn ick dann keine Ausgänge kriege, dann muss ich das Methadon eben wieder hochschrauben. Oder muss ich sowieso; im Augenblick hab ich das Gefühl, ich kann nicht mehr lange.»

Er zieht ein kleines Faltblatt hervor und legt es auf den Tisch. «Ich hätte ne Gruppe, wo ick sofort hingehen könnte, wenn ich gelockert werde. Hab da schon telefoniert, ich könnt sofort kommen. Alles Leute, die heroinabhängig sind oder waren. Die wissen, was ich durchmache. Was soll ich darüber mit unsrem Sozialarbeiter reden? Der raucht nicht, trinkt kein Kaffee, der weiß doch überhaupt nich, was ne Sucht is! Aber ich kann halt nicht planen. Wenn ich wüsste, ich kann ab März da hin, dann würd ich das jetzt durchziehen, aber so häng ich in der Schwebe. Wenn ich jetzt nicht gelockert werde, wer hilft mir dann hier drinne? Dann bin ich runter auf zwei Milliliter, und das pack ich nicht allein! Seit über einem Jahr lass ich mich runterdosieren – war das dann alles für die Katz?»

Er ist wütend und zugleich sehr frustriert. «Und diese Scheißgruppen hier drin, diese Scheißheinis», redet er sich in Rage, deutet auf die Freistunde im Innenhof, «die wollen doch alle gar keine Gruppe, die kotzen ab, die machen das nur, weil sie müssen. Der Großteil von denen hat gar kein Heroinproblem, die haben n Alkoholproblem, die kapieren gar nicht, was mit mir los ist!»

Ich bin ratlos. «Vielleicht lässt du dich diesen Monat erst einmal nicht weiter runterdosieren?», schlage ich zaghaft vor.

«Zu spät, ist schon passiert. Ich hab schon einen Milliliter weniger diesen Monat. Und zurück geht nicht. Der Automat wird am Monatsanfang eingestellt und bleibt so bis zum nächsten Monat.»

Dann malt er sich aus, was alles passieren könnte, wenn die Vollzugsplankonferenz negativ entscheidet, wenn er nicht gelockert wird. Das versetzt ihn fast in Panik. Vielleicht auch, weil gerade seine Zelle durchsucht wurde.

«Am Mittwoch haben sie mir die Sicherheit reingeschickt», klagt er, «die ganze Zelle haben die auf links gedreht. Was soll n das? Ist aber ohne Befund ausgelaufen.» Er blickt düster vor sich hin. «Vielleicht wollten sie was Belastendes für die Konferenz finden.»

Das kann ich mir nun wirklich nicht vorstellen. Ich versuche, ihm diese Gedanken auszureden, und gleichzeitig, seine Sorgen ernst zu nehmen. Ich weiß nicht, ob nicht vielleicht auch die

Reduzierung des Methadons seine Stimmung so düster werden lässt, und erinnere ihn daran, was er in den letzten Monaten geschafft hat: das Methadon fast komplett runtergefahren, und das – bis auf den einen Joint – ohne Rückfall. Schließlich zeigt er mir eine Karte von seinem Bruder. Er schreibt sehr herzlich, möchte Micha zwar nicht im Gefängnis besuchen, aber er würde sich freuen, ihn draußen wiederzusehen. Ein weiterer Grund, der Lockerung entgegenzufiebern.

Wir reden noch über die nächste Ausführung, bei der er gerne EXIT besuchen will. Ich verspreche ihm, nachzufragen, ob er dort bei dieser Gelegenheit einen Aussteiger kennenlernen könnte. Dann verabschiede ich mich.

Vier Wochen später ruft mich Herr Behrend an, um mir mitzuteilen, dass das Gutachten nun fertig ist. Wann ich denn Zeit für ein gemeinsames Treffen mit der Gutachterin hätte? Wie es denn ausgefallen sei, frage ich ihn neugierig.

«Na ja, gar nicht mal so schlecht», antwortet er. Das freut mich, auch wenn er gleich etwas zurückhaltend anfügt, man sollte in kleinen Schritten vorwärtsgehen. Wie die Lockerung aussähe, meint er, müsse man noch im Detail besprechen. Vielleicht gibt es vorerst Ausgänge mit nur einer Begleitung, eventuell könne auch ich das sein. Ich bin froh und erleichtert. Wäre keinerlei Lockerung in Aussicht, hätte ich mir wirklich Sorgen gemacht, dass Micha in eine Depression gerät, rückfällig wird, was auch immer.

Morgen hat Micha die nächste Ausführung. Es geht zu EXIT, dort soll er einen anderen ehemaligen Nazi treffen, um sich auszutauschen.

März 2015. Es ist ein regnerischer Tag, aber Micha ist gut gelaunt, als das große Tor der Justizvollzugsanstalt zur Seite fährt und er in Begleitung zweier Beamter ins Freie tritt. Wir machen uns auf den Weg zur U-Bahn, am Fahrkartenautomat kommt Micha inzwischen alleine zurecht und zieht sich ein Ticket.

«Wo entwertet man dit hier jetzt?»

Ich deute auf den kleinen roten Kasten. Die Beamten kaufen ihre Fahrkarten selber, seit neuestem trägt die Anstalt diese Kosten. Noch bis vor kurzem musste der Gefangene für sämtliche Fahrscheine aufkommen, bei dem geringen Gehalt im Knast ein kleines Vermögen. Nur wenn der Gefangene ins Kino oder in den Zoo möchte, muss er die Eintrittskarten für die begleitenden Beamten mitbezahlen.

«Kalt, wa?» Er fährt sich mit der Hand über die frisch geschorenen Schläfen. «War n Unfall gestern: Ich hatte Lack in den Haaren, von der Arbeit. Nitro reingemacht – da hab ich weiße Haare gekriegt. Musste ich alles abschneiden.»

In der U-Bahn kommt er auf das Gutachten und seine erhofften Folgen, die Lockerung, zu sprechen.

«Ich hoff, dass die mich nicht allzu lang mit nem Beamten rumeiern lassen. Solang da immer einer mitläuft, kann ich privat nix machen. Mein Bruder will mich nicht sehen, wenn da n Blauhemd mit bei ist. Außerdem, wenn ich abhauen will, hau ich auch mit einem Beamten ab, dit is nich dit Problem. Aber ich will das ja gar nicht.»

«Ich bin erst einmal froh, dass das Gutachten ja offenbar positiv ausfällt.»

«Jetzt wird es bald Sommer», entgegnet er, «da sind kaum Beamten da. Das wird schwierig, wenn ich immer ne Begleitung brauch.»

Immer wieder versuche ich, sein Augenmerk auf das Positive zu richten, aber es gelingt mir nicht so recht, vielleicht auch, weil ich seine Ängste und Sorgen gut verstehen kann.

«Das läuft nur bei mir so», sagt er kopfschüttelnd, «ich kenn keinen anderen, bei dem das mit der Lockerung so kompliziert ist.»

Wir fahren quer durch Berlin, die Adresse von EXIT ist streng geheim, da der Verein ständig Anschlagsdrohungen aus der rechten Szene bekommt. An der entsprechenden U-Bahn-Station angekommen, haben wir noch etwas Zeit, und Micha möchte an einem Dönerstand haltmachen.

«Hab seit zwei Tagen nichts gegessen.»

«Wieso das denn?»

«Na, weil ich Hunger haben will. Will ja draußen was essen. Es muss sich doch lohnen.»

Er bestellt sich einen Döner, der türkische Verkäufer guckt etwas irritiert auf Michas frisch rasierten Schädel mit den bunten Tattoos; «Skinhead» steht da unter einem Totenkopf, «OiOiOi» und noch mehr … Micha scheint seinen Blick nicht zu bemerken.

«Wie läuft's bei dir auf Arbeit?»

«Alles super», sagt er mit vollem Mund, «gerade arbeite ich n neuen Kollegen ein. Der Chef is zufrieden.»

Trotzdem kommt er gleich wieder auf seine Situation zu sprechen. Er hat Angst, dass er nicht an der Drogengruppe teilnehmen kann. «Wenn ich da zweimal nicht kommen kann, weil ich keinen Beamten finde, der Zeit hat, mich zu begleiten, dann flieg ich raus – so sind die Regeln.»

Die Beamten, die neben uns einen Kaffee trinken, stimmen ihm zu. Regelmäßige Ausgänge lassen sich schwer bewerkstelligen, dafür fehlt das Personal.

Ein paar Querstraßen weiter liegt das Büro des Vereins in einem typischen Berliner Hinterhof. Kein Schild, nicht einmal ein Name an der Klingel deutet auf ihn hin.

Doch wir werden schon erwartet. Bernd Wagner, den ich bereits kennengelernt habe, begrüßt uns freundlich. Er stellt uns zwei weitere Mitarbeiter vor, außerdem den Aussteiger Manfred Scholz, ein Mann Anfang vierzig, der Micha ein paar Fragen beantworten soll. Wir nehmen mit unseren Beamten alle in einer großen Runde am Tisch Platz; für Micha hat man extra ein warmes Essen – Schweinshaxe mit Klößen – bestellt, denn man weiß hier, dass eine anständige Mahlzeit für einen Knacki etwas Besonderes ist. Micha sieht mich an, zieht erfreut die Augenbrauen hoch – die Fastenzeit hat sich gelohnt. Er bedankt sich und fängt an zu essen.

Herr Wagner deutet auf ein vergittertes Fenster. «Das haben wir ja damals, bei Ihrem ersten Besuch, pflichtgemäß vergittert. Auf Anweisung der Anstalt, weil Sie als hochgefährlich eingestuft waren», erklärt er lächelnd, «wir haben's mal so gelassen, auch wenn es heute wohl keine Auflage mehr ist.»

Dann beginnt Manfred Scholz von seinem früheren Leben als Neonazi und Hooligan zu erzählen. Vor etlichen Jahren stand er vor einer erneuten Inhaftierung und nahm, eigentlich nur aus taktischen Gründen, Kontakt zu EXIT auf; er erhoffte sich dadurch eine geringere Strafe. In den Gesprächen fasste er dann aber schnell Vertrauen zu Bernd Wagner und wurde ernsthaft zu dem Aussteiger, der er eigentlich nur vorgegeben hatte zu sein. Hinterher, nach Verbüßung seiner Strafe, ließ er seine alten Kreise und seine Heimat hinter sich, zog in ein anderes Bundesland und führt nun seit über zehn Jahren ein straffreies Leben.

«Erst wenn du die alte Heimat verlässt, kannst du neu anfangen, den ganzen Scheiß hinter dir lassen. Wie ist das bei dir im Knast? Hast du da Probleme bekommen?»

«Die Leute wissen, dass ich jetzt bei EXIT bin. Weil ich das öffentlich gemacht habe, gibt's auch kein Zurück, die Rechten wolln mich gar nicht mehr. Ich find das super.

Es gibt schon mal Anfeindungen, paar blöde Sprüche, aber da steh ich drüber.»

Manfred fragt, wie es mit Freunden und Familie aussieht, und betont, wie wichtig es ist, das alte Umfeld hinter sich zu lassen. Dann erzählt er, wie er, als ehemaliger Neonazi, inzwischen an Weihnachten selbstgebackene Plätzchen im Asylbewerberheim verteilt und dass man seine Vorurteile am besten verliert, wenn man auf die Menschen zugeht.

«Wir haben ja auch sehr viele Ausländer bei uns in Tegel», meint Micha, «inzwischen hab ich mehr Ausländer als Freunde als irgendwelche Deutsche. Ich hatte da mal ein einschneidendes Erlebnis: Ich wurde angegriffen von zwei, drei Russen, schon lange her. Alle haben sie von oben zugeguckt, keiner hat was gemacht. Dann kamen zwei Marokkaner und haben mir geholfen. Obwohl ich damals noch ne Glatze hatte und Fascho war! Das war für mich n Erlebnis, wo ich dachte: Wieso helfen die dir jetzt? Die ham in mir nicht den Nazi gesehen, sondern nur: Der braucht Hilfe, und fertig. Das war mit ausschlaggebend dafür, dass ich mich gedreht habe. Heutzutage ist jemand für mich nicht mehr n Arsch, weil er n Türke is, sondern weil er sich wie n Arsch verhält, das kann auch n Deutscher sein. Ich brauchte ne Weile, bis ich das verstanden habe.»

«Was waren eigentlich so deine Ambitionen als junger Mann, dass du zu den Rechten gegangen bist?», fragt Manfred.

«Das war einfach Familienersatz. Ich war oft allein. Aus unserem Dorf sind nach der Wende alle Jugendlichen weggezo-

gen, nur noch ich und zwei, drei Kumpels waren da. Bei der
Schule standen immer auch n paar Skins rum. Da hab ich mich
manchmal dazugestellt, und die ham mir mal n Bier gegeben,
haben mich beachtet, so hat das angefangen. Da waren Leute,
und die haben sich für mich interessiert! Meine Mutter war
immer auf Schicht, Vater war nie da, meine Brüder schon aus
dem Haus, und bei denen hab ich die Aufmerksamkeit bekommen. So lief das eine Zeitlang, und irgendwann war ich voll
integriert. Das war ja auch nicht nur schlecht, das war auch
schön, die waren Familie für mich. Am Ende hätt ich für die
alles gemacht. Wenn es hieß: ‹Pass auf, wir müssen noch mal
los, wir müssen einen verteidigen›, dann sind wir losgegangen.
Als ich dann das erste Mal eingefahren bin, hab ich zwar schon
gemerkt: Ich bin allein, da hat mich keiner besucht. Aber ich
bin nachher trotzdem wieder zurückgegangen. Das sind die
kurzen Strafen, da lebst du mit dem Kopf noch draußen. Jetzt
ist das anders. Ich könnte von keinem meiner Jungs sagen, ob
er noch aktiv dabei is. Viele sind verheiratet, paar sind tot, aber
sonst – keine Ahnung.»

Die Hammerskins, denen Micha damals angehörte, gelten als eine der gefährlichsten Neonazi-Organisationen überhaupt. Sie sind keine Massenbewegung, sondern verstehen
sich als arische Elite unter den Naziskins. Von Nordamerika
ausgehend, haben sich in vielen Ländern weltweit Divisionen
gegründet, die sehr gut organisiert und untereinander vernetzt
sind. Sie gelten als brutal und extrem gewaltbereit. Die deutsche Division ist in elf regionale Chapter unterteilt und umfasst
gut zweihundert Mitglieder.

Bei seiner zweiten Inhaftierung, noch vor dem Mord, hatte
Micha dann, erzählt er, einmal einen polnischen Gefangenen
verteidigt. Ein paar Skins wollten ihn verprügeln, er ging da-

zwischen und stand dann auf der Abschussliste. An diesem Punkt trat EXIT erstmals in Erscheinung. Michas Vater hatte sich damals an die Organisation gewandt, ohne seinem Sohn davon zu erzählen. Er hatte Angst um ihn. EXIT stufte ihn als «sicherheitsgefährdet» ein und sorgte dafür, dass er in ein anderes Gefängnis verlegt wurde.

«Wenn das nicht passiert wäre, wäre Herr Bender zwischen den Gittern zermalmt worden. Das war schon sehr eng», sagt Bernd Wagner. Von dem Hintergrund dieser Verlegung damals erfuhr niemand etwas, nicht einmal Micha selbst.

«Wie benimmst du dich, wenn du Leute aus der alten Szene triffst?», möchte Micha von Manfred wissen.

«Ich habe derzeit keinen Kontakt zu den Leuten. Aber früher, wenn mich mal einer auf EXIT angesprochen hat, weil er davon Wind bekommen hatte, habe ich das anfangs alles abgestritten, als Schutzfunktion. Ich würde immer als Erstes versuchen, denen aus dem Weg zu gehen. Und wenn's nicht anders geht, die Situation zu erklären: Du sitzt seit sechzehn Jahren im Knast, willst dein Leben ändern, keiner von denen hat dich hier jemals besucht oder sich um dich gekümmert. Aber dabei keine großen Vorwürfe machen, das Ganze möglichst knapp halten und zusehen, dass man weiterkommt.»

«Ich hab gehört, es gibt da jetzt ne schwarze Liste von Aussteigern in der Szene?»

«Weiß ich nicht, kann sein. Aber davon darfst du dich nicht beeindrucken lassen.»

«Das wird schon Wellen schlagen, wenn ich richtig rauskomme. Wird sich rumsprechen.»

«Lass dich davon nicht unterkriegen. Versuch, dir nen neuen Freundeskreis aufzubauen.»

«Das ist schwierig. Mit den Tätowierungen auf den Händen ...» Er zeigt seine Fingerknöchel mit den Worten «HASS», «SKIN», «ACAB» («all cops are bastards») und der 88, die für «Heil Hitler» steht.

Bernd Wagner schaltet sich ein und erklärt, dass es Möglichkeiten gibt, dass die Anstalt und EXIT eine Tattoo-Entfernung bezahlen. Das fände Micha gut, vor allem bei den Händen und den rechten Symbolen. Anschließend will er noch wissen, wie es für Manfred war, draußen einen Job zu finden, als er frisch aus dem Knast kam. Es war keine einfache Sache, das wird schnell deutlich. Zwar hatte er in der Haft eine Handwerkerlehre begonnen, die er als Freigänger auch erfolgreich abschloss, aber aufgrund seiner Vergangenheit bekam er keine Festanstellung. Er hangelte sich von Arbeitsbeschaffungsmaßnahmen zu Zeitarbeit, hatte einen kurzen Job nach dem anderen. Es kam auch vor, dass er irgendwo anfing, alles sich gut anließ, man war mit seiner Arbeit zufrieden – aber nach zwei Wochen wurde er zur Geschäftsführung gerufen. Dort bekam er mitgeteilt, man habe ihn «abbestellt», da man von seiner Vergangenheit erfahren habe und die Kollegen Angst vor ihm hätten. Auch wurde ihm vorgeworfen, dass er nichts davon gesagt habe.

«Allerdings», fügt er an, «wurde ich in den Fällen zuvor, wo ich etwas gesagt hatte, gar nicht erst genommen.» Vor zwei Jahren hat er sich selbständig gemacht und kommt ganz gut über die Runden.

Micha hört die ganze Zeit aufmerksam zu, nickt nachdenklich. Nach einer Weile fragt er: «Und wie ist das mit der Wohnung? Wenn da einer von den ehemaligen Kameraden mitbekommt, wo ich wohne?»

«Man kann eine Meldesperre einrichten. Die Gemeinden sind da oft sehr entgegenkommend», sagt Bernd Wagner. «Ich gelte aufgrund meiner Arbeit als ‹hochgefährdete› Person, aber ich habe mir abgewöhnt, mir ständig Gedanken darüber zu machen. Und Sie haben sich ja eine Grundvorsicht antrainiert, im Knast, die können Sie draußen gut brauchen.»

«Bei Ingo Hasselbach», entgegnet Micha, «hieß es bei uns Hammerskins: ‹Sucht den ma, jibt n jutes Kopfgeld!›»

Manfred bestätigt, dass er früher bei jedem Auto, das langsam an ihm vorbeifuhr, Angst bekam, dass er in Panik geriet, wenn ein unbekannter Wagen längere Zeit bei ihm vor dem Haus parkte.

«Anfangs hatte ich zu Hause immer einen Knüppel zur Hand, aber irgendwann wird man verrückt davon. Jetzt habe ich mir das abgewöhnt.»

«Außerdem», beruhigt ihn Bernd Wagner, «Sie sind schon sehr lange weg. Da ist viel Zeit vergangen. Bestimmt wäre es schlau, nach der Entlassung aus Berlin wegzugehen. Und das Wichtigste ist, sich von jeglichen Locations fernzuhalten, in denen Rechte verkehren.»

Abschließend gibt Manfred Micha seine Postfachadresse und kündigt an, dass er ihn vielleicht mal im Knast besuchen will. Ansonsten wollen sie über EXIT in Verbindung bleiben.

Ende März 2015. Der lang erwartete Tag ist gekommen. Heute findet die Vollzugsplankonferenz statt, in der über die Lockerung entschieden wird. Wie üblich wird Micha am Ende hinzugeholt, um das Ergebnis zu hören. Als er am Ende des langen Tisches Platz nimmt, treffen sich unsere Blicke kurz. Er wirkt unsicher, ich selbst weiß überhaupt nicht, wie ich gucken soll.

Der Leiter der Teilanstalt führt aus, was beschlossen wurde: Entgegen Michas Hoffnung, entgegen der Erwartung von Beamten und Sozialarbeitern ist eine Lockerung in der von ihm gewünschten Form nicht möglich. Er soll zwar gelockert werden, allerdings in ungewöhnlich kleinen Schritten: Der Antrag lautet, dass Micha im nächsten halben Jahr einen Ausgang monatlich erhält, weiterhin in Begleitung, wenn auch nur eines Beamten. An der erhofften externen Drogentherapie kann er dadurch nicht teilnehmen, die fände wöchentlich statt. Stattdessen soll er bei den monatlichen Ausgängen zu einem externen Therapeuten. Um dem Suchtdruck besser gewachsen zu sein, empfiehlt man ihm, die tägliche Dosis Methadon nun wieder zu erhöhen. Beruflich rät man ihm, seinen bisherigen Job aufzugeben und stattdessen einen ABM-‹Baustein› zu machen. Als der Teilanstaltsleiter seine Ansprache beendet hat, blickt Micha geradeaus ins Leere. Nichts regt sich in seinem Gesicht. Es ist totenstill im Raum.

Irgendwann räuspert sich der Teilanstaltsleiter. «Haben Sie meine Ausführungen verstanden?»

Micha starrt.

«Haben Sie noch Fragen?»

Micha starrt. Dann sieht er ihn an.

«Nee», sagt er und steht auf, «ist besser, wenn ich jetzt geh.»

Einige in der Runde blicken irritiert zu mir, ich erhebe mich unsicher. Micha hat sich bereits auf den Weg zurück in seine Zelle gemacht. Der Teilanstaltsleiter nickt mir kurz zu, anscheinend ist es in Ordnung, dass ich ihm folge, auch wenn ich in seinem Haftraum normalerweise nichts zu suchen habe. Im Moment aber, vermute ich, ist jeder froh, wenn ich übernehme. Ich laufe hoch zu seiner Station, die Zellen sind um diese Zeit alle geöffnet. Er sitzt auf dem einzigen Stuhl in der Ecke des kleinen Raumes, hat sich eine Zigarette angezündet und starrt aus dem vergitterten Fenster.

Er sieht mich nicht an.

«Jetzt nicht. Ich brauch jetzt meine Ruhe.»

Obwohl das unmissverständlich ist, habe ich das Gefühl, ich sollte bleiben. Eine Ewigkeit stehe ich in der Ecke neben der Tür, er sitzt mir gegenüber und starrt vor sich hin.

Irgendwann, nach langem Schweigen, setze ich mich vorsichtig auf sein Bett, der einzig verbleibenden Sitzgelegenheit hier. An der Wand mir gegenüber hängt ein Poster mit einer halbnackten Frau, ein Foto von Rico und eine Autogrammkarte von mir. Auf dem Boden, auf dem kleinen Tischchen und am Fenster stehen überall Blumentöpfe. Als er vor zwei Wochen bei EXIT nach seinen Hobbys gefragt wurde, hatte er geantwortet: «Zeichnen. Und Pflanzen. Ich bekomm immer die Pflegefälle. Ich hab hier drin n grünen Daumen gekriegt. Deswegen würde ich am liebsten Garten- und Landschaftsbau machen. Irgendwo nen Park, einen Friedhof pflegen, das wär mein Ding.»

Er blickt über die Pflanzen hinweg nach draußen.

«Ich werd keine Anträge auf Ausführungen stellen», sagt er irgendwann. «Wohin soll ich denn diese Ausführungen machen? Ich wollte ne Suchtgruppe, das geht jetzt nicht mehr! Ich muss meine Schulden bezahlen, hab aber kein Geld. Was soll ich einmal im Monat draußen? Soll ich vorm Imbiss stehen, mir den Sabber rauslaufen lassen? Ich hab das gerade mal so hingekriegt, alle drei Monate.» Er schüttelt den Kopf. «Und jetzt soll ick noch den Job kündigen? Um irgendeinen ‹Baustein› zu machen, nicht mal ne richtige Ausbildung. Dann hab ich ja noch weniger Geld! Wie soll das alles gehen? Und wer interessiert sich später dafür, dass ich hier mal nen ‹Baustein› gemacht habe, vor Jahren? Krieg ich deswegen nen Job?» Er sieht mich wütend an. «Für mich hat sich vollzuglich nichts geändert. Ja, läuft jetzt nur noch ein Hansel mit. Ob einer oder mehrere, dit is mir doch egal. Wo ist denn da die Veränderung?»

«Die Veränderung liegt in der Perspektive», sage ich zögernd, «du hast den ersten Schritt Richtung offenen Vollzug gemacht. Aber natürlich ist der viel kleiner ausgefallen, als wir alle gedacht haben.»

«Jetzt müssen die doch sowieso erst mal drei Monate warten, bis das bewilligt wird. Danach kommen wieder neue Spielchen, ich kenn das. Die schieben mich von Jahr zu Jahr, wann soll ich denn hier jemals rauskommen? Ich war zweiundzwanzig, als ich hierherkam! Sagt da neulich einer: ‹Warten Sie n halbes Jahr, dann können Sie Ihren Bruder sehen.› Ick warte jetzt schon sechzehn Jahre drauf, und einer meiner Brüder ist gestorben in der Zeit!» Er schüttelt frustriert den Kopf: «Dit is nich jut jelofen, dit Ding. Bei mir auf Station sind sieben Leute, die gelockert sind, bei denen lief das alles unkompliziert.»

Da kann ich nicht mitreden, mir fehlt der Vergleich.

«Zumindest wollen sie beantragen, dass du in einem halben Jahr nur noch von mir oder dem Sozialarbeiter begleitet wirst», erwidere ich.

«Ick will aber auch mal alleine raus! Ick will ne Drogentherapie! So oft kannst du mich doch gar nich begleiten, weißte selber!»

Dem kann ich nicht viel entgegensetzen, natürlich hat er recht.

«Weißt du, was das für mich für n Akt war, das Methadon runterzufahren? Und jetzt soll ich einfach wieder hochgehen? Die ganzen Monate, wo ich geschwitzt hab in meinem Bett, wo ich Krämpfe gehabt habe – das war alles umsonst?»

«Gemeint ist, wenn es dir schlechtgeht, könnte man das Substitut auch wieder hochfahren, als Unterstützung.»

«Is dit nich jenau, wat ich nich soll?» Seine Augen funkeln mich wütend an. «Wenn's mir dreckig geht, dass ich zu irgendwas greife?»

«Unter der Kontrolle des Arztes –»

«Das ist Kontrolle?», unterbricht er mich. «Dass der mir mehr gibt? Wo ist denn da der Unterschied, ob ich zum Dealer geh oder zum Arzt? Ich will diesen Scheiß weghaben! Ich will clean sein! Und die sagen: ‹Geh mal zum Arzt, dann wirst du wieder schön ruhig!›»

«So ist das nicht gemeint. Da kann man drüber reden …»

«Reden kann man. Aber ich werd's nich nehmen, ist meine Entscheidung.»

Ich kann ihn gut verstehen, gleichzeitig habe ich die Worte des Arztes aus der Konferenz im Ohr, dass es typisch für einen Suchtkranken ist, zu hohe Ansprüche an sich zu stellen.

«Es geht doch nur darum, dass du dich nicht überforderst.»

«Ich mach diese Ausführungen nicht mehr», meint er nach einer Weile, «muss ich doch nicht, oder? Kein Bock mehr auf Gassigehen. Wenn ich sonst vollzuglich mitmache, können sie mir nichts, oder?»

«Lass das erst einmal sacken. Ich kann dich ja verstehen.»

«Man hätte mir lieber klar ‹nein› sagen sollen. Damit könnte ich besser umgehen. Wenn die mich hierbehalten wollen, dann sollen sie das einfach sagen.» Er zieht an seiner Zigarette. «Ich hatte mich auf meine Familie gefreut. Mein Bruder hat im Juni Geburtstag, da wollt ich gerne hin. Und ich werd den Job nicht kündigen. Nicht, wenn ich nicht genauso viel Geld verdiene.»

«Vielleicht gibt es ja eine Möglichkeit, dass du nach dem Baustein in deinen Job zurückkehrst?»

Aber das erreicht ihn nicht mehr richtig.

«Und dazu soll ich mein PTB, meine jetzige Psychotherapie, hinschmeißen? Wo das doch läuft, wo ich der Tante doch vertraue? Hab ich doch erst vor n paar Monaten begonnen! Wie oft soll ick denn noch anfangen?»

Viele Fragen, auf die ich keine Antwort habe. Als ich mich nach knapp zwei Stunden verabschiede, ist die Situation nicht viel besser als vorher.

«Ich glaub, ich schaff das nicht», sagt Micha zum Abschied ruhig, «ich bin doch schon so lange gelaufen. Jedes Mal, wenn ich anhalte, seh ich irgendwo vor mir ne Oase. Dann komm ich näher, und dann war's doch wieder nur ne Fata Morgana.»

Als ich an der Panzerglaspforte stehe, um wieder in die Freiheit entlassen zu werden, hält mich der Justizbeamte kurz zurück: «Ihr Vollzugshelferausweis läuft in zwei Monaten ab, den müssen Sie bald verlängern.»

«Ja, das muss ich wohl», antworte ich knapp und trete hinaus ins Freie.

Irgendwann später. Ich sitze in der S-Bahn, auf dem Weg nach Hause, und gucke durch das Fenster ins triste Grau des ins Stocken geratenen Frühlings. Die Sitzung heute Vormittag hatte deutlich länger gedauert als gewöhnlich. Das Ergebnis ist für alle Beteiligten unbefriedigend. Vor einem Jahr noch hatte man von Micha gefordert, mit dem Ausschleichen des Methadons zu beginnen. Damals konsumierte er fünfzehn Milliliter täglich. Damit war klar, dass er bei einer Reduktion von einem Milliliter pro Monat ein Jahr später genau da stehen würde, wo er jetzt ist: Bei einer Minimaldosis von drei Millilitern, kurz vor dem Nullpunkt sozusagen, verbunden mit dem entsprechenden Suchtdruck. Hat sich damals jemand konkrete Gedanken darüber gemacht, wie es dann weitergehen sollte?

Die Gutachterin hatte in der heutigen Konferenz eine Lockerung befürwortet, allerdings in sehr kleinen Schritten, da nicht absehbar sei, wie Micha mit Veränderungen umgehen könne, ob er bei Ausgängen ohne Begleitung nicht vielleicht überfordert wäre. Dazu käme die Alkoholproblematik in seiner Familie, bei beiden Elternteilen, er selber konsumierte Alkohol, seit er zwölf war, vor der Inhaftierung in beachtlichen Mengen; dieses Problem sei noch überhaupt nicht bearbeitet. Zwar ist Micha in den vergangenen Jahren nie durch Alkoholkonsum aufgefallen, aber die Sorge, er könne sich draußen in einer überfordernden Situation an einem Kiosk volllaufen lassen, ist nicht unberechtigt. Eben daher rührte der sinnvolle Vorschlag, ihn einmal in der Woche vorerst begleitet zur Drogentherapie auszuführen, der aber mangels Personal keine Chance hatte.

April 2015. «Alter, schon abjefahren, dieses Emotionstraining! Haste da mal reingehört?»

Ich kenne die CD selber nicht. Es war eine Empfehlung von Michas Sozialarbeiter, und so habe ich sie ihm zum Geburtstag geschenkt. Wenn man über einen Versandhandel bestellt, kann man so eine CD direkt in den Knast schicken lassen, habe ich inzwischen erfahren. Es freut mich, dass sie ihm gefällt.

«Wenn man das richtig mitmacht, dann ist es ganz okay. Man muss natürlich auch mitmachen. Wenn ich angespannt bin, leg ich sie schon mal rein, tut gut. Erst soll man sich total anspannen, dann langsam locker werden. Allein geht das. Bloß in ner Gruppe kann ich mir das nicht vorstellen.» Er rümpft die Nase. «Da würd ich mir n bisschen blöd vorkommen. Man lässt sich da ja gehen, so n bisschen.»

«Auf der Schauspielschule mussten wir ständig solche Sachen machen», entgegne ich und erzähle. Im Sprechunterricht mussten wir auf komischen Bällen sitzen, in den Beckenboden atmen und stöhnende Geräusche von uns geben, bevor es mit Kiefermassage und Zungenübungen weiterging. Die Sprechlehrerin hat mich oft rausgeschickt, weil meine Lachanfälle die anderen abgelenkt haben. Das amüsiert Micha, und ich bin froh darüber, schließlich hat er zurzeit wenig zu lachen.

Wir sitzen im Büro von Herrn Behrend und warten. Mit ihm möchten wir noch einmal besprechen, wie es jetzt weitergeht. Herr Behrend telefoniert noch nebenan, schließlich legt er auf und setzt sich zu uns.

«Ich hätte mir echt gewünscht, dass sich was tut. Das ist keine Lockerung, das sind Ausführungsmaßnahmen», beschwert sich Micha.

«Die Gutachterin sieht noch Risiken, deshalb plädiert sie für eine langsame Lockerung in kleinen Schritten», verteidigt der Sozialarbeiter die Entscheidung der VPK.

«Wie soll das alles gehen? Drogentherapie, EXIT, externe Therapie, meine Familie sehen? Ich krieg doch höchstens einmal im Monat einen Beamten zur Ausführung – wenn ich Glück habe.»

Betretenes Schweigen. Micha ist frustriert, weil niemand sieht, was er im letzten Jahr geleistet hat. Und empört, weil man vorschlägt, er soll nun einfach wieder hochgehen mit dem Substitut.

Wir sprechen über den möglichen Alkoholkonsum während eines Ausgangs, den die Gutachterin als Gefahr sieht. Ich höre, dass es einen Tag nach der enttäuschenden Vollzugsplankonferenz in der Malerwerkstatt ein kleines Trinkgelage gab, die Kumpels hatten Aufgesetzten dabei. Das Ganze flog auf, alle mussten pusten, und der Einzige, der komplett nüchtern war,

war Micha. Ich bin beeindruckt und schlage vor, man könne doch mit dem Teilanstaltsleiter nochmals reden – schließlich habe Micha doch soeben unter Beweis gestellt, dass er eben nicht so leicht zur Flasche greift. Vielleicht kann man das mit der Begleitperson so regeln, dass nach ein paar Wochen Herr Behrend oder ich ihn begleiten statt eines Beamten?

«Wird nicht passieren», meint Micha kopfschüttelnd.

«Ich versuch mein Bestes», entgegnet Herr Behrend.

Ich darf Micha noch zu seiner Zelle zurückbegleiten. Als er mich verabschiedet, sagt er: «Ich bin der Einzige, der so lange mit Begleitservice rumrennen soll. Sonst gibt es nur noch einen – so n Irrer, der am Ku'damm jemandem mit nem Samuraischwert den Kopf abgeschlagen hat.»

Mai 2015. Micha ist ganz bleich, als ich ihn antreffe. Er war gestern Geburtstag feiern, bei einem türkischen Knastkumpel. Es gab jede Menge zu essen.

«So ne komische Kefirmilch hab ich da getrunken. Bin ja eigentlich nicht so n Milchtyp. Aber er hat mich genötigt: ‹Komm, trink! Das schmeckt!› Na ja – hab ich ihn leer gemacht, den Eimer. Und abends hab ich Probleme gehabt. Saure Milch …» Er schüttelt sich.

Abgesehen davon hat sich seine Stimmung etwas aufgehellt.

«Herr Behrend hat beantragt, dass ich die ersten zwei Monate im Wechsel mit nem Beamten oder mit ihm rausgehe, die nächsten zwei Monate dann im Wechsel mit nem Beamten oder mit dir. Und ab der nächsten VPK dann vielleicht alleine.»

Dennoch bleibt er skeptisch: Der Hausleiter hat schon sein Einverständnis gegeben, aber auch Anstaltsleitung und der Berliner Senat müssen zustimmen.

Dann erzählt er mir, dass er erstmals seine Entlassung beantragt hat. Und erklärt auf meinen erstaunten Blick hin: «Natürlich werd ich nicht entlassen. Aber nun hab ich die fünfzehn Jahre rum, und dann kann man einmal im Jahr seine Entlassung beantragen. Dann gibt's ne Anhörung, der Richter muss sich mit meiner Geschichte auseinandersetzen. Vielleicht bekomme ich dann ein Entlassungsdatum, für irgendwann. Oder paar Bedingungen gestellt, die ich erfüllen muss. So oder so wird es ne Vorladung geben, in paar Monaten. Und ich wäre froh, wenn du auch dabei bist.»

Wie immer bei solchen Terminen kann ich ihm nichts versprechen.

«Wenn ich da bin, klar. Aber falls ich drehen muss, keine Chance.»

Er nickt. Wir sehen uns an.

«Deine Pupillen sind größer geworden», sage ich.

«Klar. Ich bin ja auch runter auf einen Milliliter.»

Ich bin überrascht. «Gratuliere. Du hast schon ganz andere Augen bekommen. Fällt mir richtig auf!»

«Demnächst geh ich auf null. Ich versuch es einfach. Wenn's nich klappt, geh ich eben wieder hoch.»

Ich bin beeindruckt.

«Ich schlaf auch nich mehr so lange, zwölf Stunden schlafen is nicht mehr. Jetzt penn ich sieben Stunden und bin fit. Ich fühl mich gut so. Ich nehm alles viel intensiver wahr. Übrigens, die externe Therapie, die die verlangt haben, das geht gar nicht. Ist nicht möglich für jemanden auf Methadon. Voraussetzung für ne externe Therapie ist, dass man nicht substituiert ist.»

Er schiebt mir einen Zettel rüber, er hat das schwarz auf weiß. Ich wundere mich immer wieder, wie wenig Absprachen und Informationsaustausch es zwischen den Abteilungen gibt.

«Komisch, wa?»

Er sieht mich fragend an. Ich weiß keine Antwort darauf. Da fällt mir ein, dass ich ihm etwas mitgebracht habe. Letztens hatte ich noch einmal das Internet durchforstet, auf der Suche nach Informationen über Rico. Man findet Artikel, aber keine Fotos mehr von ihm, wohl aus personenschutzrechtlichen Gründen. Irgendwann nach langer Suche war ich dann aber doch fündig geworden. Ich lege ihm die beiden ausgedruckten Fotos auf den Tisch. Ein kleines Porträt von ihm und ein offensichtlich älteres Bild, bei dem er lässig über die Schulter Richtung Kamera blickt.

«Das sind offenbar die einzigen Bilder, die es von ihm noch gibt.»

Behutsam nimmt er die kleinen Fotos in die Hand und betrachtet sie lange.

«Schön. Sehr schön», sagt er. Ein Lächeln huscht über seine Lippen. «Freu ick mir!»

Sorgfältig verstaut er die Bilder in seinem Kalender.

«Ja, Mensch, zurzeit vermiss ich ihn ganz schön. Ist echt schwierig jetzt für mich. Keiner mehr da, dem ich mich mal anvertrauen kann.»

«Gibt es denn gar niemanden, dem du hier vertrauen kannst?»

«Es würde schon einen geben, aber ich hab kein Bock mehr, mich so eng zu binden. Die Leute sind dann immer irgendwann weg, und ich bleib wieder allein hier. Das ist kein LLer, der geht in zwei Monaten in den Offenen. Wir werden schon irgendwie im Kontakt bleiben. Alle kommen und gehen. Nur ich bleib immer hier. Ich gehör hier ja schon zum Inventar», er lächelt gequält.

«Ich dachte, die meisten hier im Haus sind Langstrafer?»

«Der Großteil ja. Aber mit den meisten kann man nichts anfangen. Entweder sind das Sexualstraftäter, oder die haben ne ganz dunkle Vergangenheit. Wir sind hier drei, vier Leute im Haus, die zusammenhalten, aber mehr auch nicht.»

Er würde gerne Kontakt zu seinem Bruder aufnehmen, allerdings weiß er nicht so recht, was er ihm sagen soll; schließlich hat er ihm vor einem Jahr angekündigt, dass er bald auf Ausgang kommt.

«Was soll ich dem jetzt sagen? Der wird doch glauben, ich hab wieder Scheiße gebaut.»

Du musst ihm das erklären …», setze ich an, aber ich sehe an seinem Gesichtsausdruck, dass er das nicht tun wird. Dass es vielleicht auch keinen Sinn macht. Glaubt man denn einem, der jahrelang so viel angestellt hat, dass er wirklich nichts dafür kann, wenn die angekündigte Hafterleichterung nicht kommt?

Schließlich wechselt er das Thema, bedankt sich noch für ein paar Autogrammkarten, die ich ihm letztens für seine Kumpels geschickt habe.

«Die kennen dich, bist schon n bisschen bekannt hier. Obwohl, Bulle …», er lacht, «hättest ja auch mal n Gangster spielen können.»

«Hab ich schon oft gemacht», entgegne ich.

«Ja, dann mach noch mal einen. Und wenn du paar Tipps brauchst, statten wir dich aus.»

Einige Wochen später. 37,5 Grad zeigt das Thermometer an. Seit einigen Tagen ist es extrem heiß, in manchen Orten wurden neue Hitzerekorde gemessen. Ich sitze im Garten und bin froh, dass ich gerade freihabe, für den heutigen Nachmittag bin ich mit Micha im Gefängnis verabredet, als mein Handy klingelt: «JVA Tegel» entnehme ich dem Display. Micha ist am Apparat, er ruft mich aus dem Büro des Sozialarbeiters an.

«Entschuldige, aber dit wird heut nischt. Ick hab mich heute Morgen hochdosieren lassen. Und jetzt, zusammen mit der Hitze, mir jeht's nicht jut. Dit macht heut kein Sinn.»

«Auf wie viel Milliliter bist du jetzt?»

«Bin hoch auf acht, ist besser so», rechtfertigt er sich, «die janze Situation hat mich so unruhig gemacht. Ick will nich, dass wat passiert.»

Ich rede ihm gut zu, sage ihm, dass das vollkommen in Ordnung ist und ich es gut finde, dass er Verantwortung für sich selbst übernimmt.

«Jedenfalls bin ich ganz benebelt, muss mich erst mal dran gewöhnen.»

Ich verspreche ihm, mich zu melden, sobald ich einen freien Termin habe.

Juli 2015. An Michas Lage hat sich nichts geändert, im Gegenteil. Selbst die kleinen Lockerungsschritte, die auf der VPK eigentlich beschlossen wurden, hat die Anstaltsleitung abgelehnt. Damit wir uns nicht ständig in frustrierenden Gesprächen über die verfahrene Situation im Kreis drehen, schlage ich vor, heute einmal über ganz andere Dinge zu reden. Was gar nicht leicht ist. Nachdem ich ihm von meinen aktuellen Dreharbeiten erzählt habe, entsteht eine Pause.

«Ich würde ja gerne noch ein paar Dinge über das Leben hier drinnen wissen», sage ich dann.

«Klar. Frag einfach.»

Als wir bei unserer letzten Ausführung unterwegs waren, flüsterte Micha mir einmal zu: «Mensch, die ganzen jungen Frauen in ihren Tops, ich weiß ja gar nicht, wo ich hingucken soll! Ich hab doch seit Jahren keine Frau mehr gehabt!» Die Bemerkung hatte nichts Anzügliches, sondern eher etwas Hilfloses, Anrührendes.

«Wie läuft das eigentlich im Knast mit Sex?», frage ich ihn schließlich. Eine Frage, die ich mir schon immer gestellt habe.

Als Erstes erzählt Micha vom Langzeitsprecher-Raum, den ich vor über zwei Jahren beim ersten Treffen einmal kurz gesehen habe. Dort dürfen Inhaftierte bei guter Führung einmal im Monat bis zu drei Stunden mit ihrer Frau oder Freundin allein sein. Der Langzeitsprecher ist begehrt, die Warteliste lang, und generell ist er nur für Häftlinge mit einer Strafe von über fünf Jahren bestimmt. Anders lässt sich die große Nachfrage offenbar nicht regeln.

«Ansonsten gibt's nicht viele Möglichkeiten», meint Micha. «Manche bitten auch den Pfarrer, ob sie bei ihm mal ne Sprechstunde mit ihrer Ehefrau abhalten können. Da kann man dann vielleicht nen Quickie schieben.»

«Beim Pfarrer?»

«Klar», er zuckt mit den Schultern, «der geht dann in den Nachbarraum … hab ich auch mal. Mit meiner Krankenschwester, ist schon n paar Jahre her. Hatte sie im Knastkrankenhaus kennengelernt, wurde ne kleine Affäre. Die wollten mir keinen Langzeitsprecher geben», rechtfertigt er sich auf meinen erstaunten Blick hin, «dann muss ich eben beim Pfarrer. Ich hab ja auch Bedürfnisse. Und die Frau auch. Bloß ist dabei dieses olle große Kreuz auf dem Tisch umgefallen. Das hat n Krach gemacht! Na ja … kurz aufgehört, gewartet und weitergemacht. Danach wollte er uns keine Sprechstunde mehr geben.»

Er zündet sich eine Zigarette an.

«Manche haben natürlich auch ne sexuelle Beziehung zu ihrer Vollzugshelferin. Aktuell kenn ich da drei.»

Ich gucke ihn mit großen Augen an.

«Na, sind doch alles schicke junge Kerle hier drin», meint er ganz selbstverständlich, «da haben die Frauen freie Auswahl. Unter mir ist einer, paar Jahre jünger als ich, Anfang dreißig. Dessen Vollzugshelferin ist n steiler Zahn; zwar schon Anfang fünfzig, sieht aber deutlich jünger aus, mit langen, blonden Haaren, und immer n Minirock an, kann sie sich auch leisten. Die nimmt den regelmäßig hart ran, hier drin.»

Mir bleibt die Spucke weg. Ich kenne die Frau vom Sehen.

«Die vögeln? Hier drin? Bist du dir da sicher?»

«Hat er mir doch selbst erzählt. Das weiß hier jeder, der Augen im Kopf hat. Er telefoniert jeden Tag zweimal mit ihr!»

Und auf meinen ungläubigen Blick hin: «Ruf ich dich jeden Tag zweimal an, um mit dir zu quatschen? Na, jetzt rattert's bei dir da oben erst mal, wa? Hättest vielleicht doch lieber Vollzugshelfer im Frauenknast werden sollen, statt hier mit mir zu sitzen?» Er grinst mich hämisch an.

«Nä», kontere ich, «aber jetzt weiß ich, warum du unbedingt eine Vollzugshelferin haben wolltest!»

Wir lachen.

«So was hatte ich nie im Sinn», rechtfertigt er sich, «ich wollt nur n bisschen Abwechslung, Männer seh ich ja genug hier drin. Nee, jetzt mal im Ernst», insistiert er, «inzwischen bin ich froh, dass du n Kerl bist. Genau deshalb. Sonst steht ja immer dieses Thema im Raum. Verstehste? Bei uns ist klar, wir sind Kumpel, und gut. Meine Vollzugshelferin vorher … die kam manchmal in nem Kleid, das hat hier rinjepasst.» Er deutet auf seine geschlossene Faust.

«Und der Ausschnitt bis hier runter. Da fragt man sich natürlich schon, warum trägt die das hier drin? Hier sind doch alle ausgehungert! Aber darauf ansprechen ist auch schwierig.

Vielleicht ist das normal für sie, sie läuft immer so rum, und dann fühlt sie sich vielleicht bedrängt – schwierige Sache. Ich bin wirklich froh, dass ich das Thema nicht mehr habe.»

Auch wenn ich immer noch lachen muss, das glaube ich ihm durchaus. Dann erzählt er mir, dass sich ab und zu auch mal zwischen einer Justizbeamtin und einem Insassen eine Liaison entwickelt, was natürlich verboten ist. Vor einigen Jahren, als weibliche Justizbeamte noch relativ neu waren, flogen kurz hintereinander gleich zwei solcher Beziehungen auf, die Boulevardblätter berichteten ausführlich über die Vorkommnisse.

«Ist dir so etwas schon mal passiert?»

«Nee, bei Beamtinnen törnt mich die Uniform ab», antwortet er. «Und das hat insgesamt auch sehr abgenommen. Vor ein paar Jahren, da war hier noch richtig was los: Da gab's schon zwei, drei Beamtinnen, die hatten es auf uns abgesehen. Die werden natürlich versetzt, wenn das rauskommt, in nen anderen Knast. Eine hat immer richtig rumgegraben, hat mich ständig angetatscht. Ich war mir nie sicher, ob die das auch so meint. Und irgendwann höre ich: Die wurde erwischt. Sie war dann weg. Da hab ich mir gedacht: Mensch, hättste ja auch mal reagieren können. Aber ich bin halt auch schüchtern geworden, man verlernt das hier drinnen.»

Er hängt kurz seinen Gedanken nach, bevor er fortfährt: «Ist ja so: Die Frauen kommen hier rein und werden hier bewundert. Manche von denen guckt draußen keiner mit dem Arsch an, und hier drinne sind sie Prinzessinnen – das genießen die schon, glaub ich. Wenn die so aussehen wie n Eimer Schrauben.»

Er zündet sich eine Zigarette an.

«Ansonsten gibt's hier auch n paar Knackis, die sich prostituieren. Die meisten machen das, glaub ich, weniger wegen der Kohle, sondern weil sie da Bock drauf haben. Schwule, die sich hier so richtig ausleben. Manche machen daraus n Geschäft. Und dann gibt's natürlich wieder denjenigen, der noch n Zusatzgeschäft obendrauf machen will, praktisch als Zuhälter. Der passt auf dich auf, dass dir keiner weh tut, ist da, wenn du Ärger hast. Gibt's alles. Manche graben einen ständig an. Früher hätt ich da aggressiv reagiert, heute bin ich locker. Ist halt nicht meins. Ich war auch draußen nie bei ner Prostituierten, nicht mein Ding.»

Er blickt dem Rauch seiner Zigarette hinterher und schnippt Asche aus dem Fenster.

«Eigentlich gibt's hier drinne alles, was es draußen auch gibt. Ich könnte dir alles besorgen, was du willst. Es braucht nur manchmal n bisschen mehr Zeit. Und mehr Geld.»

«Was ist denn mit ‹knastschwul›?», frage ich ihn. «Gibt es das?»

«Manche verlieben sich, führen eine Beziehung. Sagen, sie machen das nur, solange sie hier sind. Die haben draußen ihre ganz normale Familie: Ehefrau, Kinder, aber hier haben sie nen Partner für die Zeit im Knast. Aber das kann ich mir schwer vorstellen. Und natürlich gibt's diese Machos, die sich nur mal einen blasen lassen. Da gibt's einige – die haben lebenslänglich und lassen sich einmal im Monat einen absaugen. Das ist für mich ‹knastschwul›. Angebot gibt's reichlich, manche biedern sich richtig an: ‹Komm nu, los. Ick mach's auch für n Tabak.› Und manche Kollegen nehmen das so mit, die denken dabei an ihre Frau. Die unterhalten sich danach ganz locker, wer besonders gut ist, und so weiter: ‹Wahnsinn, hat der Typ mir einen geblasen, wie meine Alte!› Ich könnt das nicht. Ich krieg das nicht hin. Da könnt ich hundert Jahre haben, da würd ich nicht drauf eingehen, da bin ich zu doll lesbisch für. Ich lieb die Frauen.»

September 2015. Als ich heute nach einem Gespräch mit Micha, in dem er sehr depressiv wirkte, das Gefängnis verlasse, treffe ich am Ausgang auf den Pfarrer, der ebenfalls gerade geht. Seit fünf Jahren ist er der katholische Seelsorger in Tegel. Ein groß gewachsener, schlanker Mann, Ende fünfzig, er wirkt immer offen, freundlich und gut gelaunt, was ich von Anfang an bewundert habe, schließlich macht er in meinen Augen einen besonders schwierigen Job. Seit Ricos Beerdigung haben wir kein längeres Gespräch geführt, und da wir beide gerade nicht in Eile sind, trinken wir noch gemeinsam einen Kaffee im türkischen Imbiss an der U-Bahn-Station.

«Es gibt zwei Hindernisse hier in Tegel», erklärt er mir seine Sicht der Dinge, was die Institution Gefängnis angeht.

«Das erste sind die Sozialarbeiter. Sie sind oft krank, außerdem wechseln sie sehr häufig. Ein Gefangener, der zehn Jahre sitzt, wird in dieser Zeit garantiert nicht von ein und demselben Sozialarbeiter betreut. Er bekommt mindestens alle paar Jahre einen neuen Sozialarbeiter an die Seite gestellt, mit jeweils eigenen, neuen Vorstellungen, wie alles zu laufen hat. Dazu immer die große Angst der Sozialarbeiter, dass das Verhältnis zu den Gefangenen zu distanzlos wird, was ich meist für ein Alibi halte.»

«Wie meinen Sie das?»

«Na, die lassen sich auf die Gefangenen meist überhaupt nicht ein. Die halten sie nur auf Distanz. Ich erlebe es immer wieder, dass manche Sozialarbeiter für die Gefangenen wochenlang gar nicht zu sprechen sind. Die haben so viel zu tun, die sperren sich in ihrem Büro ein und machen draußen ein Schild an die Tür: ‹Jetzt nicht stören.› Wenn ich mich mal mit einem Gefangenen ankündige, um etwas zu besprechen, dann sind sie zu mir ganz freundlich, aber sobald der Gefangene sein Problem schildert, heißt es: ‹Das können wir jetzt so schnell nicht klären. Ich mach mir ne Notiz.› Ich glaube aber nicht, dass die Leute es nicht können oder wollen. Ich glaube eher, dass die meisten irgendwann ausbrennen. Ich weiß ja auch, wie viele von ihnen über die Gefangenen sprechen. Sie reden im Grunde häufig nicht anders als die Knackis selbst. Das ist das eine Problem.

Und das andere ist, darüber spreche ich oft mit meinen Kollegen, dass die durchaus Vorstellungen von Rache haben. Hängt natürlich von der Tat ab, aber viele sind oft gar nicht gewillt, dem Täter zu helfen, ihn auf den rechten Pfad zurückzuführen. ‹Der soll ruhig noch ein bisschen sitzen›, heißt es dann hinter vorgehaltener Hand. Aber stellen Sie sich vor: Mitunter passiert es, dass bei einem Täter die Sicherungsverwahrung plötzlich gekippt wird, dass dann jemand, der hier drinnen immer als schwer gefährlich galt, aufgrund eines Formfehlers, Zeiten, Fristen, was auch immer, entlassen werden muss. Erstaunlicherweise haben diese Leute im Vergleich aber gar keine so schlechte Rückfallquote. Ich treffe mich regelmäßig mit drei Männern, die alle über zwanzig Jahre gesessen haben. Und ich glaube: Wenn jemand zumindest einen Menschen hat, dem er trauen kann, das reicht. Man muss den nicht mit nach Hause nehmen, man muss ihm nicht seine Adresse geben. Aber man kann sagen: ‹Du kannst mich anrufen, wenn du Hilfe brauchst, du kannst mit mir rechnen.›

Es gab zum Beispiel einen, der ist jetzt das zweite Mal lebenslänglich verurteilt worden, der hat fünf oder sechs Menschen umgebracht. Dieser Mann hat ein musisches Talent. Den setz ich jetzt hier im Knast an die Orgel, schon seit einem halben Jahr: Der war schwer drogenabhängig, ist jetzt clean, kalter Entzug. Ich wollte ihm das ermöglichen. Manchmal sitzt er fünf Stunden und spielt Orgel. Vollkommen unbewacht. Inzwischen gibt es Beamte, die sich unten in die Bank setzen und ihm zuhören. Demnächst lasse ich ihn im Gottesdienst spielen.

Anfangs hat mich ein Küster gefragt: ‹Wissen Sie, was das für ein schlimmer Mensch ist?›

Ich sage: ‹Ich weiß es wahrscheinlich nicht so genau. Aber, wie soll's denn gehen?›

Ich meine, es ist innerhalb der Mauern, hier ist doch alles bewacht. Vorher rufe ich in der Zentrale an, sage denen, dass er jetzt ne Zeitlang da oben sitzt und spielt. Dann sagen die nur: ‹Auf der Orgel ist okay.› Letztens habe ich ihm ein paar Klamotten und ein paar Schuhe besorgt, von der Caritas, weil er nichts hatte. Und plötzlich fängt er an zu erzählen. Er hatte zwei Brüder und eine Schwester, die Brüder sind beide bereits im Knast verstorben. Zur Schwester hatte er noch lange Kontakt. Die erste Haftzeit, zwanzig Jahre, hat sie ihn begleitet. Dann kommt er endlich raus und bringt wieder zwei Menschen um. In seiner Gerichtsverhandlung bittet er den Richter um die Todesstrafe, weil er mit seinen eigenen Taten nicht klarkommt. Er möchte auch einen Psychologen aufsuchen. ‹Sie müssen mir helfen, mich zu verstehen!›, hat er das Gericht damals angefleht. Ich habe ihm ein Konzert angeboten. Wenn er eine Dreiviertelstunde Musik zusammenhat, dann machen wir hier ein Konzert. Er sagt, er habe Angst, vor den anderen zu spielen. Dann müssen wir eben so lange warten, bis er diese Angst überwunden hat. Wenn er das schaffen würde, das wäre seine Auferstehung.

Er ist ein impulsiver Mensch, aber die Beamten sagen, er sei viel ruhiger geworden.

Und inzwischen hat er etwas zu verlieren. Ich weiß auch nicht, ob das der richtige Weg ist, aber es ist das, was mir einfällt. Ich könnte das nicht mit jedem machen, aber wenn das Vertrauen da ist, warum nicht?»

Auf dem Weg nach Hause muss ich an den ersten Grundsatz aus dem Strafvollzugsgesetz denken. Er lautet: «Im Vollzug der Freiheitsstrafe soll der Gefangene fähig werden, künftig in sozialer Verantwortung ein Leben ohne Straftaten zu führen.»

Oktober 2015. Eine halbe Stunde sitze ich heute im Wartebereich hinter Tor 2 und starre auf die gigantische Lüftungsanlage über mir, bis mich endlich ein Beamter abholt.

«Wir hatten gerade Alarm», sagt er entschuldigend, «aber Sie haben Glück – hat sich alles geklärt.» Hätte ich Pech gehabt, wäre ich vielleicht Stunden hier gesessen und hätte dem Dröhnen der Lüftung gelauscht.

Micha begrüßt mich zurückhaltender als sonst. Seine Augen liegen tief in ihren Höhlen, die Wangenknochen stehen deutlich hervor, seine Kopfhaut schimmert frisch rasiert unter einer weißen Baseballkappe. Die Jeans schlackert um seine Beine. Er hat inzwischen bestimmt zwanzig Kilo abgenommen. Er sieht aus wie ein Gespenst. Ich bin etwas erschrocken.

Er bemerkt es und meint nur resigniert: «Ich weiß, alle sagen mir ständig, wie scheiße ich aussehe. Ich kann's schon nich mehr hören.»

«Hast du keinen Appetit?», frage ich schließlich etwas unbeholfen.

«Das Essen hier schmeckt mir nicht. Und zum Selberkochen hab ich gerade kein Geld. Und dit Ufo von Mittag liegt mir quer im Magen», klagt Micha.

«Was für n Ding?»

«Heut gab's Buletten, oder sollen zumindest welche sein. ‹Ufo› nennen wir die Dinger hier: undefinierbares Fleischobjekt.» Er verzieht den Mund.

Die Zeiten von Wasser und Brot im Knast sind vorbei, trotzdem ist Gefängniskost kein Leckerbissen. Montags, mittwochs und samstags gibt es mittags Suppe, erzählt er mir. Im Sommer gibt es mittwochs Milchreis oder Grießbrei.

Da kann man nicht viel falsch machen, denke ich, aber er ergänzt sofort: «Nicht wie bei Muttern. Die machen das nicht mit echter Milch, sondern mit Milchpulver. Und statt Zucker nehmen sie Süßstoff, das schmeckt dann schon recht eigen. Freitags gibt es Fisch. Wenn man Glück hat, so ne Art große Fischstäbchen, das schmeckt dann okay. Aber manchmal gibt's richtigen Fisch, das ist meistens gruselig. Ich hab das gesehen: Die tauen den Fisch auf, in nem Bottich mit Wasser, und kochen das Tauwasser dann mit. Da wird nix abgespült. Schmeckt dann meistens moddrig. Am schlimmsten sind Nudeln mit Fischragout. Und meistens werden die Behälter nicht gut abgespült, dann schmeckt auch das nächste Essen noch nach Fisch. Ich sag dann: Ramadan heute – und geh wieder», meint er schulterzuckend. «Von sieben Tagen ess ich dort vielleicht zweimal, sonst versorg ich mich selbst. Ich nehm, wie viele, nur die Kartoffeln und versuch, Bratkartoffeln draus zu machen. Ist nicht ganz einfach: Die Kartoffeln werden hier nicht gekocht, sondern kommen in den Konfektomat. Danach sind sie entweder zu hart oder Matsche. Gestern gab's zum Beispiel Käse-Lauch-Suppe, das war auch speziell: ganz grau, und beim Umrühren hat's nach Erbrochenem gerochen, das war der komische Käse. Ich hab die Suppe ausgeteilt: Da hat jeder nur kurz rinjekiekt: ‹Eieiei. Ramadan›, und weg warn se.»

Leider wurde mein Drehplan geändert, sodass ich ihn nicht, wie geplant, bei der nächsten Ausführung Ende des Monats begleiten kann. Er nimmt es schulterzuckend zur Kenntnis: «Dann bleib ich eben hier drin.»

«Aber du könntest doch auch ohne mich …»

«Nee, lass man. Mir ist sowieso nicht nach draußen.»

Da ich nicht anders Zeit habe, verspreche ich ihm, zumindest vor Weihnachten noch mal einen Termin für eine Ausführung zu finden.

«Mal sehen, ob die Anstalt da mitspielt», meint er zweifelnd, «um die Zeit wollen natürlich viele raus. Weiß nicht, ob die mir da noch nen Termin geben. Aber ich bräuchte ne neue Jacke. Die hier ist zwar noch gut, aber sie passt mir nicht mehr.»

Dann erzählt er von einem neuen Gutachten, das speziell für die Anhörung zu seinem Entlassungsgesuch erstellt wird. Es lief nicht gut.

«Der Gutachter war von Anfang an unangenehm, da hab ich ihn lieber nach Hause geschickt. Das ging schon so los: Er saß am Tisch, als ich reinkam. Ich halte ihm meine Hand hin, sage: ‹Guten Tag›, er guckt weg, gibt mir nicht die Hand. Also setz ich mich. Er meint:

‹Ja, ich bin noch total unvorbereitet. Sie sind also Herr Bender?›

Ich nicke.

‹Nehmen Sie mal die Mütze ab, ich will sehen, was darunter ist.›

Ich frage: ‹Warum?›

‹Weil ich das sehen will.›

Da wusste ich, der hat sich jetzt schon festgelegt. Für den bin ich n blöder Skinhead, und dabei bleibt's. Wenn der mir ein richtig negatives Gutachten schreibt, dann kann mich das total nach hinten hauen, dann ist erst mal alles vorbei. Ich war nicht unfreundlich, ich hab ihm nur ganz ruhig erklärt, dass ich mit ihm kein Gutachten machen kann. Daraufhin wurde er ein bisschen freundlicher, hat versucht, auf mich zuzugehen, aber ich wollte nicht. Ich hatte schon mal eine, die hat mir ein so negatives Gutachten geschrieben, da knabbere ich heut noch dran.»

Er zündet sich eine Zigarette an.

«Ich würde mir die Haare vielleicht nicht ganz so kurz schneiden lassen», werfe ich vorsichtig ein.

«Mann, da wusste ich noch nicht, dass der kommt!», fährt er mich an. «Ich hatte die ganze Zeit längere Haare. Jetzt war ich frustriert, hatte kein Geld für den Friseur, da hab ich mir die Haare abrasiert. Aber der soll mich doch als Mensch beurteilen! Der hatte ne Abneigung mir gegenüber, so was spür ich sofort. Das kenn ich jetzt seit zwanzig Jahren. Der hat mir ein Gefühl gegeben wie n Mensch vierter Klasse.»

Er zieht wütend an seiner Zigarette. «Dass ich tätowiert bin, weiß ich selber. Und auf manche Tattoos bin ich nicht gerade stolz. Zuvor hatt ich gerade das letzte Gutachten gelesen, war vielleicht ein Fehler. Da stand, dass ich ne ‹starre Haltung› habe, dass ich ‹meine Finger verberge›. Das ist doch klar, dass ich die verberge!» Wütend hält er mir seine Faust mit den Buchstaben H-A-S-S unter die Nase. «Ich bin ja nicht stolz drauf!»

Er schüttelt ratlos den Kopf: «Dass so was gleich als negativ ausgewertet wird, das versteh ich nicht. Ich bin da ja nicht einfach so lustig, ich kenn den ja nicht. Aber dieser Mann entscheidet jetzt über meine Zukunft.»

Er nimmt ein paar Züge. «Momentan sitz ich doch nur Zeit ab. Ich gucke fern, les ein bisschen und lass die Zeit vergehen.

Allmählich bekomm ich das Gefühl, das soll für immer so bleiben.»

Er starrt auf den Tisch, als stünde die Antwort dort irgendwo geschrieben. Schweigen.

Es kommt mir vor, als ergriffe ihn die Depression unaufhaltsam immer weiter. Von Treffen zu Treffen wirkt er tiefer versunken in seiner Dunkelheit, und ich frage mich: Wo soll ich das Licht hernehmen, um ihn da jemals wieder rauszuholen? Bei jedem anderen Menschen würde man sagen: ‹Versuch doch mal, das Positive zu sehen!› Aber wo ist es hier, das Positive?

Als könne er meine Gedanken lesen, sagt er: «Wenn sich nichts tut, mach ich Schluss. Ich kann nicht mehr.» Er drückt seine Zigarette im Aschenbecher aus.

Ich spüre seinen ganzen Frust, seine ganzen düsteren Gefühle. Ich wünsche mir, er würde weinen. Gleichzeitig muss ich schlucken, um nicht selbst laut loszuweinen. Ich habe das Gefühl, als schwappten all seine Emotionen, die er selbst nicht ausdrücken kann und will, auf mich über.

Was soll ich tun? Eigentlich müsste man in so einer Situation Hilfe holen. Aber bei wem? Woher? In Michas Welt sieht die Hilfe, die einen Suizid um jeden Preis verhindert, anders aus als draußen. Sie besteht nicht aus Liebe und Trost, sondern aus noch mehr Kälte – dem schlichten Entzug sämtlicher Möglichkeiten zum Suizid: Würde ich meine Sorgen der Anstalt gegenüber äußern, käme Micha in den Bunker. Dann säße er tagelang in Unterhose, nur mit einer Papierdecke, in dem kahlen, beheizten Betonraum, von Kameras überwacht. Aber wenn ich jetzt nichts unternehme, bringt er sich dann um? Ich gucke zu ihm, er starrt auf die Tischplatte.

Und wie ein ungebetener Gast klopft ein Gedanke an meine

Tür: Wäre es nicht für alle das Beste? Eine große Erleichterung? Für Micha, für unsere Gesellschaft, für alle, inklusive mir selbst? Ich schäme mich für diesen Gedanken. Und doch ist er da. Ganz selbstverständlich. Ich wische ihn weg, aber er bleibt hartnäckig irgendwo in den Tiefen meines Kopfes stecken.

Micha starrt immer noch vor sich hin.

«Weinst du manchmal? Wenn du alleine bist?», frage ich ihn.

Langsam blickt er auf, sieht mich an.

«Natürlich», sagt er, «oft genug.»

Auf dem Weg nach Hause kommt mir ein Gespräch in den Sinn, das wir vor einigen Monaten führten. Damals fragte ich ihn, was seine Meinung zur Todesstrafe sei. Zu meiner großen Überraschung war er dafür, wenn auch mit der Einschränkung ‹bei Wiederholungstätern›. Für Serienmörder etwa fände er die Todesstrafe angebracht. Ich entgegnete ihm, dass er doch selbst ein Wiederholungstäter sei, schließlich war er vor seinem «Anlassdelikt», wie es hier heißt, bereits mehrfach wegen schwerer Körperverletzung verurteilt worden, die Taten zeugten von großer Brutalität und Gewaltbereitschaft.

Er wiegelte ab, sagte, er sei damals ja noch so unreif gewesen. Wir diskutierten hin und her, und erst nach einer Weile merkte ich, dass wir völlig aneinander vorbeiredeten: Während die Todesstrafe in meinen Augen ein Relikt des alttestamentarischen Zahn-um-Zahn-Rechts ist, bei dem es um Rache und Vergeltung geht, das für mich mit den Menschenrechten nicht vereinbar ist, sieht es Micha als Betroffener ganz anders: Sollte ein Täter wegen wiederholter Kapitalverbrechen zu lebenslänglicher Haft mit anschließender Sicherungsverwahrung verurteilt werden, sollte er also wirklich sein restliches Leben hinter Gittern verbringen müssen, dann fände er es humaner, ihn hinzurichten. Auf die Idee, man könne die Todesstrafe als human ansehen, war ich bis dahin noch überhaupt nicht gekommen.

«Wenn du wüsstest, du müsstest dein ganzes restliches Leben hier drin bleiben, würdest du lieber hingerichtet werden?», fragte ich ihn.

«Definitiv ja», antwortete er ohne zu zögern, «weil das hier, jeden Tag und für den Rest meines Lebens, das könnte ich nich. Da würd ich lieber hingerichtet werden. Und ich bin nich der Einzige, der hier so denkt.»

Nach einer Weile fügte er hinzu: «Und ich glaube, wenn ich den Rest meines Lebens hier drinbleiben müsste, dann würde ich auch wieder gefährlich werden. Wir führen ja öfters solche Gespräche untereinander. Nimm nem Menschen die Hoffnung, und er wird gefährlich. Wenn du den Jungs hier sagst, ihr kommt hier nie wieder raus, dann werden sie unberechenbar. Dann gäb's mehr Fluchtversuche, mehr Schlägereien, Geiselnahmen, weil – was will man uns denn noch? Ich bleib für immer hier drin? Dann bin ich halt ein Tier. Man braucht Hoffnung, um das hier zu überleben. Aber wenn du nichts mehr zu verlieren hast, dann machste einfach mal aus Langeweile n bisschen Action, schon alleine, damit im Alltag n bisschen mehr los ist.»

Fünf Tage später. Am freien Wochenende, das eigentlich meiner Familie vorbehalten ist, habe ich mich noch einmal auf ins Gefängnis gemacht. Die Situation ist unverändert. Abgemagert und müde sitzt Micha mir gegenüber am Tisch. Ich frage ihn, ob es etwas Neues gibt, er schüttelt den Kopf.

Eine Ausführung kurz vor Weihnachten sei nicht möglich,

erzählt er: Personalmangel. Andauernder Personalabbau und der hohe Krankenstand unter den verbliebenen Beamten hinterlassen ihre Spuren. Ich frage ihn, ob er von dem Gutachter noch etwas gehört habe, aber Fehlanzeige. Die Frage führt nur dazu, dass er sich nochmals über sein Verhalten ihm gegenüber aufregt. Nachdem unser ganzes Gespräch eine halbe Stunde nur um die aussichtslose Situation gekreist ist, meint er schließlich: «Ich hab jetzt keine Lust mehr. Ich möchte jetzt gern auf meine Zelle.»

«Lass uns doch noch mal das Thema wechseln …»

«Ick hab keinen Bock mehr auf Gespräche», unterbricht er mich, «wir verfangen uns immer wieder im selben Thema. Und dann geh ick hoch und hab den ganzen Tag den Kopf voll.»

«Komm, dann lass uns jetzt über was anderes reden …»

«Ich hab jetzt keine Laune mehr dafür! Ich will mich jetzt einfach verkrümeln. Ist mir zu blöde hier. Immer dasselbe, wie n Laufrad.»

«Wir können das nächste Mal auch über andere Dinge reden», versuche ich, ihn zu beruhigen.

«Schaffen wir doch eh nich!», herrscht er mich an. «Dann sagst du, ich seh schlecht aus, und schon fang ich wieder an zu labern.»

«Aber es ist doch auch wichtig, dass du irgendwo deinen Frust loswerden kannst.»

«Ich find schon mein Wohl! Vielleicht muss ich einfach mal wieder ausflippen. Vielleicht is et dit, wat ich brauche. Bisschen Dampf ablassen. Vielleicht funktioniert es dann wieder.»

«Dann geh in die Muckibude», jetzt werde ich auch lauter und deute mit dem Kopf in den Flur, von dessen Ende ständig das Klirren der Gewichte dringt, «hau da in den Sandsack!»

«Ham wir da ja nich!»

Er räumt geräuschvoll das Geschirr zusammen und schimpft dabei vor sich hin.

«Immer diese Gespräche, bringt doch alles nichts.»

Er verstaut die Becher und seine Thermoskanne in seinem Beutel.

«Gibt es irgendwas … wie ich dir helfen kann?», frage ich.

«Nee. Will einfach n bisschen meine Ruhe haben.»

Ich habe das Gefühl, ihn nicht mehr zu erreichen, er wirkt wie abgeschnitten von der Welt.

«Ich möchte dir gerne helfen. Du bist mein Freund. Und ich will dich gern unterstützen.»

Er hält kurz inne.

«Momentan kann man mir nicht helfen», sagt er, etwas ruhiger, «das sind einfach zu viele Rückschläge. Nichts von dem, was die mir versprochen hatten, hat sich erfüllt.

Ich bin hier mit zweiundzwanzig rein, und jetzt muss ich alles aussitzen, was die jahrelang versäumt haben. Dass ich nicht genug Therapie gemacht habe. Ist doch nicht meine Schuld! Ich war hier. Die hätten nur was sagen müssen! Und jetzt soll ich das alles schlucken?»

Er blickt vor sich hin, mit diesem nach innen gewandten Blick, der mich in letzter Zeit an ihm beängstigt. Dann erhebt er sich.

«Ich brauch jetzt n bisschen Ablenkung oben, sonst dreh ich durch.»

Ich rufe ihm nach, dass ich möglichst bald wiederkomme, aber ob er mich noch hört, weiß ich nicht.

Vier Tage darauf. Vielleicht muss man manchmal etwas Verbotenes tun. Nach unseren letzten Gesprächen, in denen Micha so depressiv war, wie ich ihn noch nie erlebt hatte, habe ich mir ernsthaft Sorgen gemacht. Ich rief den Leiter von Haus 6 an, beim vierten Versuch erwischte ich ihn schließlich auch und erzählte ihm von den unveränderten Umständen. Dass Micha nun seit über einem halben Jahr auf seinen Vollzugsplan wartet, dass er keinerlei Perspektive mehr sieht und zwanzig Kilogramm abgenommen hat. Obwohl er eigentlich über alles informiert sein müsste, reagierte der Leiter ein paarmal erstaunt, und mir wird wieder einmal klar, wie überfordert die Justizbeamten sind. Er versprach mir, sich den Fall nochmals anzusehen und sich bald bei mir zu melden. Da ich heute nur bis zur Mittagspause drehen musste, rief ich gestern Abend einen der Sozialarbeiter an, um Micha zu sprechen und ihm anzubieten, ihn heute noch zu besuchen. Aber vergeblich, er kam nicht einmal ans Telefon.

Kaum bin ich abgedreht, es ist halb drei, rufe ich nochmals im Knast an. Diesmal spreche ich mit ihm. Er entschuldigt sich, sagt, er hätte gestern starke Zahnschmerzen bekommen. Ich biete ihm noch mal einen kleinen Besuch an.

«Würd mich sehr freuen», meint er. Also spurte ich zum Bahnhof, um den nächsten Zug nach Berlin zu erwischen.

Auf dem Weg mache ich bei meinem Lieblingsbäcker halt und lasse mir zwei Stück Torte einpacken, Erdbeersahne und Schoko. Es ist streng verboten, den Häftlingen irgendetwas mitzubringen, nicht mal Lebensmittel sind erlaubt. Allerdings darf man als Vollzugshelfer eine Kleinigkeit zu essen für sich selbst mit ins Gefängnis nehmen, so ein Termin kann ja schnell mal ein paar Stunden dauern. Bisher habe ich mich immer streng an die Regel gehalten. Aber heute will ich, dass Micha endlich mal wieder etwas Ordentliches zu sich nimmt. Ich möchte zumindest ein kleines Lächeln auf seinen schmalen Lippen sehen. Vielleicht gelingt mir das mit einem kleinen Zeichen, und wenn es nur zwei leicht zerquetschte Stücke Sahnetorte in einer Papiertüte sind.

Die Beamtin am Eingang kenne ich schon lange. Ob es in Ordnung ist, dass ich mir eine Kleinigkeit zu essen, mit reinnehme? Sie hat kein Problem damit, und ich bin froh, dass ich mit keiner blöden Ausrede kommen muss, warum ich für mich allein gleich zwei Stück Torte dabeihabe. Ihr Kollege sucht mich mit dem Metalldetektor ab, dann warte ich auf meine Abholung. Draußen dämmert es bereits, die Tage werden wieder kürzer.

Nach einer Weile kommt die Beamtin vom Eingang: «Heute führ ich Sie rüber, Herr Schroeder, die Kollegen haben gerade Zählung, das kann eine Weile dauern, und ich muss gerade sowieso in die Richtung.»

Auf dem kurzen Weg erzählt sie mir, dass sie noch zwei Jahre bis zur Pensionierung hat. Überhaupt seien viele Kollegen in letzter Zeit in Pension gegangen, neues Personal wird nicht eingestellt. «Das macht's immer schwieriger für uns. Die Gefangenen sind frustriert, es gibt immer weniger Betreuung. Da haben wir schon mal Angst, dass irgendein Frustrierter den Ärger an uns rauslässt.»

Kurz darauf sind wir bei Haus 6 angekommen. Als ich die Tür zum Besuchsraum öffne, sitzt Micha bereits da. Zu meiner Überraschung hat er ein kleines Tischtuch und zwei Teller gedeckt. Auf jedem ein Stück Käsekuchen und noch etwas Gebäck.

Ich muss lachen. «Da schmuggle ich heute extra was hier rein, und dann hast du dieselbe Idee», sage ich und ziehe meine aufgeweichte Tüte mit der weitgereisten Torte hervor.

Micha freut sich trotzdem. «Ein Kollege macht gerade ne Bäckerausbildung, und da hat er mir den Kuchen besorgt.»

Wir setzen uns beide, ich schiebe ihm meine Tortenstücke rüber, und es fühlt sich ein bisschen wie ein Kindergeburtstag mit nur zwei Gästen an. Wir beginnen zu essen.

«Eine Bäckerausbildung wäre doch auch nicht schlecht, oder?», meine ich mit vollem Mund.

«Ja, ich hab mich oft beworben, hat aber nie geklappt.»

Der Kuchen schmeckt gut, und ich merke, dass ich hungrig bin.

«Ich hab heute Glück gehabt: Der Kollege weiß, dass ich gerne mal was schlemme.»

Ich berichte ihm von meinem Drehtag, Micha erzählt mir von seinem neuen Job als Hausarbeiter. Wie er täglich alles putzt und alle zufrieden mit ihm sind: «So sauber war es hier noch nie! Ich fege die Station zweimal pro Tag, allein aus Langeweile. Nur der kaputte Fahrstuhl nervt. Wird seit fünf Wochen nicht repariert. Und das soll das restliche Jahr so bleiben, weil sie das Geld nicht haben. Wir Hausarbeiter müssen das Essen für alle zu Fuß durchs Haus schleppen. Trag ma fünfzig Milchtüten in den siebten Stock; da weeste och, wat de jetan hast! Noch dazu, wo ich grad so n bisschen schwächle. Das geht hier den Bach runter. Die kürzen, wo sie können.»

Er ist nicht mehr so verschlossen wie zuletzt, aber grundsätzlich hat sich an seiner Situation nichts geändert. «Ich brauch unbedingt mal n paar Erfolgserlebnisse», meint er. «Aber man kann es denen hier drin nie recht machen. Früher hab ich mit vielen Gefangenen zu tun gehabt, schon weil ich gedealt hab, da hieß es: ‹Herr Bender ist aktiv in der Subkultur.› Irgendwann hab ich damit aufgehört, hab die Kontakte abgebrochen, da hieß es: ‹Herr Bender lebt zurückgezogen, weil er hafterfahren ist›, womit die meinen: Ich weiß, dass die mich beobachten, deshalb zieh ich mich zurück. Wie soll man sich da verhalten?

Was ich auch mache, es ist immer verkehrt, die erwarten immer das Böse von mir.»

Wir essen stumm unseren Kuchen. Er sieht aus dem Fenster. Schließlich atmet er aus und meint: «Steffen, ich hab nur Schiss, dass ich hier drin den Arsch hochmache. So wie Rico. Das ist meine größte Angst.»

«Wie meinst du das?»

Er sieht mich durchdringend an, seine Stimme zittert leicht. «Na, dass ich hier drin sterbe. Das ist meine Angst. Man weiß es doch nicht. Rico hätte auch nie gedacht, dass er stirbt, und es ist passiert. Hab nen Haufen andere Leute hier drinne sterben sehen. Weiß ich, was ich für Krankheiten habe? Ich weiß nur, mir geht's nicht gut. Ich hab abgenommen. Muss doch nen Grund dafür geben. Ich hab Schiss, dass ich noch ewig im Knast sitze und irgendwann hier drin den Arsch hochmache. Ich bin jetzt achtunddreißig Jahre alt, davon hab ich gerade mal sechzehn Jahre draußen gelebt. Sonst war ich nur im Knast.»

Er starrt auf die Tischplatte.

«Irgendwas muss sich jetzt mal ändern. Ich brauch n Ziel, sonst werd ich verrückt im Kopf.»

«Ich habe mit dem Teilanstaltsleiter gesprochen und habe ihm genau das gesagt. Dass du irgendeine Perspektive brauchst. Das hat er auch verstanden. Es wird eine neue Vollzugsplankonferenz geben.»

«Ja, aber die sollen jetzt keinen Grund haben zurückzurudern. Wenn die jetzt auf die Idee kommen, dass das alles viel zu schnell geht, und wenn die mir dann das, was sie mir jahrelang in Aussicht gestellt haben, wieder wegnehmen, dann kipp ich da drin den Tisch um, das schwör ich dir!»

Er sieht mich wütend an, seine Augen funkeln. «Ich kipp den verdammten Tisch da drin um! Dann erleben sie mich mal wütend, dann haben sie mal n Grund, was reinzuschreiben in ihre Papiere!

Wenn die mich jetzt absägen und sagen, versuchen wir das doch in zwei Jahren noch mal, nachdem sie mich drei Jahre juckig gemacht haben … Nee, vor so ner Situation grusle ich mich richtig. Und ich hab das dumpfe Gefühl, dass genau das passieren wird.»

«Aber da hast du doch nichts davon, Micha.»

«Meinst du, ich lass mich noch mal zwei Jahre verarschen? Da schließ ich lieber selber ab! Wenn ich noch zwei Jahre sitzen muss, bis ich gelockert werde, dann kann ich gleich ganz hier drinbleiben. Was meinst du, was ich in zwei Jahren draußen noch habe? Gar nichts mehr!»

Aufgebracht starrt er mich an.

«Und die reden davon, dass ich keine ‹sozialen Bindungen› habe! Da regen die sich auf, die Gutachter! Ja, wer hat mir die denn weggenommen? Ich hab nicht gesagt: ‹Ich will dich nicht mehr sehen, und dich auch nicht! Bitte besucht mich nich mehr! Bitte schreibt mir keine Briefe mehr!› Wer hat denn Zeit, jemanden sechzehn Jahre lang besuchen zu kommen? Niemand! Und das kann ich denen noch nicht mal verübeln. Würde ich auch nicht machen. Und dass n paar gestorben sind in der Zeit, dafür kann ich auch nichts. Und das waren nun mal meine wichtigsten Kontakte. Jetzt regen die sich auf, weil ich alleine bin. Die suchen doch alle nur nach Gründen, um mich hier drinzulassen.»

Immerhin hat er inzwischen die Erdbeersahnetorte ganz und den Käsekuchen fast komplett aufgegessen. Das beruhigt mich. Ich fühle mich wie eine Mutter, deren Kind nach langer Krankheit erstmals wieder anständig isst. Dabei kommt mir eine Frage in den Sinn, die ich ihm schon lange stellen wollte, aber bisher nicht zu fragen wagte: «Als wir uns kennenlernten, ganz am Anfang, hast du mir erzählt, dass du mit deiner Freundin damals ein Kind hattest. Stimmt das? Oder hättest du nur gern ein Kind gehabt?»

«Nein, ich hatte n Kind mit ihr. Natürlich. Wieso fragste?»

«Weil wir nie wieder drüber geredet haben.»

«Das ist für mich ein schwieriges Thema. Ich seh das Kind nich, das ist weg. Ich hab's ja noch nich mal richtig gesehen. Das wurde geboren, als ich in Moabit war, in U-Haft. Meine Freundin durfte mich ja nicht besuchen während der U-Haft, wegen Verdunkelungsgefahr. Weil sie von ihrem Aussageverweigerungsrecht Gebrauch gemacht hatte. Okay, ein-, zweimal hab ich den Kleinen gesehen, da hat ihre Schwester mich mal besucht und ihn mitgebracht. Aber ich hab da keine Verbindung zu. Woher auch? Er wurde geboren, da war ich schon ein halbes Jahr im Knast. Paar Wochen, bevor ich wieder eingefahren bin, da muss et jeknirscht haben», erzählt er. Seine damalige Freundin hatte bereits eine Tochter von einem anderen, er hatte zu dem Mädchen eine enge Beziehung.

«Dann war deine Freundin zur Zeit deiner Tat also schwanger?», frage ich nach.

«Ja, aber das wussten wir da noch nicht. Muss irgendwann während meiner Ausgänge passiert sein. Im Juli bin ich entlassen worden, im Oktober wieder eingefahren, und im März wurde das Kind geboren. Ungefähr ein Jahr später hab ich mit ihr Schluss gemacht. Sie hat sich das Leben genommen. Und die beiden Kinder sind dann zu ihren Eltern gekommen. Für mich gab's dann auch keinen Kontakt mehr. Jetzt ist er auch schon fünfzehn, wird sechzehn. Ich hab ein paar Babyfotos von ihm bei mir an der Pinnwand hängen. Ich denk da jetzt nicht so viel drüber nach, nur am Geburtstag, seiner ist ja nur ein paar Tage vor meinem. Da beschäftigt einen schon, ob er sich heute fragt, wer denn sein Vater ist. Ob er überhaupt was von mir weiß. Ich guck dann immer diese Show, ‹Bitte melde dich!›, wo die Leute ihren Vater oder ihre Mutter suchen. Ich weiß ja nicht, ob der Kleine auch so seine Fragen hat und ob ihm die wer beantwortet.»

«Wann hast du dich von deiner Freundin getrennt?»

«Als ich hier in Tegel ankam, Anfang 2001. Da wurde meine Revision abgelehnt. Das hieß: Ich hab lebenslänglich, und dabei bleibt's. Was soll ich da noch ne Beziehung haben? Ein-, zweimal hat sie mich besucht, nachdem wir uns die ganze lange Zeit während der U-Haft nich hatten sehen können … immer nur Briefe. Da hab ich gedacht, das kann nicht so weitergehen. Ich hab lebenslänglich! Das wollt ich ihr nicht antun, auch nicht dem Kind. Ich wollt ihr die Chance geben, sich neu zu orientieren. Sie war doch noch so jung. Fünfzehn Jahre, das hält doch niemand aus. Irgendwann hätte sie mit mir Schluss gemacht, und dann häng ich voll durch. Ich wollt das lieber gleich beenden. Einen Monat hat sie noch Briefe geschrieben, die ich nicht beantwortet hab. Irgendwann war Schluss. Und dann kam die Kripo zu mir. Die haben mich in den Sprecherraum geholt, ging um was Neues, hieß es. Und dann haben sie mir erklärt, dass sie sich das Leben genommen hat, und mir einen Abschiedsbrief überreicht, der war dreizehn Seiten lang. Ab da hab ich richtig losgestartet mit den Drogen. Ab dem Tag hab ich mich nur noch ausgeschaltet. Um das alles nicht an mich ranzulassen, hab ich mich zugeknallt, mit allem möglichen Zeug. Der Brief fällt mir öfter in die Hände. Den les ich immer wieder. Ich hab bestimmt noch zwei Schuhkartons voll Briefe, wir haben uns ja früher täglich geschrieben, in der Hoffnung, dass ich rauskomme.»

«Und ihre Eltern? Hast du zu denen …»

«Die geben mir die Schuld. Ich bin ‹der Nagel in ihrem Sarg›, so hat mich der Vater genannt. Und irgendwo hat er ja auch recht. Einmal hab ich angerufen, da hat er gemeint, ich soll nicht mehr anrufen. Hab ich dann auch nicht mehr. Aber an den Jungen denk ich schon. Vielleicht macht er sich ja Gedanken, wo er herkommt. Aber ich weiß gar nicht, ob mir das so lieb ist. Wenn er jahrelang nur gehört hat, was für n böser Mensch ich bin, vielleicht hat er gar keine Lust, mich kennenzulernen? Irgendwann wird es vielleicht so weit sein. Dann setz ich mich vielleicht hin und versuch, ihn zu finden – in irgendeinem Chat-Raum oder so. Das ist doch heutzutage mit dem Internet vielleicht gar nicht so schwierig?»

Draußen ist es schon vor längerem Nacht geworden. Wir sitzen uns in dem winzigen, dunklen Raum gegenüber, der Kindergeburtstag neigt sich dem Ende zu, und wir sind uns wortlos einig, dass niemand die hässliche Neonbeleuchtung einschalten wird.

«Irgendwo fühl ich mich ja auch schuldig. Mit allem, was da vorgefallen ist», sagt er leise im Dunkeln. «Hätt ich diesen dummen Fehler in der Nacht damals nicht gemacht, dann wär das alles nich passiert, glaube ich. Aber gut, damit werd ich ewig leben müssen. Daran denkt keiner. Die denken alle nur, ich soll sühnen und büßen, ich büß schon genug in mein Leben. Da ist ne Menge mehr kaputtgegangen als nur dem sein Leben und meins, da hängen noch ne Menge mehr dran. Wer weiß, ob meine Mutter nicht noch leben würde, wenn das nicht passiert wär? Die wusste anfangs gar nicht, dass ich im Gefängnis bin. Mein Vater hat ihr meine U-Haft verheimlicht. Aber irgendwann hat sie mal ne Zeitung gefunden, wo sie Kartoffeln drauf schälen wollte, und sieht da auf der Titelseite – mein Bild.

Da sind ihr die Kartoffeln aus der Hand gefallen, sie hat ihren ersten Schlaganfall gekriegt. Ab da ging's mit ihr bergab. Dann kam der Krebs, und irgendwann war sie tot.»

Die Worte fallen langsam aus seinem Mund, Stück für Stück.

«Aber», fährt er leise aus dem Dunkel fort, «irgendwas muss mich noch halten. Ich wollte mich ja schon umbringen, hat aber nicht geklappt. Obwohl es idiotensicher war. Der Strick ist abgerissen, und ich hab mir den Kopp gestoßen. Dann lag ich da, mit ner dicken Beule. Zweimal ist das passiert. Dann hab ich gedacht: Gut, dann soll es nicht so sein. Seit dem Tag hab ich's nicht wieder versucht.»

Er verstummt. Im Dunkel flammt kurz sein Feuerzeug auf, als er sich eine Zigarette anzündet. Leise öffnet er das Fenster, kühle Herbstluft strömt in den Raum. Die Glut glimmt auf, während er zieht. Ein letztes Glühwürmchen zur falschen Jahreszeit. Ich muss an eine Passage in seinem Vollzugsplan denken, in dem ein Vorfall vor ein paar Jahren geschildert wurde. Er musste ins Krankenhaus eingeliefert werden, weil er Rasierklingen geschluckt hatte.

Ich hatte einen Selbstmordversuch vermutet, aber als ich ihn jetzt danach frage, winkt er ab: «Das war nur Protest. Weil sie mich in den Arrest stecken wollten. Das war keine Selbstmordabsicht. Hat man mir auch nie unterstellt. Ich war sehr drogensüchtig damals und wollte ins Krankenhaus, um nen Entzug zu machen. Aber die haben gesagt: ‹Du warst in ne Schlägerei verwickelt, du gehst in den Arrest.› Deshalb die Rasierklingen, da mussten sie mich ins Krankenhaus bringen. Daran stirbt man nicht, das ist Quatsch. Die Leute hier haben schon ganz andere Sachen geschluckt, ne Kuchengabel und was weiß ich.»

Micha drückt seine Zigarette am metallenen Fenstergitter aus und schließt das Fenster.

Dann räumen wir im Dunkeln das Geschirr zusammen. Er verstaut Tassen und Kanne in seinem Beutel.

«Du hast deine Schokotorte nicht aufgegessen», sage ich streng und drücke ihm den Teller in die Hand.

«O Mann, ich kann nicht mehr», stöhnt er, «die nehm ich mit hoch.»

«Weißt du, dass ich mir beim Tortenschmuggel fast in die Hosen gemacht hab? Und dann komm ich hier rein, und alles ist voller Kuchen!»

Ich muss lachen.

«Ja, Mann.»

Micha lacht mit.

«Was hättst n gesagt, wenn die in die Tüte geguckt hätten, mit den zwei Stück Torte?», fragt er mich lachend.

«Na ja, dass ich großen Hunger habe! Dass die beide für mich sind. Und dann hätte ich noch vor dem Beamten zu essen angefangen, mit meinem ersten Stück. Ihr könnt mir ja mit den Kameras dabei zugucken, hätt ich gesagt.»

Wir lachen beide noch eine Weile.

Doch fast wie Kindergeburtstag, im Dunkeln.

Reue und Jubiläum

Dezember 2015. Es wird kein leichter Besuch heute, das weiß ich. Aber ich bin vorbereitet. Und ich möchte etwas wissen, zumindest genauer wissen. Nachdem wir uns über ein paar Alltäglichkeiten ausgetauscht haben, sage ich ihm ganz direkt, dass ich irritiert bin – über einige Tatsachen bezüglich seiner Tat, die ich im großen Gutachten gelesen habe, das er mir kürzlich hat zukommen lassen. Sie sind dort nämlich ganz anders geschildert, als er sie mir erzählt hat.

«Wie zum Beispiel?»

«Verschiedene Sachen. Ich such die gleich mal raus», antworte ich und lege den Stapel Papier, das über hundert Seiten umfassende Gutachten, auf den Tisch. «Die Gutachterin merkt übrigens auch an, dass deine Erzählungen von Mal zu Mal voneinander abweichen.»

«Ich krieg die Zeiten nicht so hin. Ich sitze jetzt seit sechzehn Jahren, da kommt mal was durcheinander.»

Dass er sich mit Zahlen schwertut, habe ich schon gemerkt, aber darum geht es nicht. Mir geht es darum, dass sich der Mord in seiner Schilderung deutlich harmloser angehört hat, als er im Gutachten dargestellt wird. Das beginnt schon mit der Ausgangssituation, in der laut Gutachten ein paar junge Männer nachts auf der Suche nach Randale sind. Micha hatte mir dagegen immer erzählt, sie waren müde und wollten nach ausgiebigem Feiern nur noch ins Bett. Dann der Moment, in dem das Opfer sie anspricht. Im Gutachten ist keine Rede davon, dass der Mann – wie Micha erzählte – ihm auf die Schulter schlug, woraufhin Micha sich an seiner Bierflasche verletzte.

«Aber eigentlich war's schon so», rechtfertigt er sich, als ich das sage, «wir wollten nach Hause, wollten nur noch was Kleines essen. Burger King war zu, also sind wir zur Tanke. Okay, auf dem Weg haben wir uns n bisschen ausgelassen, klar.»

«Aber es ist doch ein Unterschied, ob man müde ist, wie du mir erzählt hast, oder ob du sagst: ‹Wir gehen extra noch bei den Punks gucken, ob wir die verprügeln können› – so steht das nämlich hier.»

«Aber das hab ich dir eigentlich auch erzählt.»

«Nee, hast du nicht.»

«Wir haben vor den besetzten Häusern gestanden und n bisschen rumgebrüllt.»

«Nein, das wusste ich nicht! Und dann weiter: Hier drin heißt es», ich klopfe auf das Gutachten, «dass der Mann nur zu euch gesagt hat: ‹Prost, Kameraden!›»

«Und mir auf die Schulter gehauen, deswegen hatte ich hier ne Platzwunde. Das ist auch so erwähnt. Er hat's sicher auch nicht böse gemeint, das weiß ich im Nachhinein. Aber es hat mich halt böse gemacht.»

«Im Gutachten ist es so beschrieben, als ob ihr einfach nur Bock gehabt hättet, wen zu verprügeln.»

Er sieht mich an, hört mir zu, während ich die nächste Abweichung nenne: die Tatsache, dass sie wohl von Anfang an geplant hatten, das Opfer auch gleich auszurauben, was er mir ebenfalls anders erzählt hatte.

«Ja, okay, so war es auch gemeint. Bei uns heißt ‹einen vermöbeln› auch, ihn abzuziehen.»

«Hast du nie so erklärt.»

«Da hab ich n bisschen geflunkert», gesteht er. «Aber dieser Mord, der war nicht geplant. Das ist erst im Laufe des Abends alles so gekommen.»

Ich erkläre ihm, dass es mir lieber wäre, wenn er mir die Dinge ungeschönt mitteilt, wie sie waren. Dass ich deshalb auch nicht anders über ihn denken werde.

«Du, man hat auch ne gewisse Schamgrenze. Und natürlich denke ich, dass du ein ganz anderes Bild von mir kriegst, wenn ich dir das alles erzähle. Aber ich hab dir ja extra die Gutachten geben lassen, hätt ich ja nicht müssen.»

Damit hat er recht. Dazu ist er nicht verpflichtet, ein solches Gutachten ist sehr intim, und ohne seine Zustimmung hätte ich es nie zu lesen bekommen.

«Bloß, mir ist das gar nicht bewusst, dass ich dir was verheimlicht habe. Ist doch klar, dass ich mich dafür schäme, das war nun wirklich keine Heldentat.»

Natürlich kann ich das verstehen, sage ihm aber auch, dass er mit solchen unterschiedlichen Versionen nicht gerade glaubhafter wirkt.

«Was soll ich da ständig sagen, ich hab das und das gemacht? Das ist alles ewig her, ich hab meine Strafe dafür abgesessen, und ich schäm mich dafür. Da beschönigt man eben ein bisschen.»

Als Nächstes frage ich ihn nach seinen Erlebnissen im Heim. Mir sagte er, er hätte sie der Gutachterin geschildert, aber im Gutachten finde ich kein Wort darüber.

«Nee, hab ich nicht. Ich hab mal ein Gutachten gehabt, in den Neunzigern, in meiner Jugend noch, da hab ich das erzählt, und dann wollten sie die ganze Therapie auf diese Scheiße aufziehen. Hab ich aber kein Interesse dran, weil ich das einfach nur vergessen will. Also hab ich das für die folgenden Gutachten weggelassen. Ich will darüber nicht mit irgendwelchen Fremden reden.»

«Ich verstehe ja, dass es keinen Spaß macht, über diese

Dinge zu reden. Trotzdem, das hat deine Taten für mich ein bisschen verständlicher gemacht.»

«Ich hab ja alles erzählt, bis eben auf diese Monate im Heim. Das ist mir zu privat. Die haben in der Therapie damals meine Familie so mies gemacht, das will ich nicht. In den Gesprächen jetzt hab ich sogar manchmal meinen Vater in Schutz genommen.»

Auch wenn ich es anders sehe – mit bleibt nichts anderes übrig, als zu akzeptieren, dass er das Thema nicht anrühren will. Ich komme auf die im Gutachten genannte «Bagatellisierungstendenz» zu sprechen, die vor allem seine früheren Taten betrifft. Er hatte mir von seinen Schlägereien mit Hooligans und Türstehern («einer gegen einen») erzählt. Nun war ich geschockt, als ich dem Gutachten entnahm, wofür er seine erste längere Haft bekam: Zu dritt prügelten sie auf einen Mann ein und traten dem am Boden liegenden Opfer mehrfach in Oberkörper und Gesicht.

«Ihr habt diesen Mann vor einer Telefonzelle angegriffen, zusammengeschlagen und getreten. Wenn man das liest, wundert man sich, dass er das überlebte. Er lag eine Woche im Koma!»

«Ja, stimmt schon, klar», antwortet er kleinlaut.

«Hast du mir so nie erzählt.»

«Meinste, ich rede darüber, dass ich einen massakriert hab? Dafür schäm ich mich! Über so was spreche ich noch nicht mal mit meinen Jungs hier!»

«Dass du dich schämst, kann ich ja verstehen. Aber hier geht's auch um die Tataufarbeitung», ich deute auf eine Stelle im Gutachten zwischen uns auf dem Tisch: «Und da wird genau das beklagt. Dass du dich zu wenig damit auseinandersetzt.»

«Die Sachen sind zwanzig Jahre her, was soll ich denn da

jetzt noch tun? Ich hab dafür meine Strafe gekriegt. Ich hab genauso viel Gewalt erfahren, ich wurde ja auch überfallen und verprügelt; macht sich irgendwer Gedanken über mich? Ich hab nie Anzeigen gemacht. Ich bin in nem andren Milieu groß geworden als du …»

«Das ist mir klar», unterbreche ich ihn. «Da ist aber noch was: Du warst derjenige, der gesagt hat: ‹Das machen wir jetzt!›»

«Ja, ich hab's angefangen. Aber das heißt nicht, dass ich es alleine war. Ich hab da reingetreten, ich hab auch gehauen, aber nicht allein.»

«Ich würde mir schon wünschen, dass du dich damit noch mal auseinandersetzt. In dem Gutachten steht: Da fehlt eine Aufarbeitung, auch dem Opfer gegenüber. Ich weiß, du hast mir schon ein paarmal erzählt, dass der Mann keine Familie hatte. Aber wer weiß. Also, ich an deiner Stelle, ich würde da noch mal tätig werden –»

«Steffen, ich werde da definitiv nicht tätig! Bei anderen gern, zum Beispiel bei der Stadtmission. Da kann ich Leuten helfen, was Gutes tun. Obdachlosen Essen geben oder so was. Aber bei dem Opfer nicht. Soll ich jetzt die Familie suchen und die noch mal verrückt damit machen? Soll ich da jetzt wirklich reinplatzen und noch mal alles kaputt machen? Willste das?»

Er starrt mich wütend an. Und er ist noch nicht fertig: «Wenn bei mir n Typ auftauchen würde, der meinen Sohn umgebracht hat, da käme der Hass hoch!»

«Das habe ich auch nicht gemeint. Nicht hingehen und reinplatzen. Was ich an deiner Stelle machen würde, wäre, einen Brief zu schreiben.»

«Wohin denn?», unterbricht er mich ungeduldig.

«Man kann versuchen, das rauszufinden. Wenn du willst, versuch ich das.»

«Ich hab mir darüber noch nie Gedanken gemacht. Ich weiß, dass da niemand existiert. Mein Anwalt hat damals gesagt, es gibt keine Nebenkläger, niemand.»

«Da kann's trotzdem einen Bruder geben oder …»

«Seit sechzehn Jahren hab ich die Sache abgeschaltet. Und jetzt kommst du und sagst: ‹Wir müssen da was machen!› Meinste, ich bin begeistert?»

«Das erwarte ich nicht …»

«Ich bin jetzt seit fast zwanzig Jahren der Buhmann, meinste, ich will immer weiter der Buhmann sein? Ich hab genug Hass abgekriegt! Glaubste, das war alles schön, was ich hier drin erlebt habe? Und wenn ich rauskomme, soll ich noch mehr Reue zeigen, noch mehr leiden? Ich kann das nicht mehr! Ich hab keine Beziehung mehr zu der Tat! Das ist fast zwanzig Jahre her! Ich hab das ganz weit weggeschoben!»

Er wirkt verzweifelt.

«Ich weiß, dass so etwas schmerzhaft ist. Aber das Problem ist doch, wenn man die Dinge weit wegschiebt, heißt das noch lange nicht, dass sie verschwinden. Und darum geht es mir.»

«Ich weiß. Es ist ja auch nich so, dass ich nicht dran denke. Ich nehm öfters mal meinen Ordner in die Hand, les die Anklageschrift, les das Urteil. Aber für mich war die ganzen Jahre klar: Da ist keiner. Jetzt fällt's mir schwer, mir vorzustellen, dass ich auf einmal mit der Familie Kontakt aufnehmen soll. Wenn sich bei mir plötzlich jemand meldet, der meinen Sohn ermordet hat – der könnte auf den Knien betteln, ich würd den hassen! Das wäre keine Vergebung. Warum soll ich mir das jetzt antun?»

«Vergebung kann man sicher nicht erwarten. Aber wenn mir so etwas passieren würde, dass jemand einen Verwandten ermordet, dann würde ich mir zumindest wünschen, dass der sich einmal bei mir entschuldigt, dass er Reue zeigt. Das heißt noch lange nicht, dass ich dem dann vergeben muss, das könnte und will ich vielleicht gar nicht. Aber es macht einen Unterschied.»

«Ja, Sinn macht's schon», meint er zögernd. «Aber was sollte ich dann sagen. Ich hab ihm keine Cola weggenommen, ich hab jemand das Leben genommen. Das war Mord. Da kann man nicht sagen: ‹Entschuldigung›! Es gibt keine Entschuldigung dafür.»

«Da hast du vollkommen recht. Aber ich glaube, genau das, was du gerade gesagt hast, das würde mir, wenn ich betroffen wäre, irgendwie helfen. Und ich glaube – dir auch. Du könntest das zum Beispiel in einem Brief schreiben. Kannst ja mal drüber nachdenken.»

Er starrt vor sich hin.

«Ich hab hier drin so sehr gelitten, ich wollte am liebsten mein Leben geben für die Tat. Ich hab es ja versucht …»

«Aber genau das ist etwas, das die Familie vielleicht wissen sollte.»

«Das sind Narben, die werd ich mein Leben lang mit mir rumtragen. Aber ich muss nicht mit jedem darüber reden.»

Ab und zu macht er Pausen mitten im Satz. Seine Augen wirken glasig. Ich habe den Eindruck, es ist nicht nur das Methadon, sondern auch Tränen, die in ihm aufsteigen.

«Ich will nicht, dass alle immer nur schlecht über mich denken. Deshalb versuch ich, das n bisschen zu beschönigen. Aber das soll nicht heißen, dass ich das bagatellisiere. Mir tut der Mann ja auch leid! Der wollt bestimmt nix Böses. Aber wir waren halt so druff an dem Abend. Jetzt seh ich das so. Damals nicht. Der war für mich ein ideales Opfer.»

Stille.

Irgendwann sage ich: «Ich weiß, was in der Folge alles passiert ist, in deinem Leben. Der Tod deiner Freundin, deiner Mutter, deine Drogensucht und alles andere. Ich halte nichts von Rache und Sühne. Aber viele Leute denken so. Man könnte sagen, du hast vom Leben, vom Schicksal, genug Strafe bekommen. Ich merke nur, wenn du mir so etwas sagst wie ‹am liebsten hätte ich mein Leben für seins gegeben›, dann rührt mich das. Und deswegen rede ich mit dir darüber, weil ich glaube, es könnte die Angehörigen dieses Mannes auch rühren. Und ich glaube, es würde dir auch helfen, du könntest vielleicht einen kleinen Teil deiner Schuld loswerden.»

«Eigentlich hat die ganze Zeit niemand so richtig mit mir über meine Tat gesprochen. Vielleicht mal Frau Müller n bisschen, aber das waren immer nur Details, nie die ganze Tat.»

Im Verlauf unseres Gesprächs ist er immer emotionaler geworden. Schließlich hält er inne, steht auf und geht in das winzige Klo. Ich höre, wie er sich drinnen schnäuzt.

Als er zurückkommt, setzt er sich zögernd und meint schließlich: «Ja, aber … wenn de da mal gucken kannst … vielleicht findeste ja wirklich irgendwas. Ich weiß noch nicht mal, wo der herkam. Ich hab kein Anhaltspunkt, wo der gelebt hat.

Ich hab mir darüber nie Gedanken gemacht, weil es eben hieß, da gibt's niemand. Aber wahrscheinlich hat es einfach keinen interessiert. Vielleicht», er räuspert sich, «vielleicht war er auch nur so ne verlorene Seele.»

Und nach einer Weile fügt er hinzu: «Den Namen haste ja, oder?»

Ich nicke. Es ist ein Name, den es sehr häufig gibt. Aber ich werde suchen.

Nachdem wir uns verabschiedet haben und ich an der Pforte meine kleine Besucherkarte gegen meinen Personalausweis zurückgetauscht habe, nachdem die riesige hydraulische Panzertür mich nach draußen entlassen hat, drehe ich mich noch einmal um: Wie ein riesiger schlafender Hund liegt das Gefängnis da. Die dicken Betonmauern schlucken jedes Geräusch. Die Welt dahinter bleibt den meisten Menschen verborgen. Ich ziehe die kalte Luft tief in meine Lungen und gucke in den grauen Berliner Himmel.

Februar 2016. «Ick hab heut Jubiläum», meint Micha, nachdem wir uns begrüßt haben.

«Wie? Was für n Jubiläum?», frage ich und gieße mir Teewasser ein.

«Zweihundert Monate Knast», sagt er trocken.

Diese Zahl lässt mich kurz schwindelig werden. Zweihundert Tage fände ich schon viel, aber zweihundert Monate?

«Insgesamt? Mit deiner vorherigen Haftzeit zusammen?»

«Nee, die kommt noch dazu. Nur die aktuelle Haft. Heute vor zweihundert Monaten bin ich hier eingefahren.» Er schaufelt sich löffelweise Zucker in seinen Tee.

«Wo hast du eigentlich deine erste Haft abgesessen?»

«Das erste Mal zwei Jahre in Berlin. Das zweite Mal musste ich, weil ich in Potsdam gemeldet war, in Brandenburg ins Gefängnis. Ich bin dann durch ungefähr zwölf Knäste gelaufen, weil mich keiner so richtig wollte, ich hab nämlich überall Ärger gemacht. Angefangen hat's in Luckau mit der U-Haft. Dann ging es nach Cottbus, von da aus Schwarze Pumpe, und immer so weiter. Irgendwann kam ich dann nach Wrietzen. Da hab ich mich als Erwachsener umschreiben lassen und kam in den Erwachsenenknast. War ja inzwischen achtzehn. Ab da wurde ich ruhig und später auch gelockert, bekam meine Ausgänge und bin dann nach zwei Jahren auf Bewährung rausgekommen, drei Monate vor dem eigentlichen Haftende. Aber das Kuriose ist: Hätt ich die drei Monate abgesessen, dann wär meine jetzige Straftat, der Mord, gar nicht passiert. Denn das war genau zweieinhalb Monate später.»

«Dann hättest du wahrscheinlich irgendeine andere Tat begangen.»

«Ja, bestimmt», pflichtet er mir bei, «aber vielleicht nicht so was Schlimmes. Diese Tat wär definitiv nicht passiert. Eigentlich wollt ich gar nicht früher raus. Ich wollt es absitzen, bis zum letzten Tag, denn keine Bewährung zu haben, ist immer gut. Aber meine Freundin damals sagte: ‹Komm raus! Ist gerade so n schöner Sommer!›

Wär ich dringeblieben, dann hätte mein Leben vielleicht nen anderen Lauf genommen.»

Er zündet sich eine Zigarette an und fährt fort: «Vielleicht wär ich dann nie zurück nach Potsdam gegangen. Da kam ich sofort in die alten Kreise, hab Leute kennengelernt und war gleich voll drin. Ich bin mit den Faschos rumgezogen und hab mich mit den Linken geprügelt. Wir sind in irgendwelche Kneipen rein und haben da alles kurz und klein geschlagen. Ich war wahnsinnig zu der Zeit. Hab jeden Tag getrunken, hab Schlägereien provoziert. Aber is auch nicht so, dass ich nur immer ausgeteilt habe. Ich sah auch manchmal selber aus wie n Teller bunte Knete, aber das hat mir alles nichts ausgemacht.»

«Die zweite Zählung, meine Damen», schallt es durch den Lautsprecher über uns. Offensichtlich ein Justizbeamter mit Humor. Micha nimmt noch ein paar tiefe Züge.

«Die Blauhemden kündigen sich an», meint er schließlich und schnipst die Zigarette aus dem Fenster, denn Rauchen ist hier eigentlich verboten – da wird auch schon die Tür aufgerissen. Ein Beamter steckt kurz den Kopf rein, guckt mürrisch und zieht weiter.

«Jedenfalls», fährt Micha schließlich fort, «hätte der Richter mir die Bewährung damals nicht angeboten, wär alles anders gelaufen. Irgendwann hab ich mich mit Rockern angelegt, und dann wurde es gefährlich, da musste ich weg aus Potsdam. Ich bin nach Berlin, zu meinem Bruder. Aber dann kamen die Potsdamer nach, und hier ging's weiter. Und dann ist es hier passiert.»

Er verstummt. Draußen im Hof rufen die Krähen.

«Wär ich damals anders entlassen worden, mit ner Wohnung und nem Job, das wär alles ganz anders gelaufen.»

Er schweigt wieder. Vor unserem Fenster zanken sich die Krähen. Plötzlich muss ich an den Film denken, auf den Micha mich bei unserer ersten Ausführung hingewiesen hatte.

«Mir fällt gerade dieser Film ein, den du mir damals empfohlen hast. Der mich so irritiert hat», setze ich an.

Er weiß gleich, wovon ich rede: «Ja, Eden Lake. Ich hatte dir den Film eigentlich nur empfohlen, dass du ne Ahnung kriegst, wie's in etwa gewesen ist. Da geht es ja auch um Jugendliche, die n Paar verfolgen und massakrieren wollen. Ich fand den Film gut, nicht jetzt, weil ich die Handlung so geil fand, sondern weil mich das beschäftigt hat. Ich konnte den Anführer damals nicht leiden, der alle angestachelt hat. Vielleicht weil er mich an mich selbst erinnert hat.»

Er räuspert sich.

«So ungefähr war das eben bei mir auch. Man hat sich keine großen Gedanken gemacht, was morgen sein könnte. Ich weiß noch den Tag, als ich aufgewacht bin, nach dem Mord, da war für mich alles wie so n Film. Ich bin wach geworden von Hundegebell, die andern haben alle noch gepennt. Ich hab mir gar nichts dabei gedacht. Was gestern passiert war, das war wie weg aus meinem Kopf. Ich bin erst mal auf den Balkon, eine rauchen. Der Tatort lag direkt davor: ein alter Friedhof, jetzt ne Art kleiner Park. Ich bin da immer mit meinem Hund durchgelaufen. Und ich steh da so aufm Balkon, rauch eine, beobachte das Treiben im Park. Und seh da auf einmal so Typen – Spurensicherung mit ihren weißen Anzügen, Kameraleute und wahnsinnig viel Polizei. Ich zieh an meiner Kippe, und auf einmal kommt mir: Ey, Alter, das warst du doch! Die sind wegen dir da!

Und da hat's erst klick gemacht. Ich bin sofort rein in die Wohnung und hab die anderen geweckt: ‹Da draußen ist die Hölle los! Wisst ihr, was gestern passiert ist?› Da gab's n wildes Durcheinander. Bis dahin hatte ich überhaupt nicht dran gedacht, was am Abend los gewesen war. Ich hatte das abgetan, irgendwie als Traum, keine Ahnung. Und dann da wach zu werden, zu sehen, was das für Auswirkungen hat; das war ne Situation, die werde ich nie vergessen.

Bis die Polizei hochkam, hat es noch Stunden gedauert. Raus konnten wir nicht. Die hatten alles abgesperrt, die ganze Straße. Presse war da. Überall Polizei. Sie saßen auf den Dächern, haben mit Richtmikrophonen versucht, bei uns reinzuhören, ob überhaupt jemand zu Hause ist und was wir redeten. Die Hunde hatten sie zu uns geführt. Wir sind wahrscheinlich in das Blut reingetreten und so nach Hause gelaufen, war ja nicht weit. So wussten die, dass das die Wohnung ist, und haben sie observiert. Ist natürlich schwer zu kommunizieren, wenn man weiß, man wird abgehört. Wir haben uns Zettel geschrieben und noch versucht, die blutigen Klamotten verschwinden zu lassen. Haben die Waschmaschine angeschmissen und die Sachen gewaschen. Ich hab noch ne Hose im Ofen versteckt. Irgendwann wurde dann geklingelt. Erst wollte meine Freundin gehen, aber da hatte ich Angst um sie, also bin ich selber. Dann kamen sie rein: SEK, mit Schutzschild, wir mussten uns alle auf den Boden legen. Fünfzehn, zwanzig Mann in meiner Wohnung. Die haben uns Handfesseln angelegt, in eine Reihe gesetzt und uns weiße Schuhe übergezogen, dass die Spuren an den Klamotten nicht verdreckt werden. Und dann haben sie uns abgeführt. Danach war ich nie wieder in der Wohnung. Keine Ahnung, was mit den ganzen Sachen passiert ist, war ja komplett eingerichtet. Eigentlich ist an dem Abend nicht nur seins, sondern auch mein Leben komplett den Bach runtergegangen.»

Er öffnet das Fenster und zündet sich noch eine an.

«Siehst du die Tat manchmal noch vor dir? Oder ist das was, das man völlig verdrängt?», frage ich ihn.

«Anfangs hab ich's total verdrängt, ich hab mit niemand darüber geredet. Mit wem auch? Ich hab oft davon geträumt, das hat mich im Schlaf verfolgt. Ich glaube, das war auch n Grund, warum ich Drogen genommen habe. Damit konnte ich super abschalten. War wie ein Vorhang, den man zugezogen hat. So richtig Gedanken hab ich mir erst in meiner ersten Cleanphase gemacht und da auch angefangen, drüber zu reden. Nach ungefähr zehn Jahren. Nicht mit anderen Gefangenen, aber mit dem Psychologen. Es gab auch Dinge, die ich ewig verdrängt hab: Ich hab damals nicht gesehen, dass ich die treibende Kraft war. Ich hätte die Situation jederzeit beenden können.»

Er zieht nachdenklich an seiner Zigarette. Es fällt ihm nicht leicht, das auszusprechen.

«Hätte ich gesagt: ‹Wir beenden das jetzt hier!›, dann hätte der Mord nicht stattgefunden. Aber das hab ich nicht getan. Ich weiß nicht, warum. Das ging ja nicht so von jetzt auf gleich. Der ganze Abend war schon sehr aggressiv. Wir waren erst was trinken. Danach sind wir durch die besetzten Gegenden gezogen und haben versucht, n bisschen Ärger zu bekommen. Und haben den einfach nicht bekommen, den Ärger, den wir gesucht haben. Und am Ende musste er dafür hinhalten.»

Es ist schwer zu beschreiben. Wir sitzen immer noch alleine in dem winzigen Raum. Schweigend blicken wir Michas Rauch nach, der durch die Gitterstäbe hinauszieht.

Ich kenne das Opfer nicht, kenne den jungen Mann nicht, der in jener Nacht vor sechzehn Jahren zur falschen Zeit am falschen Ort war.

Aber in diesem Moment geschieht etwas.

März 2016. Als ich mich am Ende meines heutigen Besuchs verabschieden will, hält mich Micha noch einmal zurück.

«Kürzlich ist mir was Eigenartiges passiert», beginnt er nachdenklich. «Vor ungefähr zwei Wochen musst ich nen neuen Häftling von der Kleiderkammer abholen. Da bekommen die Neuen ihr Bettzeug, Handtücher und so weiter ausgehändigt. Ich lauf mit über den Hof zu userm Hafthaus, da fragt der mich, ob ich ihn zur Sotha 2, zur Sozialtherapeutischen Anstalt, bringe. Da mein ich: ‹Nee, wir gehen zu Haus 6›, und hab mich gewundert; die Sotha 2 ist ja das Kinderschänder-Haus. Warum fragt der das? Er sagt nichts mehr. Ich hab mir aber meine Gedanken gemacht. Als wir schließlich im fünften Stock sind und ich ihm seine Zelle, gleich die übernächste neben meiner, gezeigt habe, frag ich ihn:

‹Du weißt, was Sotha 2 ist?›

‹Nee›, sagt er, ‹wat is n dit?›

‹Na, dit Kinderschänder-Haus.›

‹Ach so›, sagt er ganz entrüstet, ‹na Gott sei Dank bin ick nich bei denen jelandet!›

‹Weshalb bist n du hier?›, frag ich ihn.

‹Totschlag›, meint er und guckt dabei so komisch weg, kann mir nicht in die Augen sehen.

‹Wen hast n umgebracht?›, hak ich nach.

‹Ick hab einen totgeschlagen, im Suff›, und guckt wieder weg.

Da hab ich gewusst, der lügt. Und irgendwann kam dann raus, dass der Kerl vierzehn Jahre lang seine zwei Stiefkinder missbraucht hat. Von klein an. Nun ist er zu knapp acht Jahren verknackt worden. Da wurde mir heiß, ich muss ja mit dem Typen arbeiten, ich muss ihm sein Essen geben, Material und so weiter. Viele von uns haben den Typen dann gemobbt, aufs übelste: Sind reingegangen zu ihm, die Zellen sind ja tagsüber offen, haben ihn bedroht, sie schlagen ihm den Schädel ein, wenn er seine Zelle verlässt und so was. Abends haben sie ihre Spielchen gemacht. Wenn er im Einschluss war, der hatte ja Schiss und hat sich früher wegsperren lassen, haben sie ständig gegen seine Tür gepoltert, nur um ihm zu zeigen: ‹Wir sind hier draußen! Wir warten auf dich!› Hab ich alles gehört.

Dann fiel mir auf, der Typ hat sich tagelang kein Essen geholt. Ich teil ja das Essen in der Gemeinschaftsküche aus, aber der kam nie. Wahrscheinlich weil er Angst hatte.»

Er hält kurz inne, starrt auf seine Hände vor ihm auf dem Tisch und fährt dann langsam fort: «Und dann, ich weiß nicht, warum, hab ich Mitleid mit dem Typen gekriegt. Irgendwann, an nem Sonntag, bin ich zur Essenszeit hin zu ihm, in seine Zelle, und hab gesagt: ‹Du, pass auf, hast du Hunger? Dann komm, Essen holen. Du brauchst keine Angst haben. Solange ich dabei bin, passiert dir nix, das versprech ich dir.›

Das hat er dann gemacht. Er kam in die Küche, und ich hab ihm sein Essen gegeben. Der war vollkommen ausgehungert. Dann hab ich zu ihm gesagt: ‹Pass auf, wenn du nicht essen willst, wenn alle da sind, dann wart einfach ab, bis ich ‚Nachschlag!' rufe, und dann kommste. Dann sind die meisten schon weg. Bei dem Fraß hier will ja fast keiner Nachschlag.›

Und so haben wir's dann gemacht, immer bei ‹Nachschlag!› hat er sich seine Portion geholt. Ich hab dann auch dafür gesorgt, dass die Leute nicht mehr gegen seine Tür poltern. Nicht weil ich ihn so gut leiden kann, sondern einfach, weil ich das nicht wollte. Ich hab mir einen von den Jungs gegriffen und dem gesagt, er soll das sein lassen. Und dann hat das aufgehört. Früher war ich ja bei denen dabei, die da sofort mitgemacht hätten. Das kenn ich nicht, diese Seite von mir. So einem zu helfen. Keine schöne Sache, was der gemacht hat: Zwei Stieftöchter, die hat er über Jahre hinweg sexuell missbraucht, insgesamt über dreitausendmal. Also eigentlich n total mieses Schwein. Und trotzdem, ich hab ihm da ne Brücke gebaut. Und ich hab mich danach gar nicht so schlecht gefühlt. Ich hab was gemacht, und die Leute haben das akzeptiert, es noch nicht mal in Frage gestellt, dass ich mich da für ihn eingesetzt habe. Die haben ihn in Ruhe gelassen, und gut.

Irgendwas ist da passiert, ich weiß nicht, warum ich's gemacht habe. Das ist das erste Mal, dass ich nicht raufgehauen habe. Ne ganz neue Erfahrung für mich. Aber ich hatte halt das Gefühl, wenn du jetzt nicht was machst, dann gibt's morgens den Alarm – dann hat er sich weggehängt. So, denk ich, wär es gekommen.»

Er sieht mich an.

«Na ja», sagt er schließlich, «jetzt ist er nicht mehr da. Ist verlegt worden, in die Sotha.»

Und fügt hinzu: «Das ist besser für ihn. Er hatte hier null Gesprächspartner, keiner wollte was mit ihm zu tun haben. Und das über Jahre, das hältste nicht aus, da hängste dich auf.

Du brauchst wen, mit dem du reden kannst. Hierherzukommen, mit so ner Strafkiste, das ist ein hartes Brot. Und so ein Typ, der null Hafterfahrung hat, der kommt nicht klar.»

Er blickt aus dem Fenster ins Dunkle.

«Ich denke mal, er weiß auch, dass das wahnsinnig scheiße war, was er gemacht hat», meint er nachdenklich. «Aber komisch, dass so was von mir kommt.»

Zwei Wochen später. Micha ist zurzeit Hausarbeiter. Er muss Fenster putzen, die Gemeinschaftsräume seiner Station sauber machen und kleinere Reparaturen erledigen.

«Ich hab hier wahnsinnig Glück, dass mich die Leute respektieren. Wenn ich jetzt die Küche sauber mache und einer saut das fünf Minuten später wieder ein, dann würd ich total ausflippen. Und die wissen, dass ich dann tobe, ist schon zwei-, dreimal passiert. Die Sozialarbeiter sagen, sie erkennen die Station gar nicht wieder. Die Kollegen machen jetzt selber sauber, stellen sich Aschenbecher auf den Flur und benutzen die auch. Das war vorher nie. Vorher kamen die in die Küche, kippen ihren Kaffeesatz ins Waschbecken und lassen das Zeug da liegen. Ich hatte die aber gerade kurz vorher sauber gemacht! Also frag ich rum: ‹Hast du Kaffee getrunken? Wer trinkt hier Filterkaffee?›, und ich find den, der's gewesen ist, das wissen die. Und deswegen machen die das jetzt lieber gleich sauber. Letztens hatte ich hier so ne Auseinandersetzung: Gerade hatte ich die Küche sauber gemacht, und keine fünf Minuten später war die schon wieder mistig. Also bin ich von Zelle zu Zelle gegangen und hab denjenigen auch gefunden und hab den an den Ohren gezogen. Das hat sich dann rumgesprochen, und jetzt will das keiner, dass ich böse werde. Das mögen natürlich auch die Beamten, dann ist Ruhe im Haus.»

Er nimmt einen Schluck aus seinem Becher.

«Hat sich schon ne Menge geändert. Weil, sonst ist das Haus hier ja ziemlich dreckig geworden, wegen der vielen Kurzstrafer, die jetzt hier sind.»

«Wegen der Kurzstrafer? Das musst du mir erklären.»

«Na, so Leute, die nur drei oder fünf Jahre haben. Die benehmen sich so nach dem Motto ‹Ick bin ja demnächst sowieso wieder weg›. Aber Leute, die lebenslänglich haben, die achten darauf, ob ne Wand dreckig ist oder nicht. Bei uns würde keiner auf die Idee kommen, da was dranzuschmieren. Bei uns, da feg ich jeden Tag den Backofen aus, das blitzt und blankt alles. Das finden die Beamten natürlich auch schön, dass das einer so im Griff hat. Und der Station tut's auch gut. Die können ja auch ruhig alle mal n bisschen putzen – so seh ich das. Die kommen auch zu mir, die Kollegen: ‹Hey, Willi hat gekocht. Geh mal hin, der hat nicht sauber gemacht.› Geh ich gucken: ‹Was, hast nicht sauber gemacht? Mach mal sauber, hast noch was vergessen!›

‹Ja, tschuldige, mach ick.› Und dann rennt er gleich los.

‹Gut, danke schön, dass du's machst›, ruf ich dann, ich bleib dann ja nett. So hab ich da auch meine kleine Aufgabe.»

Wenig später gucken wir beide in unsere Kalender, wann wir uns für unser nächstes Treffen verabreden können.

«Ach», sagt Micha erfreut, «heute geht mein Lebenslänglich weiter, sehr gut.»

«Wie?»

«Die hundert Tagessätze sind vorbei, seh ich gerade. Schön. Ich hatte doch noch ne Extrastrafe, wegen BTM.»

«Wie? Einmal kiffen macht hundert Tage Haft?»

«Ja. Einmal kiffen.»

«Für einen Joint find ich das ja n bisschen dicke.»

«Ja, soll halt n Lerneffekt bewirken.»

«Aber eigentlich ist es doch fast egal, oder? Du sitzt doch so oder so?»

«Nee, ist überhaupt nicht egal. Mein Lebenslänglich, die fünfzehn Jahre, sind ja eigentlich schon rum. Und umso länger ich hier trotzdem drinsitze, desto mehr kann ich drauf pochen, dass die mich irgendwann mal gehen lassen müssen. Aber das kann ich natürlich nur, wenn ich nicht grade noch irgendwelche andren Strafen absitze.»

Zwei Wochen später. Fast über Nacht ist es Frühling geworden. Nach regnerischen, kühlen Tagen scheint die Sonne nun strahlend vom Himmel. Überall blüht es, Vögel fliegen zwitschernd durch die Luft. Nach einer Leseprobe in Leipzig, bei der wir einen Tag vor Drehbeginn der nächsten vier Folgen im Eiltempo sämtliche Drehbücher mit dem Regisseur durchgegangen sind und ein paar Ungereimtheiten ausgebügelt haben, habe ich mich noch schnell in den Zug nach Berlin gesetzt, um Micha zu besuchen; gleich danach werde ich wieder zurück nach Leipzig fahren, denn morgen früh muss ich drehen.

Als ich ein paar Minuten im Warteraum sitze, betritt eine junge Frau das Zimmer, setzt sich auf einen der wenigen Stühle, und wir kommen miteinander ins Gespräch. Sie erzählt, dass sie gerade den Kurs für angehende Vollzugshelfer besucht und «ihren» Häftling bereits kennengelernt hat und dass sie nun ein Einführungsgespräch mit der Sozialarbeiterin führen wird. Bei ihrer Frage, wie lange ich diesen «Job» denn mache, fällt mir auf: Es sind schon drei Jahre.

«Und? Macht es Freude?» Sie lächelt mich an.

Ich zögere, tue mich schwer, eine Antwort zu finden.

«Verstehe», interpretiert sie meine Pause lachend, «auch eine Antwort.»

«Nein, nein, ‹Freude› ist nur vielleicht das falsche Wort. Man erlebt hier viel, auch viel Leid. Für viele Gefangene sind Leute wie wir beide der einzige Ansprechpartner, den sie noch haben. Das bedeutet auch eine Menge Verantwortung. Auf jeden Fall gibt es einem das Gefühl, etwas sehr Sinnvolles zu tun. Und mal ganz ehrlich: Wann tut man das sonst schon wirklich?»

Ein Beamter steht plötzlich in der Tür, um mich abzuholen, und klappert mit seinem mächtigen Schlüsselbund. Ich wünsche ihr viel Glück und verabschiede mich. Als ich dann mit meinem Begleiter den Hof von Haus 6 betrete, sehe ich einen Häftling, der an dem winzigen Gartenteich arbeitet: Der großgewachsene, bleiche Mann mit rasierter Glatze kniet davor und nestelt an einem niedrigen Maschendrahtzaun, den er um den Teich gezogen hat. Ich kenne ihn nicht und wundere mich, was er dort macht.

«Habt ihr zu Ostern Kaninchen bekommen?», frage ich den Beamten an meiner Seite belustigt.

«Nee. Wie kommen Sie denn darauf?»

«Na, was macht denn der Kollege da?»

Der Häftling spannt mit seinen kräftigen, tätowierten Armen ein Tuch über das Zäunchen, wie ein Zelt. Seine verschwitzte Glatze glänzt im Sonnenlicht.

«Ach so, das. Die Häftlinge haben sich in den Kopf gesetzt, die Enten zu schützen. Die brüten doch jetzt. Und nun bauen sie denen irgendwas, damit die Krähen nicht die Eier weg holen.» Er zuckt mit den Schultern, und wir betreten das Gebäude.

Micha erwartet mich bereits im Flur.

«Na, Mann. Alles klar?», begrüßt er mich herzlich.

Wir setzen uns, und er füllt heißes Wasser in unsere Becher. Ich ziehe einen Teebeutel aus seinem Früchteteesortiment, Erdbeer-Kirsche, der mein Wasser sekundenschnell blutrot färbt.

«Und, gibt's was Neues?», frage ich ihn.

«Nichts, nee. Nur vorige Woche. Da ist schon wieder einer gestorben. Smokey. Ein LLer, hier aus dem Haus.»

Das überrascht mich. Hatte er mir doch erst vor kurzem von einem Sicherungsverwahrten erzählt, der ebenfalls verstorben war.

«Stand sogar in der Zeitung», meint er, «ich kenn ihn von meinem ersten Tag an. Er war erst fünfundfünfzig Jahre alt. ‹Überdosis› sagen sie, aber das kann eigentlich nicht sein. Er hat nur ganz selten mal was genommen, hat nie gespritzt. Und ne Überdosis durch die Nase bei jemand, der nur so ne geringe Menge konsumiert, das kann eigentlich nicht sein.»

Er rührt in seinem Becher.

«Ich denke, die Schweine haben das Heroin mit irgend nem Scheiß gestreckt – Rattengift, oder was weiß ich. Die tun da ja alles Mögliche rein, was sie so in die Finger kriegen. Jedenfalls haben sie ihn am Nachmittag gefunden. Lag in seiner eigenen Kotze. Schon heftig, dass hier zwei Leute in einem Monat sterben.»

Er öffnet das Fenster und zündet sich eine Zigarette an.

«Smokey», wie er genannt wurde, war Gründungsmitglied einer Motorradgang und saß bereits seit 1988 ein, also seit achtundzwanzig Jahren, erfahre ich.

«So lange? Und warum war er immer noch hier?», frage ich.

«Ja, den haben die vergessen. Auch ein Lebenslänglicher. Er hat sich nicht so bemüht, rauszukommen. Er hatte sich damit abgefunden, hierzubleiben.»

Er bläst den Rauch aus dem Fenster.

Es ist für mich immer wieder schwer zu verstehen, wie jemand den Kampf um Freiheit aufgeben kann, noch dazu ein Mann von nur fünfundfünfzig Jahren.

«Er hat kein Bock gehabt, den langen Anlauf zu nehmen, das Rumgekämpfe, so wie ich. Er hat jahrelang beobachtet, wie schwer das ist, und hat gemeint, das tut er sich nicht an – gegen Windmühlen zu kämpfen. Aber er war n lustiger Typ. Na ja –», er zieht an seiner Zigarette, «immer ätzend, wenn einer stirbt, mit dem man hier drinne viel zu tun hatte. Echt übel.»

Er blickt dem Rauch hinterher, der durch das Fenster in den Frühlingshimmel aufsteigt.

«Von seiner Motorradgang hatte er sich getrennt. Aber sein Bruder ist immer noch drin, und die haben ihn jetzt anständig beerdigt. Da tritt der Club dann schon für ein.»

Mit einer nasalen Überdosis kenne ich mich nicht aus. «Vermutlich ist er dann an seinem Erbrochenen erstickt?», frage ich.

«Die haben gesagt, es war ne Überdosis. Aber das kann nicht sein. Das Zeug war scheiße. Einer der Beamten hat angedeutet, dass das Heroin dreckig war. Hier im Haus gibt's nur zwei Leute, die Heroin verkaufen. Die beiden haben sie daraufhin sicherheitsverlegt, weil sie Schiss hatten, wir legen die um. Einige sind echt sauer. Die Typen verkaufen hier dreckiges Heroin, und daraufhin stirbt jemand. Das nehmen denen auch Leute übel, die selber gar nichts nehmen. Also haben sie die zwei eingepackt und in n anderen Knast verlegt. Keiner weiß, wohin.»

«Die Beamten wissen, wer im Haus dealt, und unternehmen trotzdem nichts dagegen?»

«Die können nichts machen, weil sie bei denen nichts finden. Die haben nur die Info, das spricht sich rum, aber keine Beweise. Die Jungs sind ja nicht blöd.»

Micha hat mir schon öfter erzählt, dass man hier Dinge sehr geschickt versteckt, irgendwo auf dem Gelände oder in der Arbeitsstätte.

«Schicken die hier eigentlich manchmal Drogenhunde durch?», frage ich ihn.

«Wollen sie jetzt machen. Tegel hat jetzt selber welche gekauft, bisher mussten sie die beantragen und beim Zoll am Flughafen ausleihen. Aber ist so natürlich besser. Aber viel bringt es nicht, glaub ich.»

Er zuckt mit den Schultern. «Gibt schon Mittel, die abzuwehren.»

«Welche denn?»

«Na, man wirft überall Pfeffer hin, da werden die Hunde verrückt. Wenn man in seinem Zimmer überall Pfeffer in die Ecken streut, dann ist der Hund verwirrt, das weiß hier auch jeder. Der findet dann nichts mehr. Die könnten dann höchstens wieder den Pfeffer verbieten, wie sie's vor n paar Jahren schon mal gemacht haben: Da hatten sich Leute mit Pfeffer Pfefferspray gebastelt und damit rumgesprüht. Daraufhin wurde der Pfeffer in der Anstalt komplett verboten, ein paar Jahre lang. Dann hat jemand geklagt, und dann konnten wir uns alle wieder welchen kaufen. Man kann ja schließlich nicht alles verbieten. Als Nächstes haut einer nem anderen n Stuhl an den Kopf, und dann werden Stühle verboten! Das ist doch Quatsch.

Ein paar Hunde für die Betriebe sind schon gut. Dann dauert das Filzen nicht mehr so lange. Aber bei den Zellen wird es nicht viel bringen, das ist ja das Schlimme hier: Für alles gibt's n Weg.»

Ich muss noch einmal an Smokey denken.

«Warum haben sie ihn eigentlich erst am Nachmittag gefunden?»

«Er hat sich mittags um zwölf nach der Zählung auf Zelle einschließen lassen, wie viele hier. War ja Wochenende. Und da lassen sich viele nach der Zählung um 12 zumachen. Um 16 Uhr schließen die Beamten bei denjenigen dann noch mal kurz auf, fragen, ob man noch heißes Wasser für n Tee möchte, danach geht's am Wochenende ja schon in den Nachtverschluss. Jedenfalls, da haben se ihn gefunden.»

«Lässt du dich auch früher wegschließen?»

«Nee, am Wochenende nicht. Da bleib ich offen, bis es zugeht. Aber die meisten bei mir auf Station, die sind ja schon hundert Jahre hier. Die kommt keiner mehr besuchen, also machen sie sich zu.»

«Aber, dann ist man ja die ganze Zeit nur auf Zelle? Das macht doch krank.»

«Ja, aber die gehen doch sowieso gar nicht mehr raus. Selbst wenn die Zelle offen ist. Insofern spielt's gar keine Rolle mehr. Die meisten von denen gehen nicht mehr in den Hof oder laufen auf dem Flur rum oder besuchen n Kumpel auf seiner Zelle. Die sitzen sowieso nur den ganzen Tag in ihrer Zelle. Wenn zu ist, kann man sich wenigstens darin bewegen, wie man möchte. Und niemand kann reinkommen.»

«Umso länger die Leute sitzen, desto mehr lassen sie sich wegschließen. Ist das so?»

«Klar. Irgendwann hat man jede Geschichte gehört. Irgendwann hat man den Kopf voll mit seinen eigenen Problemen und will nicht noch andere hören. Man will auch keine neuen Leute mehr kennenlernen. Ich will auch keine neuen mehr kennenlernen. Das interessiert mich nicht mehr.»

«Wieso?»

«Neue Leute bringen immer neue Probleme mit sich. Die sind hier neu, die haben vielleicht irgendwelche Feinde hier drin, du wirst in irgendwas mit reingezogen – ich hab keinen Bock mehr auf so was. Das zieht mich nur wieder in irgendwelchen Ärger mit rein. Dazu kommt: Man freundet sich an, und früher oder später geht der andere wieder – wird verlegt, wird entlassen, und dann ist man eh wieder alleine. Dem will ich eigentlich ausm Weg gehen.»

Er blickt in den Hof, in dem der erste der wenigen Sträucher angefangen hat zu blühen.

«Im Winter, wo es so dunkel war, da ging's irgendwie. Aber jetzt, wenn der Frühling kommt, da kriegt man den Drang nach draußen.»

Nachdem er eine Zeitlang geschwiegen hat, fragt er, wie es mir und meiner Familie geht. Ich erzähle ihm von Ostern, von unserem kleinen Familienurlaub, und wie immer hört er gespannt zu. Er erfreut sich an Erzählungen über meine Söhne, er lacht, ich habe das Gefühl, es tut ihm gut, daran teilzuhaben. Schließlich frage ich ihn nach seiner Familie, ob er noch einmal irgendetwas von einem seiner Geschwister gehört hat. Seine Miene verdunkelt sich.

«Gar nichts. Ich muss immer derjenige sein, der sich meldet. Melde ich mich nicht, meldet sich niemand. Da kommt nicht mal kurz ne Karte: ‹Lange nichts mehr von dir gehört›, oder so. Ich erwarte ja nicht viel – mal ne Karte, mal n Telefonat. Das würde mir schon helfen. Teilweise fühl ich mich, als wär ich komplett alleine auf der Welt. Deswegen hab ich auch manchmal gar kein Bock mehr zu kämpfen, weil, wofür?

Da gibt's nichts, was mich draußen haben will. Da kommen dann eben manchmal auch so Gedanken, dass man sagt: ‹Komm, ich lass das jetzt. Ich bleib einfach hier drin.› Jetzt versteh ich die Leute, die sagen: ‹Raus? Ach, ist mir nicht so wichtig. Ich bleib einfach hier drinne.› Früher war mir das nicht begreiflich. Und dann wieder, vor allem wenn schönes Wetter ist, krieg ich manchmal so n richtigen Rappel: ‹Nee, jetzt kämpfste! Ich will raus!›, denk ich dann.»

«Und Smokey, wenn der einen Antrag auf Entlassung gestellt hätte, hätte das gereicht – nach achtundzwanzig Jahren?»

«Nee, dann beginnt das Ganze ja erst: Gutachten, irgendwann Lockerungsphase, die ganze mühsame Maschinerie würde dann überhaupt erst anlaufen. Lebenslänglich ist lebenslänglich, bis du aufhörst zu atmen. Nach fünfzehn Jahren hast du nur die Chance auf ne Begnadigung, aber die muss nicht kommen. Smokey hatten sie mal ne Ausführung angeboten, aber er wusste nicht, wo er hinsoll. Eines Tages kam er zu mir: ‹Micha, die wollen, dass ich ne Ausführung mache. Wo soll ich denn hingehen? Ich war ja seit der Mauer nicht mehr draußen!›

Ich sage: ‹Ja, Digger, geh ins Museum, oder –›

‹Nee›, sagt er, ‹nichts Öffentliches. Muss n geschlossener Raum sein, aber wo soll ick denn hingehen? Ick kenn doch niemanden mehr.›»

Auf meinen verständnislosen Blick hin erklärt mir Micha, dass Smokey in fast drei Jahrzehnten Haft keine einzige Ausführung gemacht hat. Nach vielen Jahren hatte man ihm das zwar angeboten, aber da die beiden ersten Ausführungen aus Sicherheitsgründen in geschlossenen Räumlichkeiten erfolgen müssen, sprich in der Wohnung von Eltern, Bruder oder einem Freund, wissen viele nicht, wo sie hingehen sollen.

«Warum hat er seine erste Ausführung nicht zur Straffälligenhilfe gemacht, so wie du?»

«Hatte er keinen Draht hin. ‹Worüber soll ick mit denen

reden, Micha?›, hat er gefragt. ‹Worüber soll ick da quatschen? Über ne Wohnung? Über Arbeit?› Es ging wirklich um diesen Raum, den er gebraucht hätte, für die ersten beiden Ausführungen. Ich hab ihm ein paar Ratschläge gegeben, aber er konnte damit nichts anfangen. Also blieb er hier drin. Er hat seine Arbeit gehabt, ist immer arbeiten gegangen, ob Husten, Schnupfen, Grippe. Das war n guter Kerl. Sauerei, dass sie dem so nen Scheiß verkauft haben.»

«Das heißt, die Dealer hätten sicher Ärger bekommen?»

«Ja», meint er ganz selbstverständlich, «die hätten sie aufgesucht, und dann hätte man die irgendwo gefunden.»

«Meinst du wirklich?»

«Ja.»

«So jemand wird umgebracht?»

«Ja. Da wird reingegangen, und dann wird das durchgezogen. Klar. Das ist ne Warnung. Für den Nächsten. Aber da haben die Beamten schnell reagiert. Als Rico gefunden wurde, hab ich auch gedacht, er wär vergiftet worden. Ich war richtig sauer. Ich wollt nur noch den Arztbericht abwarten. Dann hätt ich denjenigen besucht – also, es kam nur einer in Frage, der es hätte sein können. Der Typ wollte Rico ständig irgendwas andrehen. Ich wollte schon fast zu dem Typen, ihn plattmachen. War kurz davor, aber dann hat mich Herr Meineke, den du von der Ausführung kennst, angetippt: ‹Komm, wir laufen mal ne Runde.› Der hat mir erzählt, dass es keine Überdosis war, sondern ein Aneurysma, das geplatzt ist. Der hat gemerkt, was ich vorhatte.»

«Was hättest du denn mit dem Typen gemacht?»

«Ich hätt ihn zusammengeschlagen, vielleicht n Messer in die Brust gejagt, was weiß ich? Ich dachte da nur, der hat meinen Freund umgebracht!»

286

Die Selbstverständlichkeit, mit der er mir das sagt, erschreckt mich. Auch wenn ich oft höre, dass Selbstjustiz im Knast absolut üblich ist, dass hier eigene Gesetze gelten.

«Was auch immer du mit ihm gemacht hättest», erwidere ich schließlich, «du hättest ja einen Unschuldigen erwischt.»

«Einen Unschuldigen garantiert nicht», entgegnet er ganz ungerührt, «nur für den Fall, ja. Ich denke», fügt er nach einer kleinen Pause hinzu, «ich denke, die Beamten kriegen schon mit, wer zu wem einen guten Draht hat. Und wenn dann einer stirbt, dann denken die sich ihren Teil, die sind ja nicht doof, die Beamten. Die sehen mich da ne halbe Stunde sitzen und wissen: ‹O Mann, der plant nischt Jutet!› War ein Glück, dass der Meineke mich beiseitegenommen hat. Aber zu dem hab ich auch ne gute Beziehung.»

Er blickt aus dem Fenster, und nach einer Weile sieht er mich an: «Ich will schon noch raus. Ich will dich draußen auch sehen. Es gibt schon noch Sachen, die ich erleben möchte. Ich will noch mal ein Kind haben. Wenn's irgendwie möglich ist. Wenn nicht, dann nicht. Und ich will halt schon noch so n paar Sachen erledigen, will noch was sehen von der Welt.

Ich will noch was Gutes tun. Ich hab noch nichts hinterlassen, darum geht's. Ich will was hinterlassen, was bleibt. Das Einzige, was ich bisher richtig gemacht habe, war Ricos Beerdigung. Ich würd gern Leuten helfen, die in meiner Situation sind, zum Beispiel. Die nicht rauskommen aus der rechten Szene, oder im Knast sitzen. Jugendliche, die so ne Scheiße bauen wie ich damals. Ich will einfach Leuten helfen, dass sie nicht die gleichen Fehler machen, die ich gemacht habe. Ich bin jetzt neununddreißig und hab von meinem Leben einundzwanzig Jahre im Knast gesessen. Das ist zu viel. Das will ich nicht, dass jemand anders so was erlebt.»

Wenig später verabschiede ich mich. Als ich den Innenhof betrete, dämmert es bereits. Die Vögel zwitschern immer noch, und aus den oberen Stockwerken des Hafthauses dringt das Geschrei der Häftlinge. Mein Blick fällt noch einmal auf das sorgsam umzäunte Entennest am kleinen Tümpel. Seltsam, wie nah liebevolle Fürsorge und rigorose Selbstjustiz beieinanderliegen können.

Der Beamte neben mir schnuppert in die laue Luft: «Frühling», sagt er, «die Vögel zwitschern. Und die Häftlinge schreien.»

Mai 2016 – Lampenfieber. Ich bin aufgeregt. Mein Mund ist trocken.

Häufig reagieren die Leute ganz überrascht, wenn ich erzähle, dass ich bei jedem Auftritt Lampenfieber habe. «Echt? Aber du bist das doch gewohnt!», höre ich dann.

Und wenn es irgendwo eine Rede braucht, dann richten sich die Augen erwartungsvoll auf mich: «Du bist doch Schauspieler! Du hast doch kein Problem damit! Du fühlst dich doch vermutlich sowieso auf der Bühne am wohlsten!»

Aber die Wahrheit ist: Ich bin ein Schisser. Schon immer gewesen. Der einzige Unterschied vielleicht: Ich versuche, meiner Angst Herr zu werden, indem ich offenen Auges auf sie zugehe. Manchmal wird sie dadurch kleiner, und manchmal zerplatzt sie wie eine Seifenblase, wenn man versucht, sie ganz vorsichtig zu berühren. Ich mag Seifenblasen. Und ich mag, wenn sie platzen.

Vor einer Vorstellung bin ich manchmal so aufgeregt, dass ich in dem Moment bereit wäre, jede Summe zu zahlen, um nur nicht spielen zu müssen. Ich beginne, im Kopf zusammenzurechnen, was es mich kosten würde, dem gesamten Publikum sein Eintrittsgeld zu erstatten. Wenn sich der Saal dann gefüllt hat, die Leute im noch hell erleuchteten Zuschauerraum sitzen und sich erwartungsvoll unterhalten, trete ich manchmal auf die Bühne, stehe hinter dem noch geschlossenen Vorhang und lausche.

Dann gerate ich in Panik. Ich habe Schweißausbrüche, es schaudert mich. Ich male mir aus, wie ich gleich beim Auftritt den gesamten Text vergesse, eine komplette Blockade bekomme, und was dann? Da hilft auch keine Souffleuse mehr. Wenn der ganze Text, kein einziger Satz mehr greifbar ist, an den man sich halten kann. Alles wie ausradiert. Dann überlege ich, ob ich, um mich zu retten, einen Nervenzusammenbruch spielen könnte, und zwar so glaubhaft, dass keiner merkt, dass alles nur gespielt war, die Leute ehrlich schockiert wären und das Theater keine Regressforderungen stellen würde, sondern mir einen Blumenstrauß ins Krankenhaus schickt, mit Genesungswünschen vom Intendanten.

Wenn der Lappen dann endlich hochgeht, zittern meine Knie oft so, dass ich überzeugt bin: Das fällt doch auf, das sieht doch jetzt das halbe Parkett! Und bevor ich den Mund öffne, um meinen Text zu sprechen, habe ich Angst, dass mir die Stimme versagt. Wenn ich dann wirklich beginne, bin ich ganz überrascht, dass meine Stimme laut und deutlich ertönt – und allmählich, ganz langsam, beginne ich, mich zu entspannen.

Jetzt also wieder Premiere. Ich bin aufgeregt. Mein Mund ist trocken. Meine heutige Vorstellung fällt klein aus, kleinstmöglich: ein Zuschauer. Micha sitzt vor mir und sieht mich erwartungsvoll an. Er weiß schon länger, dass ich ein Buch schreibe. Über uns. Ich habe ein paar Kapitel mitgebracht und beginne, ihm vorzulesen. Ganz konzentriert lauscht er mir, manchmal nickt er kaum sichtbar mit dem Kopf. Er ist so ruhig, ich höre ihn kaum atmen. Ich lese und lese, lese ihm sich selber vor, bemühe mich, wie er zu berlinern, und seine Augen leuchten.

Er lacht. Er lacht über sich selbst. Und unter den tätowierten Flammenspitzen auf seinem Kopf, in seinen Augen, da sehe ich wieder den kleinen Jungen.

«Ja, Mann», lacht er mich an, «so war's.»

Da platzt die Seifenblase.

Micha sitzt weiterhin im Gefängnis. Sein Begnadigungs-
gesuch wurde vom Richter erwartungsgemäß zurück-
gewiesen. Immerhin sprach der Richter sich, genau wie seine
Gutachterin, für eine schrittweise Lockerung aus. Die jedoch
wurde von der Haftanstalt abgelehnt.

Ich besuche Micha weiterhin alle zwei bis drei Wochen, dazwischen schreiben wir uns manchmal. Bei der letzten Ausführung haben wir Ricos Grab besucht. Ein paarmal bin ich
sogar alleine zum Friedhof nach Stahnsdorf gefahren. Dann
unterhalte ich mich mit ihm, Rico, dem einzigen Menschen,
den ich erst kennengelernt habe, als er bereits tot war.

Micha darf weiterhin viermal im Jahr eine Ausführung beantragen, zu der ich ihn begleite. Die nächste findet zu einem
Büro für Täter-Opfer-Ausgleich statt. Dort wird man Micha
beraten, ob und wie er Kontakt zur Familie seines Opfers aufnehmen soll.

Kleines Knast-Abc

abbunkern etwas verstecken

abpissen Urinprobe abgeben (s. u.)

Absonderung Isolierstation, auf die Häftlinge für sechs Monate oder länger (teils mehrere Jahre) verlegt werden, wenn sie während der Inhaftierung Gewalttaten begangen haben, bspw. Angriff auf einen Beamten oder anderen Häftling mit einem gefährlichen Gegenstand (in der Regel nach vorheriger Unterbringung im Bunker)

Acht Handschelle

auf die Fahne gehen den Notrufknopf in der Zelle betätigen

Aquarium Glaskanzel, von der aus die Justizbeamten die Gefängnisflure überwachen

Aufgesetzter mit Hilfe von Obstsaft, Zucker und Hefe selbst hergestelltes alkoholisches Getränk

Aufschluss Zeitraum, in dem die Zellentür geöffnet ist

Ausführung Beginn der Lockerung, stundenweiser Ausflug aus der JVA in Begleitung von Justizbeamten für Behördengänge und zur Vermeidung von Haftschäden bei Langzeithäftlingen (je nach Sicherheitseinstufung mit oder ohne Handschelle / Fußfessel, mit Beamten in Zivil oder bewaffneten Uniformierten)

Ausgang nächste Stufe der Lockerung, unbegleiteter Ausflug aus der JVA, anfangs stundenweise, später über Nacht möglich

Bello Klo («den Bello füttern» – ungenießbares Anstaltsessen im Klo entsorgen)

Besucherraum großer Raum, in dem jeder Häftling ein- bis zweimal im Monat für eine Stunde Besuch empfangen darf. Je ein Häftling und Besucher sitzen sich an einem Tisch gegenüber, hoher Lärmpegel, kaum Privatsphäre. Raum wird von Justizbeamten überwacht

BGH (Bunker, Keller) nicht etwa «Bundesgerichtshof», sondern «besonders gesicherter Haftraum» für die stunden- oder tageweise Unterbringung in einer speziellen Beruhigungszelle. Meist als Disziplinarmaßnahme zur Beruhigung, aber auch bei Suizidgefahr. Gegebenenfalls mit Fesselung, Videoüberwachung. Unterbringung bis zu vier Wochen möglich (auf richterliche Anordnung)

BH Bewährungshelfer

Blauhemd Justizbeamter

Blaumann Anstaltskleidung

Bombe Glas löslicher Kaffee (neben Tabak wichtige Währung im Knast)

Brett Zellentür

Btmer Drogen-(Betäubungsmittel-)Abhängiger bzw. nach dem Betäubungsmittelgesetz Verurteilter

Buchstaben «Haste Buchstaben?» bedeutet «Bist du LLer / SVer / SS?»

Chef Anstaltsleiter

Dealerstation Isolierstation, auf die Häftlinge für drei Monate bis hin zu mehreren Jahren verlegt werden, wenn sie beim Dealen erwischt wurden (Fenster mit Feingitterdraht und Natostacheldraht gesichert, um «pendeln» [s. u.] zu verhindern, Freistunde auf isoliertem Hof, kein Kontakt zu den anderen Häftlingen möglich)

Doppelbelegung Zelle mit zwei Inhaftierten (Größe je nach Gefängnis zwischen 8 und 22 qm)

Drogist nach dem Betäubungsmittelgesetz Verurteilter

einfahren inhaftiert werden

einmal um die Sonne/einmal um die Uhr lebenslänglich

Einzelbelegung Zelle mit einem Inhaftierten (die Größe je nach Gefängnis zwischen 5,9 und 11 qm)

Freigänger letzte Stufe der Lockerung: Freigänger verlassen tagsüber die JVA, um zu arbeiten, übernachten in der Anstalt

Freistunde/Hofgang jedem Gefangenen steht gesetzlich täglich eine Stunde an der frischen Luft zu, auch Hofgang genannt

Gift Drogen

Giftler Drogenkonsument

Heimatfilm Pornofilm

Impe Margarine

Impebretter Brotscheiben mit Margarine

jemandem eine Lampe bauen jemanden verpfeifen, übliche Methode, um sich einen Vorteil zu verschaffen (bspw. beim Vollzugspersonal)

Käfigheiliger/Schleicher Anstaltspfarrer

Kamine machen etwas vortäuschen

Knast schieben inhaftiert sein

Koffer Päckchen Tabak (neben Kaffee wichtige Währung im Knast)

Kurzstrafer Häftling mit einer Haftstrafe von unter drei Jahren

Lebendkontrolle der Beginn eines jeden Hafttages, bei Suizidgefahr mehrmals täglich, auch nachts

LLer zu lebenslänglicher Haft Verurteilter

Langzeitsprecher im Gegensatz zum normalen Sprecher (= Besuch) ein mehrstündiger Besuch in einer speziellen Räumlichkeit. Sehr begehrt, wird nur Gefangenen gewährt, die sich gut führen und in einer festen Beziehung sind. Hier ist man mit seinem Partner (und evtl. Kind) unter sich, keine Überwachung, Intimitäten möglich (von Boulevardzeitungen «Liebeszelle» genannt – ein Begriff, den kein Häftling verwendet)

mit Rucksack Strafe mit anschließender Sicherungsverwahrung

mangeln tauschen, handeln

Mehrfachbelegung Zelle mit mehr als zwei Inhaftierten (die Größe je nach Gefängnis zwischen 13 und 31 qm)

Nachschlag während laufender Inhaftierung zu einer weiteren Freiheitsstrafe verurteilt werden

napfen Mahlzeit zu sich nehmen

Nato-Kitt Kartoffelbrei

pendeln übliche Methode, um Gegenstände während des Einschlusses von einer Zelle zur nächsten zu transportieren: mittels einer Plastiktüte an einer Leine werden die Sachen von Fenster zu Fenster «gependelt»

Schließer(in) für den Ein- bzw. Aufschluss zuständiger Beamter

Schore Heroin

Schuldenburg Schutzstation, auf die sich Insassen auf eigenen Wunsch hin bis zu sechs Monate verlegen lassen können. Oft, weil sie verschuldet sind und Angst vor den Eintreibern haben. Von dort aus kann man die Bezahlung bspw. über Freunde / Familie draußen organisieren

Schwinge Pornoheft, Pornofilm

Sicherheit Polizei innerhalb des Knasts, Justizbeamte mit polizeilichen Befugnissen. Die Sicherheit führt Haftraumdurchsuchungen durch, kann verlangen, dass sich der Häftling zur Kontrolle auszieht etc.

sich weghängen sich erhängen, sich umbringen

Sittich gängige Bezeichnung für einen wegen Kindesmiss-
brauch Verurteilten

Spannmann Mitgefangener bei Mehrfachbelegung einer Zelle

Sprecher «einen Sprecher haben» – Besuch empfangen: im
Besucherraum ein- bis zweimal im Monat für eine Stunde
möglich

SS «besondere Schwere der Schuld»

strippen komplett durchsucht werden, Ganzkörperkontrolle

SVer Gefangener in Sicherungsverwahrung; der Gefangene
bleibt nach Verbüßung der Strafe «zum Schutz der Allgemeinheit» weiterhin in Haft

Tegeler Kuchen Toast mit Marmelade

Tegel-Pizza Toast mit Salami und Käse überbacken

Turm / Wabe Zelle / Haftraum

UHA Untersuchungshaftanstalt

UK Urinkontrolltest / Urinprobe; bei Gefangenen mit Drogen-
vergangenheit regelmäßig. Im Ergebnis ist der UK entweder «sauber» oder «dreckig»

Urlaub Ausgang mit Übernachtung draußen; bei gelockerten
Häftlingen bei sehr guter Führung am Ende der Haftzeit
möglich

Vormelder wichtiges Antragsformular

Dank

Ich danke Micha für seinen Mut und sein Vertrauen, dass er mich diese Geschichte erzählen ließ; meinem Freund und wunderbaren Kollegen Michael Degen, der mich ermutigt hat zu schreiben, sowie Susanne Sturm; dem Rowohlt · Berlin Verlag, allen voran Wilhelm Trapp; und nicht zuletzt meiner Familie, meinen Eltern und vor allem meiner Frau und meinen Söhnen für ihre Unterstützung.

Inhalt

Teestunde mit Micha

5

Burger King und der Geschmack von Freiheit

20

Rückkehr nach Eden Lake

67

Rico, den ich nie kennenlernte

109

Grabstein für einen fast Unbekannten

144

Last Exit Tegel

192

Reue und Jubiläum

260

Kleines Knast-Abc

293

Dank

299